U0001445

THE BOGLE EFFECT

How John Bogle and
Vanguard Turned Wall Street Inside Out and Saved Investors Trillions

Eric
Balchunas

艾瑞克・巴楚納斯 著

范瑋倫 譯

柏格效應

✸ 指數型基金教父 約翰・柏格 ✸
和他的先鋒集團如何改變華爾街的遊戲規則

各界迴響

「我們正處於新時代的開端,在這個時代,大數據的力量勝過專業知識。網路社群效應和大規模傳播勝過傳統方式,要完全理解這個現象,必須從柏格的革命開始。這個革命正在各地發酵,讓分析師巴楚納斯成為你的嚮導,讓我們離開舊世界、走入新天地。」

——「鬧市」喬許‧布朗（"Downtown" Josh Brown）,
里托茲財富管理公司（Ritholtz Wealth Management）執行長
美國全國廣播公司商業頻道（CNBC）《中場報告》
（*The Halftime Report*）節目評論員

「巴楚納斯筆下的約翰‧柏格傳記不但有權威性,內容懇切而且還能保有優美的文風,在此類文學中這是很少見的。閱讀它、享受它,最重要的是,吸收史上首要投資巨擘的智慧。」

——威廉‧J‧伯恩斯坦（William J. Bernstein）,
《投資的四大支柱》（*The Four Pillars of Investing*）作者

「巴楚納斯寫了本不凡的書、一本令人愉快的讀物。他用更人性化的角度來描述金融界的代表性人物,同時輔以有力的論據,讓讀者明白現代金融是如何被這個人的天賦、善良、運氣,還多少

帶點傲慢形塑而成。」

——戴夫·納迪格（Dave Nadig），指數股票型基金智庫（ETF Trends and ETF Database）研發長兼資訊長

「這是個引人入勝的故事，描繪了基金業百年難得一見的領導型人物，也敘述了被動投資的誕生，以及後續引領而生的革命。」

——埃索（Aye Soe），標普道瓊指數（S&P Dow JonesIndices）產品總監

「巴楚納斯的柏格效應以有力又引人入勝的方式，講述了約翰·柏格和他的先鋒集團如何徹底改變整個金融業的故事，這是華爾街初學者與老手都必讀之書。」

——亞瑟·李維特（Arthur Levitt），美國證券交易委員會前主席

「多虧了約翰·柏格，股市上不再有傻瓜投資了，也幸好有他，老手們必須更加努力工作，證明自己為了擊敗市場所做的努力值得客戶付的費用。在柏格效應一書中，艾瑞克·巴楚納斯巧妙的展示了約翰·柏格如何將先鋒集團打造成資產管理業的亞馬遜，他創造了顛覆市場、直接交易不透過仲介，與降低費用的力量，並迫使競爭對手跟風。對於有興趣知道如何持有致勝投資策略的人來說，這是必讀之書。」

——史嘉蕾·傅（Scarlet Fu），彭博電視市場部資深編輯、主播

「巴楚納斯以獨特的視角，揭開了高收費資產管理業務的面紗，

以及在約翰·柏格的影響下,散戶如何省下數十億美元,而這個影響仍在醞釀。要了解資產管理世界,以及投資管理的過去、現在和未來,這是本必讀之書。」

——庫倫·羅奇(Cullen Roche),紀律基金創辦人

「柏格效應會永遠改變你對金融業的想法。從巴楚納斯的角度,能讓讀者對華爾街、對柏格和先鋒集團如何徹底改變投資,帶來不同的看法,人人必讀。」

——瑪麗·沙皮諾(Mary Schapiro),
彭博社全球公共政策副主席、前美國證券交易委員會主席

「約翰·柏格為投資人做的比任何人都多,前無古人。他勇敢的揮動大旗、挑戰華爾街,改變世界。而巴楚納斯,沒有人能像他那樣引領讀者,去欣賞柏格那單刀直入的方式。」

——喬爾·韋伯(Joel Weber),彭博商業周刊編輯

「約翰·柏格雖然聲名遠播受人尊敬,但他受到的推崇遠不及他的貢獻,而巴楚納斯的新書應該能幫助大家有更多了解。閱讀它、學習它,本書會讓你讚嘆這位堅忍不拔的人,為投資人所做出的貢獻。」

——艾倫·布蘭德(Alan Blinder),
普林斯頓大學經濟學和公共事務教授、前聯準會副主席

【目錄】

推薦序

我沒想到會從這本書裡學到這麼多。

這是實話。

我從事指數股票型基金（ETF）行業12年，相當了解約翰・柏格的故事：從他早期在威靈頓的經歷，到他離開成立先鋒公司，還有後來的發展。身為ETF.com的執行長，我有幸多次採訪柏格，我甚至是他為《指數期刊》（*Journal of Indexes*）寫文章時的編輯，曾為了用字遣詞與他爭論不休。

傑克也是我心目中的英雄。我讀過他的書、研究過他的演講，常在做決定時把他當作我的明燈。他是我心目中最偉大的美國人之一，我對他了解之深，已經無需再看其他書。

但艾瑞克是我的好朋友，也是位偉大的作家，所以當他請我幫忙讀他寫的書時，我答應了。

結果這本書完全刷新我的想法。

要分辨好的傳記與偉大的傳記很簡單，好的傳記告訴我們發生了什麼事，比如主角的成長經歷、早期職業生涯和成長轉折；本書在這方面做得很好，甚至還說到一些連我都不知道的生活故事。

但偉大的傳記具有前瞻性，將主人翁的生命歷程和成就，編

織成一幅幅的藝術品。

　　在本書裡，在艾瑞克的手中，柏格的故事有了不同的轉變。

　　正當美國社會與金融體系之間的關係令人憂心時，當大家都說華爾街奪取的比付出要多時，這本書提醒著人們，事情可以有不同的走向。

　　正如艾瑞克所描述的那樣，柏格的帶來影響至今仍然讓人嘆為觀止。先鋒集團的創立加上柏格持續不懈的成本管控，已經從華爾街的手裡奪回了1兆美元，塞進了一般美國投資人的口袋。

　　未來十年這個數字可能還會再增加兩倍，總金額等同於數百萬年的大學學費、3千6百萬美國普通家庭買房的頭期款，或是2千7百萬年私人療養院費用，而他的初衷只是來自一個簡單的理念：基金公司應該推動規模經濟，而不是只想著為自己攫取收益。

　　艾瑞克曾無數次採訪金融界大佬們，從安碩（iShares）創辦人克蘭納富斯（Lee Kranefuss）到波克夏海瑟威公司（Berkshire Hathaway）的巴菲特（Warren Buffett），再到晨星公司（Morningstar）的賓斯（Christine Benz），借這些先驅之口展現出柏格的深遠影響，巧妙的將他的故事帶入現今世界。

　　他還討論到當今業內所面臨的嚴峻挑戰，從對於指數化規模過大的擔憂，到企業永續經營績效，還有對長期投資和對迷因股票的討論。在艾瑞克的布局之下，我們可以看到一條清晰的道路，從柏格的角度迎接這些挑戰。

　　艾瑞克也不避諱融入自己的觀點，回應各種常見的反ETF論點。雖然他自己不會居功，但艾瑞克確實是現代柏格運動的重

要推手，他以文字、細膩的研究和觀察，推動著投資業走向更美好的未來。重要的是，他還能發揮機智和個人特色。還有誰能寫出「將股市泡沫歸咎於指數型基金或ETF，就像怪五分錢樂團該為MP3的崛起負責」呢？

讀者可能會好奇我怎麼會想為有關約翰・柏格的書寫推薦序，畢竟我在2018年就離開了ETF這行，成為全球最大的加密資產管理公司投資長。我經營著加密指數型基金，傑克對我現在做的事肯定會很不爽。他不喜歡沒有現金收入或流出的投資，任何投機事業都會讓他惱火，比特幣肯定會讓他抓狂。

但他倡導的原則卻每天都在激勵著我：追求效率但仍以改善生活為目標、敢於創新不害怕質疑眼光、永不忘記為投資人服務，絕不背道而馳。

這就是柏格不凡的一面：不論你與他在投資或言語上相背，最終都會情不自禁的被他的智慧和性格吸引。

——麥特・豪根（Matt Hougan），

加密貨幣指數型基金管理公司 Bitwise 投資長

前言

> 「如果要豎立一座雕像來紀念為美國投資人做出最大貢獻的人，那這個人無庸置疑該是傑克·柏格*。」
>
> ——華倫·巴菲特（Warren Buffett）

五年前我為《彭博觀點》（*Bloomberg Opinion*）寫一篇解構先鋒集團為投資人省下多少錢的文章時，我才了解到約翰·柏格的名氣和所受到的尊崇，遠不及他的貢獻。刊出不久後，一個以千禧世代為主要讀者的個人理財網站「荷包」（*The Billfold*）用了個吸睛的標題，發表了一篇文章：「有個名不見經傳的人，幫大家省下了幾十億美元。」

這個標題下的很精準，而且也帶出我寫這本書的理由，因為當有朝一日蓋棺論定，約翰·柏格對投資人和全球金融業的影響，可能勝過任何人。透過先鋒集團的運作，他已經將超過1兆美元資金從華爾街轉移到市井小街，大約有5千萬人的生活不但因此更豐富，而且還在金融叢林裡建立起信託的觀念。然而有許多人，不論是否身處於金融泡沫之中，並沒有真正了解所謂「指

---

* 傑克是約翰·柏格的暱稱。

11

數型基金之父」的標籤背後，究竟是什麼樣的人物。他的事蹟和深遠影響，遠不止於這個稱號。當我們真的靜下來思考、追本溯源，他的傳奇故事真的會讓人驚嘆不已，而我試著都寫進這本書裡。

最後的公司

過去十年，隨著美國的指數型基金和指數型股票基金（ETF）的資產規模激增至11兆美元、全球達到15兆美元後，投資界發生了翻天覆地的變化。當你讀到這篇文章時，這數字可能還不止於此。美國投資人投入市場的資金，大約有三分之一都流向了先鋒公司，剩下的大部分則流向了競爭對手，而那些所謂的對手，其實也都是先鋒式的低成本指數型產品，可見這並不是一時興起，而是投資配置的改變。

> 我常說先鋒集團是投資最終站，大家透過先鋒投資以後，就不太會再把資金轉去其他地方。
>
> ——克莉斯汀·賓斯（Christine Benz）

柏格改變了一切，他創立了先鋒集團，讓基金投資人同時也是公司所有人。他的動機雖是為了保住自己的飯碗，但更可以說這是基於利他主義。對他來說這是個機會，透過創辦一家與投資人站在一起的公司，除了能延續他的職業生涯，還可以重整金融世界。而公司收益不是進入員工的口袋，而是用來回饋投資人、

調降服務費用。

　　先鋒集團發展的越大費用就越低，而它的費用越低，進來的現金就越多，就能擴大發展、費用就更低。如此循環往復四十五年，就會達到現今的規模，投資人可說幾乎是免費獲得了多元化投資組合服務。

　　本書希望傳達的是，如果沒有柏格和先鋒集團，被動基金會侷限在有限的範圍，根本不會有現今的榮景。先鋒集團獨特的結構與柏格獨樹一格的氣質相互結合，產生了一股結合遠見、耐心和重視成本的力量，贏得了美國人的心和資金。

谷歌錯了

　　雖然有些人會說柏格的影響眾所周知，但我看到的事實並非如此，他甚至是被眾人誤解的。比如在谷歌上搜索傑克・柏格（Jack Bogle）時，搜尋引擎會出現一張照片，標示著「美國投資人」，但這並不正確。這樣的說法其實比較適合用在巴菲特、林區（Peter Lynch）或是伍德（Cathie Wood）身上。這些人才是常見的所謂投資人。但柏格完全不是這一類，他比較像是賈伯斯（Steve Jobs）和馬丁路德（Martin Luther）的綜合版。

　　約翰・柏格選擇了一條不同的路。他的職業生涯集結了一群了不起的人，我認為有幸與他或他的團隊接觸來往的人，都會同意我下面要說的話：柏格不因循舊路，他所做的事與眾不同。更重要的是，驅使他創新並完全退出既有遊戲

規則的理由，是因為他不是騙子，他是個真正的信徒。我認為他覺得他有道德義務去做他正在做的事情。在一次次與他會面時，還有我看到的演講裡，我從來沒有一次覺得他不是100%相信他是在為美國人民、為世界做正確的事。我相信他有時會因此得罪人，但我也同樣相信他是對的。

——戴夫·納迪格（Dave Nadig）

我賭你說不出在投資方面比約翰·柏格更劃時代的人，就是說不出。

——吉姆·溫特（Jim Wiandt）

去蕪存菁

柏格絕對具有革命家、傳教士，甚至是龐克搖滾樂手的特質，眾所周知他脾氣暴躁，而且總愛挑戰。而他也樂於堅持這項特質，大聲疾呼摒棄噱頭、貪婪和腐敗。他的整體投資理念以指數型基金為首，貫穿其中的就是去蕪存菁這個理念，這是龐克的標誌，也差點成為這本書的名字。正如龐克是由搖滾樂而來，創作者刪去搖滾樂裡多餘的音節創造了龐克風，柏格則是消除他不喜歡的部分，來創立新的投資流派，他討厭會妨礙投資人獲取應得收益的因素，像是管理費、投資經理人、交易成本、試圖擇時進出，甚至是人性偏誤和情緒。便宜的指數型基金，基本上就是最純粹的形式，沒有油水可以撈，這也是為何它的熱度一直不褪的原因。

　　柏格極具創造力和熱情，但他也是個自負、倔強，不容易共事的人，畢竟他曾經被自己努力經營、全心熱愛的兩家公司掃地出門。他一生都保有活力和激情，而我相信這也是他長壽的秘訣。事實上，柏格在他的最後一本書《堅持不懈：先鋒集團的誕生與指數基金革命》（*Stay the Course: The Story of Vanguard and the Index Revolution*）末頁，寫上的是詩人湯馬斯（Dylan Thomas）的詩句：「不要溫和的走進那良夜，忿怒吧、忿怒吧，怒斥著光明的消逝。」

　　儘管他的言辭和想法犀利，但他的外表和說話卻很有鄉村老爺爺的味道，所以對很多人來說，即使是我們這些業內人士，也很容易錯過柏格龐克搖滾的那一面，更別說是談共同基金這樣有趣的話題。若說到美國企業成長和一般投資人好幾兆的投資儲蓄，基金業的影響絕對是核心，這是個容易讓人變得貪婪、索求無度的行業。但回想起來，對於像柏格這樣的人來說，這卻反而是個完美的行業，看了後面章節的內容就能知道原因為何。

他為什麼要創立先鋒？

　　本書中一直探索的問題之一是：為什麼這些年來沒有人複製先鋒集團的「共同所有」股東結構？*先鋒集團在投資管理上的成功空前，不意外的話應該會有人仿效。但事實上並沒有，沒人

---

*　譯註：「共同所有」是指先鋒集團公司是由旗下基金背後的投資人所共同擁有。這表示先鋒的利益與投資人完全一致，不是在為公司股東謀利。

跟隨其後。這道理或許也不難理解，資產管理公司考慮的是經濟因素，不會有動機把公司股權交給投資人。一般來說，會去華爾街都是想賺錢、賺很多錢。那柏格為何要反其道而行？

　　這問題開啟了我更深層的研究，還發展成了本書其中一個章節，這部分甚至都不在我最初擬的大綱裡。但這部分怎麼可能不寫進書裡？這是創辦了世上最大的基金公司的人，而他個人資產甚至都排不進全球前一千名金融富豪榜。這不但不合邏輯，還違背了華爾街所有定律。

　　讓柏格與眾不同的是，他的確選擇不從這個創新之中賺錢。這是五十年來金融界最有影響力的創新，他本可從中取利成為億萬富翁，但他選擇不這樣做。

　　　　　　　　　　　——賈里德・迪利安（Jared Dillian）

　　他能在照顧好自己的同時為別人付出更多，這是很好的範例，這表示金融業並不必然靠掠奪，這行業容易用一些錯誤的原因吸引人們投資。你可以身處金融業，卻不是華爾街之狼，還有別條路可以走，你也可以選擇做好事，他證明了這一點。

　　　　　　　　　　　——安東尼・伊索拉（Anthony Isola）

　　儘管這本書對柏格有諸多讚揚，但我同時也試著平衡、還原出完整的樣貌。這表示書中也會寫到他不那麼親切的一面，以及環境對他職業生涯的重大影響，但整體可以說是正面的評價。要

如此完整的訴說柏格的故事，那是因為我發現越接近他的人，越是尊重和欽佩他。有時候我們會讀到的歷史人物，像是世界級的領袖或知名藝人，他們受到百萬擁戴卻忽視自己的家人，甚至會踐踏員工。但柏格的情況並非如此，他的家人和前助手們都是他的頭號粉絲。

　　就連他的競爭對手看來也很尊重他。我試著想找到曾與先鋒集團正面交鋒的人，請他們談論一下柏格如何讓人芒刺在背，但最後都徒勞無功。我本來以為克蘭納富斯（Lee Kranefuss）就是我要找的人，先鋒集團推出ETF的時，他正經營著貝萊德的iShares ETFs，先鋒會讓他們公司有調降收費的壓力，應該會覺得柏格很煩人。但克蘭納富斯卻很高興先鋒集團進入市場，他本人最後也與柏格成為了好朋友，不時會透過電子郵件往來。

　　我希望他得到他應得的榮耀，他的成就非凡。我以前常對傑克說，我們這些在ETF和指數世界追隨你的人，是站在巨人的肩膀上看世界。因為不管就理論或是實務面來看，傑克都向散戶傳達了一個深奧的概念，從那時起這個概念就被推廣開來，他讓事情活絡起來。大家都把指數化和傑克劃上等號，我希望他們繼續保有這個想法，他真的是先驅，是第一個在叢林中開疆闢土的人，影響廣大而深遠。

　　　　　　　　　　　　　　　——李・克蘭納富斯（Lee Kranefuss）

推動金融產業

我一次次在訪談對象身上看到這樣的情況，即使我提到傑克如何批評金融生態，他們也只會笑笑的說：「沒辦法，那就是傑克，但無論如何我都喜歡他。」我認為他如此受到喜愛有兩個原因：其一是在他老派風格身影之下，有著多姿多彩的性格，其次是競爭對手的內心深處，其實也渴望著受到他的鼓舞，希望能更照顧投資人。

人們心裡還是希望自己每天所做的事情是好事。柏格幾乎是單靠一己之力，就提升了金融業那種「我為客戶做好事」的感覺。他讓從業人員以及整個行業變得更好。

還有另一個原因讓柏格很難有黑粉，那就是他很能清楚的將公私分開，即使他抨擊某個人的投資策略、他的公司或整個行業時，他也從不做人身攻擊。柏格告訴我：「人與人可以有不同的想法，但什麼叫想法？想法隨時都有，而朋友更重要。」

即使是基金操盤手也想他身上汲取靈感，甚至與他成為朋友。

綜觀古今，我想不出還有哪個人物能堅持著一開始不受歡迎的事，不屈不撓，比起傑克還能讓更多的散戶受益。事實上，連能望其項背的人都找不到。如果他是第一名，那麼我想不出還有誰放在第二名能當之無愧。儘管沒有人是完美的，但他確實贏得了聖傑克的封號。他不但是個善良、機智的人，也成就了一家偉大的公司，我會永遠永遠懷念他。

——克里夫・艾斯尼斯（Cliff Asness）

　　談到金融業時，不論哪個環節，柏格的說辭常是一針見血。本書中有很多這樣直白的例子。這麼說吧，對於從事金融服務業的人，讀起這本書時可能會覺的有點受到批判，甚至有言語攻擊的感覺，不過你並不孤單，因為柏格從來沒在怕得罪人。我身為 ETF 分析師、ETF 播客主持人以及作者，柏格一旦批評起我的世界和工作，也是同樣簡單粗暴。除此之外，他有一些相對尖銳的批評，其實都是針對先鋒集團本身的，這點我們在後面的章節會談到。他的指教不分對象，有時他甚至也把自己批評得體無完膚。

不同尋常的人物

　　他去世前那五年間，我很幸運的能夠進他辦公室採訪，前後總共三次、每次都超過一個小時。2015 年初，我第一次想接觸他時，我聯繫了彭博新聞社的同事雷根（Michael Regan），他剛為《彭博市場》（*Bloomberg Markets*）雜誌撰寫了柏格的介紹。他給了我柏格的電子郵件，也提到他可能會親自回信。他是對的，沒幾個小時柏格就回信了，接著就安排了會面。

　　我第一次到柏格的辦公室時，我告訴他像他這樣的人物，這麼容易被約到真的很不尋常。他回答說：「好吧，我的朋友，我奇怪的地方多著呢。」我們的關係就是這樣開始的。接下來五年，我們有實體採訪，也定期透過電子郵件交流。我是彭博電視台 ETF IQ 節目的主持人之一，他還是我節目的常客，而我幫彭博籌辦的首次 ETF 活動，他也到場擔任嘉賓致辭。彭博

（Michael Bloomberg）那時還介紹柏格是「業內的大家長」，柏格的回應則是鼓勵麥可選總統，那真是個精采的精華片段。

　　我第一次採訪柏格是為了寫ETF的書，第二次採訪則是為了寫一本被動投資組合管理的書，雖然最後沒寫成，但那次的採訪內容有一部分最後還是寫進了本書。第三次則是為了彭博的ETF播客節目，我是共同主持人。總而言之，我總共有4個小時能採訪、了解他所有觀點，而我知道如果我讓這些珍貴的內容留在錄音機裡，以後想起來可能會後悔。

　　雖然他那時已經八十歲了，身體老邁、生活方式也算老派，但他的心智依然敏銳，表現出來的是果敢決斷的樣子，不但機智還懂得自嘲。比如說，我們播客採訪前到他辦公室試音，那時技術人員問他早餐吃了什麼。柏格回答說：「我吃了葡萄麥片、一根香蕉、一大杯柳橙汁和23粒藥丸。」

　　被問及他上週末做了什麼，他回答：「我有家庭，我女兒週五晚上有過來吃飯，週六晚上做了些什麼不太記得了，週日的話，女兒女婿晚上有過來。除此之外，不好意思我每天都要睡個午覺，唯一能打斷我午睡的是週日《紐約時報》的填字遊戲。」

　　本書除了根據我採訪他的內容，還融合了一部分他自己寫的書本內容。柏格是位才華橫溢且多產的作家，他寫過十二本書，大部分我都讀過。1996年他卸下先鋒集團執行長一職後寫了十一本書。要是我的話，退休以後我可能會先搬到海邊，釣釣魚、打打網球，但柏格不是凡人，他留在先鋒集團園區裡的一個小辦公室繼續工作，在那裡瘋狂的寫作，一寫二十多年。他有著一股強大的使命感，他要完成任務，這樣的氛圍充斥本書各個章節。

閱讀須知

　　相對於那些由基金經理人操盤進出市場的「主動式」基金，我會不斷交替使用「被動式、指數型基金、ETF」這些術語，來表示追蹤大盤指數的基金。當我說被動時，我指的是被動式基金，而不是指投資人被動。如果我討論到的ETF是主動式的，我會特別點明，不然我書裡提到的，基本都是指被動追蹤指數的基金或是被動式的ETF。我有時也會使用「基點」（basis points, bps），尤其是在談費用時。基點的定義為「百分之零點零一」。例如0.2%等於20個基點。你還會看到「資產淨值」（net asset value, NAV），它代表了基金實際價值，計算方式是基金資產總價值除以所發行的流通股數。簡而言之，基金的實際價格，在於整體淨資產有多少。

不只是傳記

　　雖然本書會闡述柏格的為人與創業的動機，並描繪先鋒集團成立的故事，但這本書不是傳記、教科書或投資指南。這些元素加在一起好像就該是本傳記，但墨守成規不是我的風格。柏格的經歷本身就是豐富而多面向的，我希望能反映出這個特色。

　　我還希望這本書讀來有紀錄片色彩，所以我採訪了大約50個人，他們的評論為書中討論的主題和故事增添了色彩。這些人有不少認識柏格甚至曾一起工作，也有部分只是聽說過他。我同

時也採訪了一些不認同甚至批評他的人，柏格畢竟也是人，他和先鋒集團不可能是完美無瑕的。這是為了本書接受我採訪的名單（按姓名字母順序排列），謝謝你們的幫忙。

西奧多「泰德」・安隆森（Theodore "Ted" Aronson）：
費城 AJO 機構投資管理公司創辦人與負責人。

愛琳・亞芙蘭（Erin Arvedlund）：
費城詢問報（Philadelphia Inquirer）專欄作家。

克里夫・艾斯尼斯（Cliff Asness）：
AQR 資本管理公司創辦人、負責人兼任投資長。

維多利亞・貝莉（Victoria Bailey）：
研究柏格學者、財務顧問。

克莉斯汀・賓斯（Christine Benz）：
晨星（Morningstar）基金評級公司理財與退休規劃部經理。

大衛・畢哲文（David Blitzer）：
前標普道瓊指數公司董事、總經理兼指數委員會主席。

小約翰・柏格（John C. Bogle Jr.）：
柏格投資管理公司創辦人。

妮可・柏森（Nicole Boyson）：
東北大學（Northeastern University）商學院財經系教授。

華倫・巴菲特（Warren Buffett）：
波克夏海瑟威公司（Berkshire Hathaway）執行長。

班・卡爾森（Ben Carlson）：
里托茲財富管理公司，機構資產管理經理。

傑米・卡瑟伍德（Jamie Catherwood）：

O'Shaughnessy 顧問公司客戶資產分析管理師。

安東尼・達馬托（Anthony D'Amato）：

研究柏格學者、創作歌手。

賈里德・迪利安（Jared Dillian）：

專業投資人通訊The Daily Dirtnap編輯與出版商、彭博觀點專欄作家。

羅伯・杜波夫（Rob Du Boff）：

彭博行業研究全球股票企業永續經營績效（ESG）研究分析師。

丹・伊根（Dan Egan）：

貝特曼（Betterment）智能投顧公司行為金融與投資副總裁。

唐尼・伊席爾（Donnie Ethier）：

切魯利環球共同基金研究公司（Cerulli Associates）財富管理資深總監。

瑞克・費里（Rick Ferri）：

費里資產配置顧問公司創辦人、約翰・柏格金融知識中心主席。

黛博拉・富爾（Deborah Fuhr）：

ETF研究諮詢機構ETFGI創辦人、董事長。

雪柔・嘉瑞特（Sheryl Garrett）：

嘉瑞特財務規劃顧問公司創辦人。

奈特・傑拉奇（Nate Geraci）：

投資顧問公司ETF Store總裁、每週播客、《黃金ETF》（*ETF*

Prime）節目主持人。

衛斯理・格雷（Wesley Gray）：

資產管理公司 Alpha Architect 創辦人兼執行長，前美國海軍陸戰隊上尉。

維克多・哈加尼（Victor Haghani）：

投資顧問公司 Elm Partners 創辦人。

艾米・霍蘭德（Amy Hollands）：

信躍科創（LEAP Innovations）經理。

安東尼・伊索拉（Anthony Isola）：

里托茲財富管理公司投資顧問。

伊莉莎白・卡許納（Elisabeth Kashner）：

慧甚公司（FactSet）副總裁暨全球基金分析主任。

布萊德・勝山（Brad Katsuyama）：

證券交易所 IEX 集團（IEX Group）聯合創辦人兼執行長。

麥可・基奇斯（Michael Kitces）：

白金漢財富夥伴戰略計畫負責人。

李・克蘭納富斯（Le Kranefuss）：

克蘭納富斯集團有限公司創始成員。

泰勒・雷利摩爾（Taylor Larimore）：

《鄉民的提早退休計畫〔實踐版〕（*The Bogleheads' Guide to the Three-Fund Portfolio*）作者。

麥可・路易士（Michael Lewis）：

作家。

柏頓・墨基爾（Burton Malkiel）：
普林斯頓大學經濟系名譽教授。

約翰・馬爾維（John Mulvey）：
普林斯頓大學作業研究與金融工程教授。

戴夫・納迪格（Dave Nadig）：
指數股票型基金智庫（ETF Trends and ETF Database）投資
長暨研發長。

吉姆・諾里斯（Jim Norris）：
前先鋒集團常務董事，曾任約翰・柏格助理。

肯・納托爾（Ken Nuttall）：
黑礦石財富管理公司（Black Diamond Wealth Management）
投資長。

艾瑞克・波斯納（Eric Posner）：
芝加哥大學法學教授。

羅賓・鮑威爾（Robin Powell）：
《以實證為基礎的投資》（*The Evidence-Based Investor*）部落
格編輯。

亞他那修・普薩羅法吉斯（Athanaslos Psarofagis）：
彭博行業研究ETF分析師。

薩利姆・拉姆吉（Salim Ramji）：
貝萊德iShares和指數投資深常務董事兼全球事業經理。

詹姆斯・瑞普（James Riepe）：
普徠仕（T. Rowe Price）投資管理公司副主席兼任資深顧問
退休、曾任先鋒集團執行副總裁兼約翰・柏格助理。

貝瑞・里托茲（Barry Ritholtz）：

里托茲財富管理公司（Ritholtz Wealth Management）董事長兼投資長。

陶德・羅森布魯斯（Todd Rosenbluth）：

CFRA投資研究公司ETF與共同基金資深研究經理。

小泰倫羅斯（Tyrone V. Ross Jr）：

加密投資平臺OnrampInvest執行長暨聯合創辦人。

葛斯・索特（Gus Sauter）：

先鋒集團前投資長。

傑瑞・席力特（Jerry Schlichter）：

席力特柏嘉與丹頓（Schlichter Bogard & Denton）律師事務所創辦人兼執行董事。

揚・塔多斯基（Jan Twardowski）：

富蘭克羅素（Frank Russell）公司前總裁、先鋒集團前資深副總裁。

納瑞娜・維瑟（Nerina Visser）：

獨立ETF規劃師及顧問。

吉姆・溫特（Jim Wiandt）：

火花網路（Spark Networks）、金融網站IndexUniverse（現為ETF.com）以及《指數期刊》（*Journal of Indexes*）創辦人兼執行長。

丹・維納（Dan Wiener）：

《先鋒投資人獨立顧問》商業通訊共同編輯。

凱薩琳・伍德（Catherine Wood）：
方舟（ARK Investment Management）投資管理公司創辦人、執行長、資訊長。
傑森・茲威格（Jason Zweig）：
華爾街日報投資專欄作家。

　　是的，巴菲特在這個名單上，事實上他也真的回應了我的請求，提出對柏格的想法。巴菲特是出了名的難以接近，我本來以為我訪問不到他，但巴菲特幾個小時就回覆說：「雖然問題非常多，但我會盡量幫忙回覆和傑克有關的提問。」

　　而且他也不是特例，幾乎所有收到我請求的人都立即回覆了。我看到了真正的愛和尊重，不是為了我，也不是為了讓他們自己能被寫進書裡，而是為了柏格。人們懷念他，而且一直懷念著他。接下來你就會看到，大家都有很多話想說。

1

先鋒巨擘

「我做這行從來不是為了要打造企業巨頭，但我太傻了，竟沒想到如果我們能給投資人最好的交易條件，最終規模必定龐然，所以我們成了現在的樣子。」

很多人都知道先鋒是家大型資產管理公司。但先鋒的意義不僅僅是資產管理，因為它並不像貝萊德或是高盛這樣公開上市，也因此沒有受到市場太多的關注。公司位置實際上也不在蛋黃區，它的總部位於賓州馬爾文，說是距離紐約市170公里，但其實也能說是在五光年之外。

即使業內人士也可能沒有注意到先鋒集團的增長速度、影響力和影響程度會發展至此。這家公司規模已經變得如此龐大，以至於像柏格這樣擅於用字遣詞的大師，總是稱它為龐然大物，而它的影響才正要發酵。

在我寫這句話的時候，先鋒集團為超過三千萬名投資人管理總值8.3兆美元的資產，而當你讀到這篇文章時，這數字還會更多。這些投資分散在各種資產類別的基金之中，因為先鋒率先推

出了股票指數型基金、債券指數型基金、貨幣市場基金，以及我
們之後會討論到的各種相關金融產品。

　　若以公司資產計算，先鋒集團目前是第二大資產管理公司，
但它的美國基金資產排名第一。只有像貝萊德這樣，為眾多投資
機構代操資金，才有辦法讓本身的規模居冠，但這樣的情況看來
不太可能永遠持續，因為先鋒集團吸引金流的能力更好。過去十
年裡，每天平均有10億美元流入先鋒集團，對大多數資產管理
公司或投顧來說，每年收到5億美元新資金就已經算不錯；相較
之下，先鋒在午餐之前就能進帳這麼多。

先鋒集團在美國年度資金流入量

（單位：十億美元）

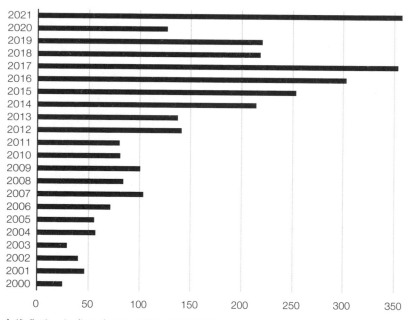

先鋒集團，彭博社（2021年資金流動估計）

　　把平均進帳乘上天數算一下，自2010年以來，先鋒集團總共吸納了約2.3兆美元。第二名是貝萊德，進帳大約是先鋒的一半，但要說到第三名的話，你可能需要拿個望遠鏡才能看到。這都還沒提到，許多資產管理公司的資金已經開始外流。

　　想到這每一分錢都直接來自投資人，沒有透過股票經紀仲介推銷，這感覺就更驚人了。而先鋒堅持不讓仲介剝削一層手續費，儘管這本就是業內既定的運作模式與制度。

　　先鋒集團不透過股票經紀商的佣金體系銷售，有的話它也只是做點廣告。他們的基金不取什麼有趣的代碼，他們的產品就是保持原有的樣子，種類多而且價格便宜。這間公司會很仔細的琢磨要推出市場的產品，這就是為什麼投資人會一再選擇他們，因為他們很清楚自己在做什麼。

　　　　　　　　　　　　——陶德・羅森布魯斯（Todd Rosenbluth）

　　需要留心的地方是，這不是先鋒集團的錢，而是超過三千萬投資人的錢。投資人已經厭倦了付太多費用給績效不彰的基金，渴望像先鋒集團這樣低收費的產品。而這種民粹式的反抗已經達到了高峰。如果要排名全球十大基金，你會發現有六支都是先鋒集團的，而且包辦前三名。這行業可是有差不多750家公司、大約3萬檔競爭基金。

　　全美最大的基金，是先鋒集團「美國整體市場指數基金」（Vanguard Total Stock Market Index Fund, VTSAX），它是史上第一個也是唯一資產超過1兆美元的基金。它追蹤99%的美國股票

市場，而且幾乎沒有額外費用，這檔基金就是這麼的傑出，它就是柏格的蒙娜麗莎。

另外值得注意的是，前十名中那四支不屬於先鋒的基金，其中三支：標普500指數基金（SPY）、安碩標普500指數基金（IVV）和富達500指數基金（FXAIX），這些也都是先鋒集團競爭對手推出的低收費指數型基金，他們基本上都是在看到先鋒集團成功之後，才跟進推出這類產品的，本書將這種發展稱為「先鋒效應」或「柏格效應」。榜單後段有支美國的成長基金（AGTHX），這是唯一高收費的主動式共同基金，一直在前十名徘徊，這情況與二十年前相去甚遠，多年前的榜單上絕大部分都

美國前十大基金

（10億美元）

代號		主動或被動	目標資產類別	總資產	名稱
先鋒整體股票市場指數基金	VTSMX	被動	股權	1304.95	
先鋒標普500指數型基金	VFINX	被動	股權	796.24	
先鋒整體國際股票市場指數基金	VGTSX	被動	股權	417.70	
標普500指數基金	SPY	被動	股權	384.85	
富達500指數型基金	FXAIX	被動	股權	350.33	
先鋒總體債券市場指數型基金	VBTIX	被動	固定收益	318.13	
先鋒機構指數型基金	VINIX	被動	股權	298.03	
安碩標普500指數基金	IVV	被動	股權	286.71	
美國成長基金	AGTHX	主動	股權	278.81	
先鋒總體債券市場指數型基金II	VTBIX	被動	固定收益	254.31	

彭博社

是主動式基金。

先鋒集團旗下基金占美國總基金投資金額29%。從基金問世以來這百年之間，沒有任何資產管理公司能夠望其項背。在先鋒之前，業內兩家龍頭公司所創下的紀錄，分別是1964年投資人多角化服務公司（Investors Diversified Services, IDS）的16%、以及1999年富達投信的14%。40歲以上的人都知道，過去富達是多麼的所向披靡。

富達真的很大，但我們竟然能比富達更大，這簡直不可置信，當時富達比起我們要大得多。

——吉姆・諾里斯（Jim Norris）

先鋒集團今日的資產大約是富達投信的**兩倍**。事實上，先鋒集團已經打破了這兩個業界龍頭的紀錄，若再想到先鋒能源源不絕的吸引資金，它未來的市占率可能會更高。

保持實力

不過與先前的領頭羊不同的是，先鋒集團資產成長原因並非在於打敗大盤或有明星操盤手，它只是單純跟著市場變化。此外先鋒還有個不同之處在於，儘管有29%市占率，但因為收費超低廉，所以收入僅占基金業總收入的5%。這種落差就是先鋒如此受到投資人歡迎的原因，這也點出了關鍵所在，它預示著金融業將籠罩在衰退的陰影之下。

先鋒集團在美國基金市場的市占率

彭博社,美國投資公司協會,先鋒集團

　　由於旗下基金主要就是追蹤大盤,因此不太可能跑輸市場,所以先鋒的領先地位比起其他前輩們更容易長久。柏格是有意這樣設計的,從業初期他便已看遍金融界變化無常,他在1994年的演講中稱其為「共同基金業的詛咒」(以下是他對先鋒集團同仁們演講時用的字句):

　　　　在某種程度上,我們已經成功躲過了共同基金業的宿命:績效大幅成長後吸引巨額投資,一遇到虧損就有大量資金撤出⋯⋯基金業一直是個週期性、對市場敏感的行業,這點從未改變。但投資的鐘擺,總會在擺向投機端以後又盪回防禦端,最終停在保守的中心位置,往復循環。

柏格比任何人都更了解基金歷史，在《堅持不懈》裡，他反覆思考先鋒集團要如何憑藉優良信譽與低廉收費，保持業界領先地位：

> 先鋒成立於1924年，到了2004年已經接下第四棒，成為基金業的領頭羊。那些前輩們都曾是一方之霸，但在過程中卻迷失了方向，無法應對投資環境、投資偏好和金融分銷系統的變遷。但先鋒不一樣。早在接棒前30年，我們就開始追隨著「股東至上」的信條，而且一直奉為圭臬。堅持股權共同所有制和指數策略，應該能確保先鋒集團未來數十年的領導地位。

劣幣與良幣

先鋒集團能夠持續壯大，其中一個重要原因，是它吸引到的是長期投資人，從另一個角度來看，是它一開始就過濾掉了「錯誤」的客戶。柏格不希望短期「熱錢」進到自己的基金，導致長期投資人成本增加。

> 我到先鋒集團上班的第一周就上了一課，那也可以說是我學到最好的一課。我負責指數型基金營運，我記得團隊裡有人想吸納大筆資金，那時超過10萬美金以上的資金流入都必須經過批准，而那筆錢遠遠高於這個數字，所以我和傑克說了這件事，這已經重要到需要討論了。

　　我記得他說:「我們真的想要那筆錢嗎?劣幣與良幣是
不一樣的。」

　　這是很重要的一課。熱錢進到基金,待上短短六個月,
一進一出之間都會增加我們的交易成本,而這只會傷害到現
有的長期投資人。我們的目標是降低長期投資人的成本,所
以「拒絕這筆錢」絕對是正確的做法,這也是先鋒集團的核
心價值:確保我們為投資人做的是對的事情。

　　　　　　　　　　　　　　　　──葛斯・索特(Gus Sauter)

___

　　對於私募股權基金或小型股票基金,因為考慮投資市場流動
性有限,挑資金的情況很常見。但如果是家主流共同基金公司,
投資的是流動性大的市場,尤其是年輕、規模小,正在尋求發展
的公司,那這樣做就很不尋常了,幾乎可以說是前無古人。像這
樣的例子更能證明柏格難能可貴的一面:他堅持走自己的路,即
使會有阻礙、會拖慢公司成功的時間。

　　雖然柏格很享受早年那些需要努力找金流的時光,「老實
說,我喜歡那段奮鬥的歲月,」他說,「那些年的投資熱潮對我
沒什麼影響。」儘管如此,他對於像先鋒集團這麼划算的商品卻
花費這麼長的時間成長,還是不免感到驚訝,他說:「我很失望
花了這麼長的時間,四十年太久了。」

　　然而公司一旦紮根,金融界就發生了翻天覆地的變化。先鋒
集團的資產呈現驚人的抛物線增長。事實證明,先鋒集團坐擁的
8.3兆美元資產中,其中有7.3兆美元(88%)是從2004年公司成
立三十週年以後增加的,真可謂是海明威所言「韜光養晦,然後

先鋒集團總資產變化

（單位：十億美元）

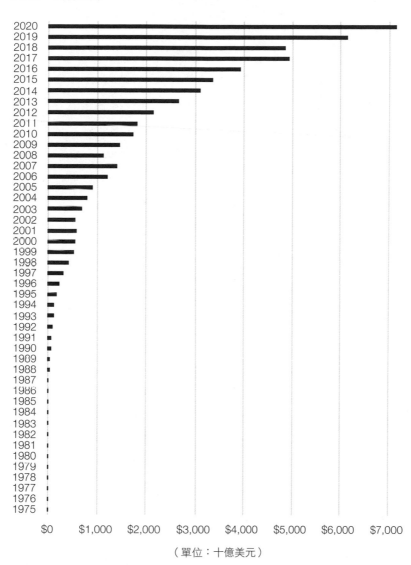

（單位：十億美元）

先鋒集團，彭博社

水到渠成」的最佳典範。先鋒集團成長的速度和幅度讓柏格大吃一驚，甚至引發他暗自警惕。以下是2017年在廣場飯店舉行的格蘭特研討會裡，他所發表的演說內容：

> 指數化商品正以驚人的速度增長，對於無意打造金融巨頭的人來說，這是種可怕的速度。當先鋒集團資產破4兆美元大關時，我召集公司同仁發表談話，以前我就常這樣做。那次主題是「怎麼做更合理？」當先鋒集團的資產超過80億美元時，我就開始這類的談話。過去習慣每十億演講一次，結果現在我們每天都進帳十億，真是離譜。

先鋒集團經歷的一切，恰好呼應了50年來柏格堅持的買入、持有低成本指數資產的複利效應。

簡而言之，堅持不懈、中間別做傻事，財富就會越滾越大。

省下一兆美元

說到越滾越大，先鋒集團的崛起為投資人省下了不少錢，這也是吸引我去了解先鋒的原因之一。目前省下來的總金額超過一兆美元，而且呈指數級增長。這些錢本來是金融業要向客戶收取的費用，也因此我會說先鋒是華爾街的肉中刺。接下來我會說明這數字是怎麼計算出來的。

首先，自1976年先鋒推出第一檔基金以來，投資人因為較低廉的操作費用比率（基金管理及運作相關支出相對於基金資產

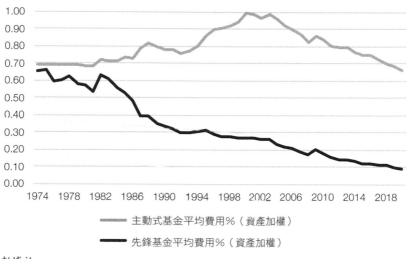

主動式基金平均費用 vs. 先鋒基金平均費用

———— 主動式基金平均費用%（資產加權）

———— 先鋒基金平均費用%（資產加權）

彭博社

總值的比例），省下了約三千億美元，這是假設在一般情況下投資會被收取的費用。當然費用價差不一而足，但通常都在0.6%左右或更高。這數字看起來雖然很小，但當它乘以數兆的先鋒基金時，就會顯得相當可觀。

　　這個費用還不包括申購手續費，這通常要收5%，是投資人付給仲介的一次性佣金。雖然先鋒基金不收手續費，但近來顧問收取報酬方式轉變，所以我的估值沒有加這5%，這部分後面節章會再說明。這些金額其實算入節省的金額也是合理的。

　　另外，因為基金周轉率極低，而使整體交易費用又額外省下2,500億美元。每次基金經理進行交易時，都會產生少量的交易成本，一般來說每增加1%周轉率，就會額外增加0.01%的成

本。主動式共同基金的平均周轉率，比先鋒基金高出約50%。我
們將此差異乘以先鋒集團每年的資產，就能得出前面的估值。

　　避免周轉造成損失，是資產流向先鋒集團的原因之一，也因
此削弱了其他資產管理公司和華爾街銀行的實力。華爾街的銀行
和企業，每天都在提供服務促進交易便利性，提升市場流動性。
用賭場來比喻的話，他們就像莊家一樣，從每筆交易中抽成。當
資金進到先鋒集團以後，基本上就完全跟賭場絕緣了，這也讓那
些主動式經理人手裡的籌碼變少了，而他們可是賭場裡最珍貴的
客戶之一。這就是為什麼先鋒集團的精神，與減少傳統金融仲介
交易，或稱「去中心化金融」（DeFi）的精神相似。

　　最後一點，但也是非常重要的一點是「先鋒效應」，這是指
先鋒的存在迫使其他金融公司削價競爭。正如柏格在1989年對

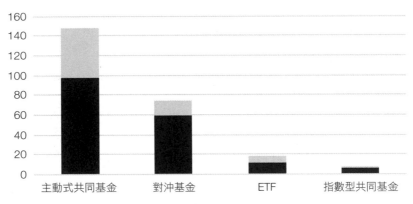

2020年費用與交易收入（估計值）

■ 估計年度交易收入（單位：十億美元）
■ 估計年度佣金收入（單位：十億美元）

彭博社

員工演講中提到的:「先鋒集團的存在本身就會導致價格戰,其實早就該這樣了。如果我們的競爭對手被掐著要害掙扎吼叫,被逼的要還他們客戶一個公道,那也算是維護社會價值了,即使這麼做會拖慢我們公司的成長。」

先鋒效應在於幾乎是以犧牲公司利益為代價,因為這些資金本來可以流入先鋒的,但最終卻流向了對手削價求售的基金裡。讓競爭對手複製先鋒集團低成本公式並不是問題,實際上這對柏格來說是完美的結果。在《品格為先:創立與建設先鋒集團》(*Character Counts: The Creation and Building of the Vanguard Group*)一書中,他回憶起1991年對員工的演講內容:

> 如果能促使對手拿出更低的價格、更高的品質來競爭,而不是花大錢浪費在無謂的行銷上,這會使得共同基金業更具競爭力。事實上,正如我在哈佛商學院課堂上說的那樣,先鋒的使命是為投資人創造更美好的世界,然而當使命達成時,也是先鋒市占率被對手侵蝕的時候。

我不確定商業史上有哪個人會希望自己的市占率被侵蝕,更不用說是資產管理史。某種程度上這麼做是反資本主義的,同時卻也是超級資本主義的。柏格選擇的路真的與眾不同,「使命」這個詞用在他身上實在完美。

> 為了實現自己的目標,他幾乎是無私的。我總想把他的事情寫得更自私一些,但我蒐集到的資訊不允許。每當要把

報導往那方向帶，去向他叫陣時都會碰壁，因為最終我總會發現，他和其他人真的不一樣。

——傑森·茲威格（Jason Zweig）

造福所有投資人絕對可說是先鋒集團的使命。哎呀，澳洲投資人沒發現先鋒集團在美國所做的事對他們有益，世界其他地方也因為先鋒集團而降低費用，那些從未聽說過先鋒集團的投資人正從中受益，這說的就是你的書名：柏格效應。

——葛斯·索特（Gus Sauter）

雖然先鋒集團的同行中肯定有「掙扎吼叫」的，但也有許多人接受了低收費指數型基金和ETF的想法，因為他們知道這對客戶的好處有多大。他們願意與投資人站在同一邊，賺他們應得的。

柏格有著不可思議的清晰願景，他也大力倡導個人投資，尤其是在美國國內。他是先驅。我們花了很多時間讓投資變得更容易、更負擔得起，如果柏格還活著，我想他也會應允的。

——薩利姆·拉姆吉（Salim Ramji）

讓我們試著以主動基金的角度，計算先鋒效應為投資人省下來的錢。這些基金的費用，從2000年先鋒和指數化開始流行的那年的0.99%，下降到今天的0.66%。同樣的，這種看似微幅的

下降，若乘以每年數兆美元，其實金額並不少。先鋒集團促使主動式共同基金降低佣金，同時投資人也更傾向選擇便宜的基金，兩者相輔相成之下大約又多省下了2,000億美元。

在被動基金方面，先鋒效應造成的影響更大。細想發行商例如富達、貝萊德或道富集團，發行廉價指數共同基金或ETF時，基本上都是為了要與先鋒集團競爭，或是被柏格的低利率理論影響。例如1993年推出的史上第一支ETF「標普500指數基金」（SPY）收費訂在0.2%，就是受到先鋒標普500指數型基金的啟發。

如今先鋒集團在11兆美元的被動基金市場有大約50%的市占率，但它幾乎影響了剩下所有基金。那些非先鋒發行的廉價被動基金，其資產加權平均費用約為0.18%。如果沒有先鋒集團，這筆錢也可能會用來支付主動共同基金的費用。因此，投資人透過先鋒效應，又多節省了2,500億美元。

有趣的是，幾乎每個我採訪到的人，都提到先鋒是自發性的推出低成本指數型基金的，其他人則是**迫於無奈**跟進，這是個重要的區別。

柏格迫使許多業者削減成本，即使他們又踢又叫掙扎得很心痛。是先鋒逼他們的，這不像是自願的。

——班·卡爾森（Ben Carlson）

許多資產管理公司發行、營運低成本指數型基金唯一的原因，是他們別無選擇。相信我，如果先鋒不存在，富達絕

不會推出零費用指數型基金。

　　　　　　　　　　　　——安東尼・伊索拉（Anthony Isola）

總結一下先鋒為投資人省下的金額：

營運費用：3,000億美元

買賣費用：2,500億美元

先鋒效應（主動）：2,000億美元

先鋒效應（被動）：2,500億美元

總計：1兆美元

不止於此

　　以上就是我如何估出1兆美元這個金額的，但實際數字可能比這還要大。我在2016年為彭博觀點撰寫的文章，就曾點出這個數字，前面提到的是我原有數據的更新版。這篇文章發表大約十天後，我的同事麥特在彭博電視節目採訪時，問到柏格對這篇文章的看法，他那時是這樣說的：

　　　　我覺得這數字可能低估了，艾瑞克沒有把省下來的錢納入本金，計算每年這些滾入本金的錢累計下來能再賺得的利潤。如果計算我們每年為投資人省下來的錢投資後能賺取的數額，然後把時間拉長到二十年左右，你會看到十分驚人的數字，它很大、非常大。這對投資人有好處，這個才是最重要的。

好吧，那就加上投資人每年可以省下來、納入本金投資的錢，還有這些資金能滾出的利潤，這又得再**另外**加上4,000億美元。我們還可以再加上國際市場，這些市場有大約3兆美元的低成本被動基金。

無論哪種方式，這都能幫投資人省下超過1兆美元。當你讀到這篇文章時，這個數字會更大，因為這個金額每年會增加大約1,000億美元，隨著資產的增長，每年1,000億美元的數字也會等比增加。接下來十年，我們實際上可以省下3兆或4兆美元，尤其是投資人喜好低收費的投資，而我幾乎可以肯定這不會變。別忘了這筆錢不是總資產（這得有數十兆美元），那只是原本要繳給金融業的規費，而不是會放進投資人口袋裡的錢。

此外，到目前為止，我所討論的一切都還只是在基金的範疇，其實先鋒集團現在也在拓展其他業務，例如諮詢服務。他們的諮詢費比起同業平均費用根本是九牛一毛，這部分在後面的章節也會談到。在先鋒宣布透過自有平台買賣ETF免佣金之後，其他大券商也開始跟進，這有助於全面降低交易成本，但行動不會就此結束。先鋒集團正進軍歐亞大陸，它剛邁出了私募股權的第一步。有人說先鋒要開展證券託管業務，時機成熟甚至可能涉足加密貨幣。不論到何處，它都會用自己獨特的結構打破現狀，讓那些績效不彰且收費過高的公司元氣大傷。

資金背後的面孔

這三千萬投資人（還沒算上競爭對手的指數型基金投資

人），究竟是誰「找到」了先鋒集團，接著省下了這一兆美元？媒體往往過於關注供應端，但了解和挖掘需求端也很重要。沒有投資人，就沒有先鋒集團，也就不會有這11兆美元的被動基金資產。柏格會把注意力集中在這些數字背後的投資人身上。在《品格為先》一書中，他形容投資人是「一個個的靈魂，有著不同的希望和恐懼、財務目標以及對我們的信任，而我們從未讓人失望。」

　　這些投資人（或稱做靈魂）類型各不相同，但大致可分為四類：第一類，是直接找上先鋒的自主散戶投資人，他們以諸如勞退帳戶裡確定提撥計畫的錢投資。第二類，也是增長最快的一類，是投資顧問。他們受託管理資產，經過評估之後，最終把客

先鋒資產：依投資人類型劃分

先鋒集團管理資產百分比

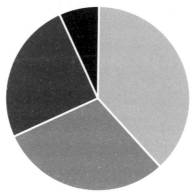

顧問　個人　投資機構／退休金確定提撥計畫　國際投資

先鋒集團

戶引入先鋒集團。第三類是投資機構，換句話說，有不少中小型投資機構將旗下的資金外包給先鋒，即使大多數機構都傾向自己操盤，或偏好投資對沖基金與私募股權，這點後面的章節會有更詳細的討論。最後一類是國際投資人，對先鋒來說是比較新的領域，但是發展迅速。

自主的散戶投資人

自行投資的散戶資金約占先鋒集團總資產30%，但卻是公司根深蒂固的核心價值所在。這些是公司最原始的核心資產，是柏格早年醉心維護的一塊。這些人是醫生、牙醫、學校教師、會計師、軟體工程師、水電工、藝術家、行政人員、經理、藝人、運動員、公關和金融專業人士。他們投資不是為了打發時間或一時興起，而是為了實現人生目標，比如讓孩子上大學、買第二間房子、享受著舒適的退休生活。柏格為這些投資人而活。

他保存著投資人寄來的每一封信，還把副本給我看，他談到自己曾回信給一些人，我差點感動落淚。他圖的是什麼？什麼都不圖。他給我看過一封有個門衛寫給他的信，那是封感謝信，他感謝能為孩子存教育費，也能幫自己存退休金，如果沒有柏格他做不到。柏格從這些信裡得到很多滿足感，尤其是在被動投資變得這麼風行的情況下。我認為這是他覺得自己唯一可以發揮個人影響力的方式。

——愛琳‧亞芙蘭（Erin Arvedlund）

　　某種角度看來，你可以說柏格**必須**與這些投資人通信，因為他們是公司股東，算是他的老闆。事實上首批先鋒集團投資人裡，也的確有個人的意見被奉為公司決策的圭臬。

　　我們有個名叫托比・喬特（Toby Choate）的神級人物，從我進公司的那天起，就聽到大家在談論托比。所有規劃都要通過「托比測試」。聽說托比會問：「你為什麼要把我的錢花在這些事情上面？」所謂這些事，可能是任何東西，不論是行銷、節日派對什麼的。所以我們常會這麼自我要求：托比會同意我們花這筆錢嗎？說到底這些都是投資人的錢，如果我們不能確信這麼花托比的錢是合理的，那麼我們就不會這樣做。直到十年前，我才發現托比是真實存在的人物。早在八十年代初期，他就曾挑戰傑克：「要我同意你把錢花在這裡嗎？」所以我認為傑克確實盡心盡責的管理投資人的錢。難道花大錢行銷，真能為這些投資人賺取收益嗎？

——葛斯・索特（Gus Sauter）

　　不把錢花在廣告上，符合柏格那「花若盛開，蝴蝶自來」的理念。正如他在1980年的演講中對員工說的那樣：「我們不靠行銷，我們靠的是主動上門的投資人。」而他也的確做到了，就這樣靠著等人上門，先鋒集團最終吸引了「最死忠」的投資人。在《品格為先》一書中，柏格是這樣評論的：

　　我們一直都知道，典型的先鋒集團客戶比起一般基金投

資人教育背景更好、也更有錢，我們相當清楚這點，此外他們也更有意願投資我們的基金。簡而言之，我們的典型潛在客戶是精明的投資人，他們知道自己要什麼、時機點為何，以及如何實踐。

指數化投資名人

在柏格看來，先鋒集團的散戶裡包含了一些傑出、知名度也很高的人，他們在做個人理財時會運用指數基金。其中一例是所羅門兄弟（Salomon Brothers）債券交易員出身的作家路易斯（Michael Lewis），他在他的暢銷書裡深入探討了華爾街的百態，包括《大賣空》（*The Big Short*）和《快閃大對決》（*Flash Boys*）。以下是他在接受《市場觀察》（MarketWatch）網站採訪時所說的：

> 我一直是個無趣而且保守的投資人。我持有指數型基金，不管市場浮動……把基金擺一旁，不會天天關心漲跌……我認為投資最好的方法，就是持有低成本的指數型基金。大家真的不應該把積蓄花在個股上，這樣做的結果基本上都不會很好。如果你只是把投資當賭博這類的娛樂，比如像賭足球賽一樣，那沒問題，但我覺得最好還是買低成本的指數型基金，比如先鋒指數型基金。

另一位萬眾矚目的散戶投資人，如果可以這樣稱呼他的話，是巴菲特。他在2013年的信裡表示，他計畫將自己絕大部分的

財產投入指數型基金：

> 我都是以實際行動支持，不是說說而已，我在這裡所做的建議，基本上和我的遺囑是一致的，我有部分遺產以現金方式信託，那是為了我妻子。有現金遺產的原因是，我的波克夏股份會在我的遺產分配完畢後，分十年全數捐給慈善團體。我對信託管理人的指示再簡單不過了：將10%的現金投入短期政府債券，另外90%現金投入極低費用的標普500指數型基金，我建議買先鋒的。我相信長期堅持這樣的投資方法，得到的收益會優於大多數投資人，無論是退休基金、投資機構或個人，因為他們都要付高昂的費用給投資經理人。

我後來有再問過巴菲特，他表示這項建議仍未改變。巴菲特的90／10投資組合與前美國國務卿希拉蕊（Hillary Clinton）以及前總統歐巴馬（Barack Obama）的看起來很像，至少從他們公開的財務報告來看是這樣。不少和他們同等級的政治人物，都會投資不同公司旗下各種基金產品，而且投資組合有很多重疊；相比之下他們的方式單純又有效。據報導稱，希拉蕊持有大約500萬美元的先鋒標普500指數型基金，另外還持有約7萬5千美元的美國短期國庫券。

根據歐巴馬2016年公開的財務報告，他的理財方式與希拉蕊相似，他持有大約60萬美元的先鋒指數型基金，以及一些美國短期國庫券和國庫票據，先鋒集團是他披露的財務報告裡唯一

的基金公司。像許多人一樣，他也選擇了低成本、簡化的投資。

學者

先鋒集團的首批投資人裡有著名學者薩繆爾森（Paul Samuelson），他是麻省理工學院的教授，也是美國首位獲得諾貝爾經濟學獎的學者。他還是兩任總統：甘迺迪（John F. Kennedy）以及詹森的（Lyndon B. Johnson）的顧問；柏格大學時期唸的教科書，其中有一本還是他寫的。他和柏格越走越近，最後還幫他的第一本書寫了前言，開頭是這樣的：「我除了是創始投資人之一，並與我成群的兒孫共享此身分之外，其實我與先鋒集團基金沒什麼關係。」

後來有越來越多學者支持先鋒集團和低成本指數基金，還將它納入課程，而保羅是這群學者中的第一位，最後還與柏格成為朋友。柏格在自己的「柏格頭」（Bogleheads）播客節目裡是這麼說的：

> 我們另一個重要的支持力量是學界。很少有商學院的投資課程不討論指數。那是學術界，所以不只是柴米油鹽裡的男男女女值得被幫助，那些專業的人也一樣，身在教育的象牙塔裡有著複雜思考的人，對我們來說也是巨大的資產。

究極讚美

這些精明的指數投資者裡，也不乏先鋒集團的競爭對手。

過去常拿來貶損柏格的都是諸如道貌岸然、偽君子這類的話。但換個角度看，這些挖苦他的人也買了先鋒基金。我覺得這頗為值得玩味。過去我靠著灌這些基金業執行長的酒，五分鐘就讓他們口吐真言：「沒錯啦，我大部分的錢都買了先鋒集團的基金。」所以他們一邊討厭他，一邊又買他的基金。

——傑森・茲威格（Jason Zweig）

你會訝異那些請我幫忙理財的華爾街分析師，裡面有多少人是指數型基金投資人，華爾街很多人都把自己和家人的財富，投入指數型基金。

——瑞克・費里（Rick Ferri）

柏格在某次採訪中談到下面的話題：「看看那些共同基金競爭對手的主管，當他們幫孩子準備教育基金時，你知道他們是怎麼規劃的嗎？他們會買先鋒基金。看看美林證券的業務員，當自家叔叔進證券行卻不知道該怎麼投資時，他會說『買先鋒』，因為這樣讓他不會看起來像個笨蛋。」

柏格頭投資指南

有些先鋒投資人變的越來越有使命感，覺得自己應該像傳教士一樣推廣柏格的理想、啟發其他投資人。這群人暱稱為「柏格頭」（Bogleheads）。這個組織起始時規模很小，而且也不是正式的，但現在已經發展成為具有重要影響力的迷你機構，起初是林

道爾（Mel Lindauer）和雷利摩爾（Taylor Larimore）共同發起年
會，藉此互相探討、傳播柏格的投資哲學和低成本投資理念。雷
利摩爾是二戰老兵，參加過突出部之役（Battle of Bulge），柏格
曾稱他是「柏格頭之王」。柏格頭論壇、各分會和線上論壇在傳
播「福音」方面非常有效，柏格不但對此表示讚賞，還願意隨時
配合這個團體的活動。以下是他在柏格頭播客裡說的：

> 柏格頭們對先鋒集團來說是重要的資產……他們自發
> 性的相互幫助，又能保持各自獨立，也與先鋒沒有牽連。除
> 了善意和建議，他們沒有什麼可賣的。因此，柏格頭不僅是
> 先鋒集團，也是指數化的重大資產。

柏格頭們否認這是先鋒集團粉絲俱樂部，他們所做的其實更
貼近於宣揚柏格的理念。因此柏格頭論壇也經常會討論非先鋒基
金的附加價值，例如嘉信或貝萊德的基金。這個論壇分為個人投
資、投資理論、新聞與個人理財。快速瀏覽一下他們的主題，就
可以看到人們在討論不良的儲蓄投資、多角化投資策略、防止通
膨、股息，以及退休金所做的投資是否划算。

柏格頭論壇現今是世上最大的非商業性金融論壇。當
我寫我的上一本書《鄉民的提早退休計畫〔實踐版〕》（*The
Bogleheads' Guide to the Three Fund Portfolio*）時，柏格頭論
壇每天的點閱量超過450萬次，註冊會員超過7萬名。2001
年我和林道爾在我邁阿密家的客廳舉辦了首屆柏格頭會議，

相關人士都受到邀請，那次柏格先生和21名柏格頭出席了
會議。我們就從那次開始舉辦一年一度的柏格頭論壇。每年
都辦得很成功，門票通常幾天內就銷售一空。

　　　　　　　　　　　　——泰勒・雷利摩爾（Taylor Larimore）

　　這個組織簡潔、無廣告的風格，加上1998年那種舊式的網
站設計，全都非常的柏格。網站裡不用花而不實的內容轉移焦
點，只有投資相關留言與討論。柏格頭內部管的很緊，嚴禁任何
招募，這點我有親身經驗，當我試著找幾個人訪問寫這本書時，
馬上就被禁止採訪了。站在公正的角度說，我確實違反了他們的
守則，他們也確實寫了封電郵向我解釋，並給了我第二次採訪的
機會。我尊重他們為了維護論壇純正所做的奉獻。

　　這的確是個很有向心力的團體。但事情有趣的地方就在
於，現在既然柏格人已經走了，那麼神聖使命也就不是要務
了，不必再一心談論他有多偉大。他們看來正在轉型為倡導
柏格的核心理念：購買並持有多元的低成本指數型基金，減
少交易進出，一旦交易就要聰明的處理稅務。就這樣，事情
很簡單，一切都乾淨，這麼做很聰明。這對人們有強大的吸
引力，我想他們或許能永續經營下去。

　　　　　　　　　　　　——傑森・茲威格（Jason Zweig）

　　柏格頭可能會成為世代相傳的力量。死忠粉絲在投資界難以
長久，因為他們常是圍繞著主動式經理人存在的，當獲利變差或

不穩定、經理人退休或去世時,他們就會在市場上消失。但是柏格腦卻可能隨著時間而成長,因為它不是基於人物崇拜,儘管是有一點崇拜柏格,但重點在於他所提出的低成本、審慎投資這類可長可久的觀念。

革新之後的投資經紀人

根據切魯利環球共同基金研究公司(Cerulli Associates)的數據顯示,先鋒集團還有一大塊基本盤是資產管理顧問公司,這也是增長最快的一塊,先鋒與他們共同管理著高達25.7兆美元的資產。他們幫人做投資管理,在許多情況下還會提供財務建議或做全面理財規劃。資產管理界目前正在經歷一場大轉變,這是資金流入先鋒基金、指數型基金和ETF的最大催化劑之一。

在八、九〇年代,這些人通常叫做投資經紀人,他們靠抽佣金過活,雖然這些錢是共同基金的回扣,但畢竟羊毛出在羊身上,說到底也是投資人的錢,這表示投資人會付很多費用,而經紀人想的只是賺佣金,結果把錢都投入那些高成本、收費高、表現不佳的基金裡,即使經紀人內心深處知道那檔基金很差,爛到他們自己根本不會買。

這種激勵賺取佣金的機制就是如此可怕,事實就是如此。許多投資經紀人都知道,良心未泯的也不免會感到沉重。他們知道這樣對客戶不利,也與自己受人之託投資賺錢的任務背道而馳,他們只是隨意的拿客戶的錢去買基金,或是買公司要他們推的產品。但在網路剛興起的那個時代,他們沒有這麼多的選擇或見識。

> 當時的仲介唯一能學習的機會，就是去研討會學或是公司教，可是仲介公司只會教你要賣什麼。一旦發現到人外有人、天外有天，有些人就會開始好奇，跋山涉水的想去看看外面的世界是否更美。事實證明，對很多人來說，外面的世界更好，然後就開啟了其後20年間，仲介走向註冊投資顧問的風潮。
>
> ——麥可・基奇斯（Michael Kitces）

有許多仲介成為「註冊投資顧問」（Registered Investment Advisor, RIA），肩負客戶的信托責任，而且全部或部分以固定費用方式收取，或是按管理的資產大小計算。在這種模式下，他們的報酬來源不再是佣金，而是客戶資產的百分比，通常是1%。這表示他們不再為共同基金公司經銷代理公司做事，而是為客戶工作。這激勵他們選擇對客戶有利，成本也盡量低廉的基金。

這些因素都在為我們現在看到的被動資金洪流推波助瀾。許多顧問都曾表示，這樣的轉變讓他們有所頓悟，有些人還稱讚了柏格。畢竟在那之前，有些人已經在舊制度下工作二十多年了。

費里（Rick Ferri）是美邦（Smith Barney）的投資仲介，他們幫客戶投資主動式共同基金，以此賺取佣金。九〇年代初，他在亞特蘭大的特許財務分析師協會（CFA Institute）年會上聽到柏格的演講，他發現柏格所說的與他的從業經驗完全一致。

費里說：「我意識到，哇，我得更進一步研究這個指數化概念，所以我拿了一本《柏格談共同基金》（*Bogle on Mutual Funds: New Perspectives for the Intelligent Investor*），我簡直不敢相信他

在這本書裡寫了什麼。那正是我親眼見證的事情。我有種排山倒海的感覺、一種頓悟，天哪竟然有人想法像我一樣。你知道嗎？我們是對的，這傢伙是對的。我讀完了那整本書，然後我決定追隨他的腳步，我真正關心的是客戶，而不是為公司賺錢。」

受到這次經驗啟發，費里向自己的公司提議納入先鋒集團基金，但馬上就遭到拒絕了，因為先鋒集團不會付仲介平台費用。於是他辭掉工作成為獨立註冊投資顧問。「我想跟隨柏格的理念，」費里說，「但我無法在我原本的公司裡辦到。」

費里和其他人無法突破的癥結在於先鋒不付佣金，這就是為何先鋒集團有如此強大的理念，卻花了很長的時間才發展壯大的主因。這就像是製作了一部很棒的電影，卻沒有半個劇院或電視頻道播放。要怎樣讓投資人上門？必須啟發他們、讓他們願意離開原有的體系，這並不容易。

但這就是柏格所傳播的訊息，投資人一旦接受了他的資訊，通常生活也會跟著改變，無法再用舊有的角度看待事物，柏格的理念很強大。

　　一旦了解指數化投資的原因並開始做，加上那茅塞頓開的瞬間，頓悟了，就再也回不去主動式投資了，這就像是改變信仰。現在要做的就是靠近指數祭壇，加入大家。

——瑞克·費里（Rick Ferri）

　　有趣的是，這感覺就像是改變信仰，那些原本對個人專屬理財和投資訊息很感興趣的人，最後發現這些消息其實沒

用。然後他們就開始勸別人說，其實沒人知道必勝法則，這成為了基本觀念。

——麥可‧路易士（Michael Lewis）

當投資顧問不再從共同基金公司收取回扣抽佣金，而是開始按照客戶資產的百分比收受報酬時，所有基金都會因此得以公平競爭。當先鋒指數型基金能與其他基金公平競爭時，幾乎就是常勝軍，而且時常贏的輕輕鬆鬆。這種投顧收費模式的轉變，也是當前先鋒、指數型基金和ETF崛起背後巨大、沒被注意到的因素。

改以收取費用取代佣金，其背後的意義在於受委託者有義務為客戶利益著想，每天結束前查看一下數據，把重點擺在盡量減少基金費用，為了追求更好的投資成效，長期採用指數化投資方法……但至少我認為投資顧問最低的要求，應該要懂得關切主動管理基金的成本和基金表現情形，達不到這樣的底線，很難說的上稱職。

——奈特‧傑拉奇（Nate Geraci）

許多中大型的顧問社群也紛紛效法。切魯利環球共同基金研究公司資深財富管理總監伊席爾（Donnie Ethier）稱，截至2020年，業內約有70%收入是按資產大小比例收費的，預計2022年會上升到74%。該公司十年前做過類似的調查，當時還是51%。

伊席爾說：「無論是收取一定費用，還是依資產大小計算費

用，這在過去20年可說是呈現爆炸性的成長。我認為被動式基金是個很大的原因，幾乎所有分析都指向這點。」

機構投資者

機構投資者是先鋒集團資產另一塊業務，儘管算是規模較小的那塊，雖然有些機構已經投向先鋒和被動基金，但那強度比不上散戶或投顧。許多機構尤其是退休基金、捐助基金、家族辦公室和保險公司等大型機構，其性質並不完全符合先鋒集團要服務的對象，他們的投資模式基本上結合了對沖基金、私募股權等另類投資，以及房地產這類實體資產，是稱為耶魯模式（Yale Model）的投資方式。比起小型投資人，他們的需求和目標各異，這使得他們的世界存在人為利益衝突，無法將資金移入低成本又單純的投資裡。

在那個「機構投資」的世界裡，與那些資深穩定的創業投資人、私募股權人士和基金經理人討論，能激發很多想法。談話過程中也創造了話題，以及一些能讓他們向委員會或校友吹噓的事蹟，但更重要的是這背後的意涵。我以前工作的地方有五、六十名經理人，這根本沒必要，所以我退出了。去找董事會討論指數型基金是行不通的，尤其是這些人那麼擔心每季績效、時時刻刻都想掌握一切以及將哪些經理人踢出名單。

——班・卡爾森（Ben Carlson）

　　有些機構開始被要求停止高成本投資，而且這樣的壓力與日俱增。例如幾年前，哈佛1969屆有11名學生聯合致信哈佛校長，遊說校長把他們捐的400億美元其中半數，改投資低成本指數型基金，信是這麼寫的：

　　　　若有一半捐贈金額……投資在管理成本幾乎為零的標普500指數型基金中，那麼哈佛大學就能省下一半支付給哈佛管理顧問公司的費用，等於省下了6,880萬美元。這筆錢拿來付4,300萬美元稅單以後，還能剩下很多。

　　未來很可能會有許多無法接觸頂級對沖基金，或是不需要花太多心思的中小型機構，會持續走向先鋒模式，這很合理。不過大多數大型機構，可能還是會堅持耶魯模式。

國際投資人

　　雖然柏格效應和指數化投資在美國已是如火如荼，但實際上在世界其他地方才剛要開始。問題是，世界其他區域大部分仍依賴仲介系統，以佣金的形式從資金中抽取報酬，這種方式對先鋒和被動基金不利。再加上有這麼多不同的國家，也沒有明確的退休金提撥計畫，使得國際市場比美國本土市場更難攻克。

　　　　銀行業曾發生許多仲介相關事件，尤其是在歐洲；散戶是先鋒集團的衣食父母，在那邊他們是處於那樣的投資環

境。我認為先鋒的影響力正在增加，而且還有再上升的空間，但市場結構和獎勵措施可能仍是障礙。

——伊莉莎白·卡許納（Elisabeth Kashner）

歐洲缺乏的是像柏格這樣渾然天成的力量，能打破混沌、攪動時局。

歐洲從來沒出現過救世主，所以要是再被華爾街扯了後腿，那就更令人同情了。我的意思是，他們在那裡比美國糟多了，超荒謬的。

——吉姆·溫特（Jim Wiandt）

柏格在歐洲的知名度遠低於在美國，直到生命裡的最後幾年，他的名聲才算傳入了歐洲。大家對於打敗大盤有多困難並沒有自覺，這點我們遠遠落後於美國。我們還在美夢裡，但值得慶幸的是，現在情況已經開始有了變化。

——羅賓·鮑威爾（Robin Powell）

先鋒集團已經達到市場新人能取得的最大成就了。他們正在擴大市占率，但不靠砸重金、不做收購，他們就是站穩腳步傳播先鋒訊息。再說了，打入歐洲也不是那麼容易，這是完全不同的市場、很難打入的市場。

——亞他那修·普薩羅法吉斯（Athanasios Psarofagis）

先鋒非美國基金資產

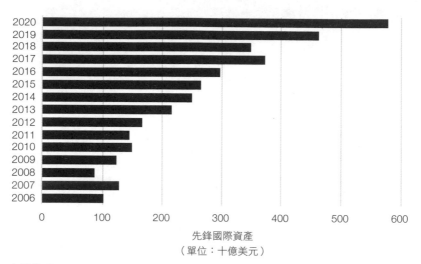

先鋒國際資產
（單位：十億美元）

先鋒集團

　　亞洲區域除了澳洲以外，其內扣式的佣金和仲介系統，可以說比歐洲還要糟糕。但無論如何，看在亞洲人口眾多的份上，許多發行公司還是認為亞洲很值得努力。亞洲人口是歐洲的六倍、北美的九倍，而許多散戶還沒注意到把費用從2%降到0.2%可以省下多少錢，這就是柏格效應還沒發酵的原因。

　　除了澳洲以外，亞洲各地的投資顧問仍然靠著賣產品抽佣金過活。要想抽佣金的話，就要賣結構性商品和共同基金，不會是ETF。另一個重大挑戰是亞洲不同於歐洲，歐洲有歐盟「可轉讓證券集合投資計畫」（Undertakings for CollectiveInvestmentInTransferable Securities, UCITS）制度，它是

歐盟共同基金監管準則，合格基金就能進入歐盟市場，不需要逐一國家申請。發行商能用這個標準建立新基金，進到包括亞洲等很多地方銷售。但要是在香港上市的基金，是無法在新加坡買賣的，也不能去台灣賣，當然也不能在日本或馬來西亞賣。今日的亞洲各國幾乎可說是各自為政，也因此無法產生規模經濟。

——黛博拉・富爾（Deborah Fuhr）

總而言之，先鋒的國際投資人約占7%，帶來相當健全的額外5,780億美元投資，而被動投資約在2兆美元左右。毫無疑問的這個數字還會成長，原因與美國市場相同，一旦開始有人投資之後，接著就會口耳相傳散播出去。

總是有人了解投資主動式基金風險高，不但收取高額費用，而且也不太可能維持高收益。但是有種心態叫「盲從」，所以他們還是跟著前人的腳步買了主動式基金，因此被動式基金起步才會如此緩慢。

——黛博拉・富爾（Deborah Fuhr）

每到一個新的國家我們都會聽到：「這裡不一樣。」真的嗎？那讓我們看看。其實我們知道沒什麼不同，不可能不一樣，數據不會騙人。也因此，我們不得不在加拿大、在英國、在澳洲推動指數化，我們必須逐一國家推動，證明數學就是數學。然而最大的挑戰，還是在於投資顧問，以及他們

既有的佣金系統。

——吉姆·諾里斯（Jim Norris）

散戶資產管理者

　　贏得全球散戶以及那些理財顧問的心、想法和資產，是顛覆金融業的主要力量，因為這些人往往願意付高額費用給資產管理公司。機構投資者因為銀彈充足，比起他們幾乎不花什麼成本投資。許多理財顧問靠散戶為生，這就是為什麼我稱他們為「散戶資產管理者」。

　　一旦人們習慣整個投資組合只要付0.05%到0.1%費用，他們就不可能再回到付1%到2%的時代，這是個**重大轉變**。

　　業內大多數人都清楚，這是柏格扔下的革命性炸彈，正如他們感受到的那樣，而在業外就很少有人能真正掌握柏格領導的這股民粹主義式的反抗。不過還是有個例外，是諾蘭（Hamilton Nolan），他在2016年「死亡轉身」（*Deadspin*）部落格裡，回應了我在彭博觀點寫的關於節約成本的報導，他隨後也寫了篇有關柏格的文章：

　　　　格瓦拉（Che Guevara）戴著貝雷帽看起來不錯，克里佛（Eldridge Cleaver）也有過榮耀時刻，但今天讓我們大家花點時間來紀念那真正的該死的人民英雄：那該死的約翰·柏格。他比任何美國十字軍社會主義者從華爾街口袋裡掏出的錢都要多，他把錢放回大眾的口袋裡。約翰·柏格創立了

一家價值數兆美元的投資公司，卻沒有利用它來讓自己成為億萬富翁，而是用來生產價格公道的好產品，為每個使用它的人省錢……華爾街討厭這個人，但我愛他，你也應該如此。占領華爾街好、控制華爾街好，時不時把對民粹主義暴動的恐懼扎進華爾街的心裡很好……並非所有革命都用槍，也有這樣用複利知識的革命，這一樣很讚。

新信託社會

柏格喜歡引領革命這個想法，他的一生都圍繞著這個觀點建立。他大部分的著作，都是在為改善金融業和投資世界發聲，如果他生在1770年代的費城，那肯定會是個完美的角色。在他的《文化衝突：投資，還是投機？》（*The Clash of the Cultures:Investment vs. Speculation*）一書中，他說：「我們必須建立新信託社會」，他還寫了一份投資權利規章，內容包括避免利益衝突、顧客至上、披露美元費用和費率，以及妥善管理有投票權的股權。這場民粹主義就是為何先鋒規模雖然如此龐大，卻仍不該和那些有太多定價權、甚至可能妨礙市場自由的巨型科技公司同等視之。現任先鋒集團執行長巴克利（Mortimer "Tim" Buckley）也是這麼看的，以下是他在2018年的一次採訪中告訴ETF.com的話：「我會說我們還不夠大。五兆是個很大的數字，但那是我們客戶的錢，不是我們的。我們的年收是50億美元，根本比不上亞馬遜。」

儘管如此，先鋒集團的規模也已經越來越受到關注，柏格還

在世時就已如此。時機已經成熟，讓我們先把這一章結束在先鋒規模這個話題上。

他的影響力被低估了，想到他為普羅大眾省下那麼大筆錢，真可謂是這世上最大方的慈善家。那筆錢現在正用在更有效益的地方，而不是拿去付那些高成本投資的費用，尤其是那些人不該領那麼多的。他留給後世最大的遺產，是他為投資人省下的數兆美元。我不認為人們真的了解這件事的重要性，這樣的貢獻無人可及。

——安東尼・伊索拉（Anthony Isola）

話說，要不是因為大熊市的到來，加上柏格被原來的公司解僱，這一切都不會發生。

2

獨立宣言

「我的目標是建立一家股東有、股東治、股東享的企業。」

　　如果你一路追溯先鋒集團的成功之路：被動式基金、ETF的興起，以及當今主導投資領域的那些趨勢，最後就會進入七〇年代初期那個年輕的約翰‧柏格的大腦裡，而且會決心要成立一家「共同所有」結構的新型基金公司。這個聽來奇巧的術語，實際上卻很強大，使先鋒集團的成立宛如獨立宣言，不僅對當時的柏格是如此，對投資人也具有相同的意義。

　　共同所有股東結構強大的邏輯其實很簡單：公司歸基金所有，而投資人擁有基金，所以投資人擁有公司。股東和投資人不再是兩組不同人馬，而是同一群人。當資產增加帶動額外收益時，股東投資人會傾向透過民選董事會代表支持調降費用，或是再投資公司。

> 先鋒集團的成功100%得益於所有權結構，很多人還以為先鋒是家非營利公司。先鋒集團是家沒有上市的企業股份公司，跟其他以賺錢為目標公司一樣，重點只是在為誰賺錢。但不論如何，錢都是為公司老闆賺的，只是我們公司老闆剛好是我們的基金投資人。

—— 葛斯・索特（Gus Sauter）

> 如果你問先鋒的投資人，我敢打賭七成以上都不清楚共同所有結構是核心，他們會以為是別的理由。他們真的不是很了解，也不會多想，但這的確是項突破。

—— 泰德・安隆森（Ted Aronson）

柏格也完全同意這個分析。在一次採訪中，我直接了當的問柏格，以下哪件事更重要：是股權共同所有結構，還是指數型基金？

「嗯，在我看來，毫無疑問的，股權共同所有是一切的基石，」他回答道，「這是最核心的一塊。因為有這個結構的存在，整個營運重心會放在如何降低成本，並做低成本的投資。」

只要查看先鋒標普500指數基金這些年來的營運費用，就可以了解這種結構的運作情況。費用從1976年的0.43%一路降到2021年剩0.03%。值得注意的是，如此減收費用的情形，是發生在大家還沒那麼在乎付費的年代。投資人沒有主動要求這些，但這就是結構運作的方式。投入的資產越多，費用就越低。

先鋒基金歷年收費比率

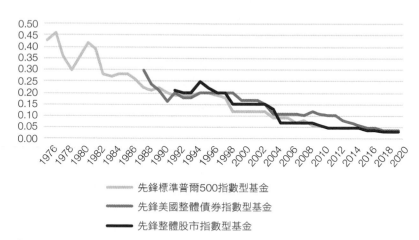

先鋒集團

　　先鋒集團的股東是公司共同基金所有者，這項事實明白指出了大家該對誰負責，因此也避免了委託代理所衍生的問題。我認為，共同所有權結構和指數化這兩件事的共通點，就是效率。

——伊莉莎白・卡許納（Elisabeth Kashner）

　　共同所有股東結構是滲透到獎勵機制裡的。營利性的公司有可能會不老實，所以得盯著他們，至少要了解他們的運作邏輯。但先鋒與眾不同。客戶擁有基金，他們是公司老闆。因此，你不但是買基金，而且也買公司；如果你花時間在這個基金上，也會讓它越來越好。

——丹・伊根（Dan Egan）

一個老闆

　　儘管改變基金公司和投資人的獎勵機制的結果相當正面，但時至今日，先鋒集團基本上仍然是唯一採行這種結構的基金公司。那別的運作結構又是如何？大約有一半的基金公司，例如業內的巨頭富達或美國基金集團（Capital Group）是私人公司，所以是合夥的股東所擁有；剩下另一半，如貝萊德或道富集團是上市公司，因此是買他們股票的人擁有。但不論哪種情況都可能發生利益衝突，因為股東想要利潤，而投資人要更好的收益、更低的費用。柏格不厭其煩的向人解說差異，這是他在《別指望了》（*Don't Count on It!: Reflections on Investment Illusions, Capitalism, "Mutual" Funds, Indexing, Entrepreneurship, Idealism, and Heroes*）一書中所說的：

> 　　股票上市對履行信託責任是種詛咒，因為你會有兩個老闆……金融時代沉淪期間發生的不論大錯小錯，零零總總都得歸咎於無法忠人之托，總之就是違背了「一人不事二主」這個古訓……該是調和專業投資判斷與行政衝突，妥善照顧客戶利益的時候了。

　　必須公平的說，在上市或私有資產管理公司工作的人，不見得就是是想剝削投資人的壞人。但是對股東有利的事不一定對投資人有利，他們的確必須應付兩股對立的力量所造成的壓力。

　　普林斯頓大學名譽教授墨基爾（Burton Malkiel）在先鋒集

團董事會工作了28年，曾近距離的了解這個結構的運作情況。「先鋒集團一直讓我印象深刻的地方，」墨基爾說，「是它不僅是公開表明做法，而且還說到做到。真的，從來沒人爭論不要調降費用，這就是此公司的DNA，我認為它是世上為數不多，真正做到互利互惠的公司之一。」

正因為這種結構是如此罕見而且珍貴，關於它誕生的故事真的值得了解。老實說，直到我為了寫這本書開始研究先鋒時，才發現它的誕生過程是多麼大膽、充滿不確定性，還加上了機緣巧合的成分。

但我想，這就是創立一家不以賺大錢為目標的公司，所需要的元素。

賣甜甜圈

那時是在1965年，總統還是詹森，披頭四剛發行了《橡皮靈魂》（*Rubber Soul*）專輯，而《真善美》（*The Sound of Music*）是最受歡迎的電影。此時30多歲的約翰‧柏格在費城威靈頓投資管理公司（Wellington Management）迅速往上爬，那是當時最大的資產管理公司之一，他剛畢業就進去了。威靈頓有著那時代最受歡迎的主動式基金，儘管基金風格偏保守。這檔基金配制謹慎，平衡的納入股票和債券。在六十年代那股市狂飆年代的前半段只漲了5%，對比之下，標準普爾500指數卻是漲了87%。同一時期，有不少投資高成長股票的主動式基金，其收益還遠高於市場。

1960年代初期威靈頓基金 vs. 標準普爾500指數漲勢

彭博社

　　可以想像在這種情形下，投資人會把資金投入飛漲的股票型基金，而不會選擇保守的威靈頓基金，結果該檔基金的現金流從40%直接滑落到1%。威靈頓的創辦人摩根（Walter Morgan）將主導權交給了柏格，要他「盡一切努力解決這個問題」。

　　柏格立即面臨兩難困境：是堅守穩健的根基等待牛市結束，還是努力適應所謂的新常態，加入牛市？但這對柏格來說卻是輕而易舉，正如他在《堅持不懈》裡所寫的：

　　　也許有些太過自信，但我認為解決之道其實很清楚，想像一下你開了家貝果店，老顧客不再上門，卻成群結隊的去買對面的甜甜圈。所以很簡單，為了生存你必須開始賣甜甜圈，至少我是這樣判斷的。

　　他能想到的，是與實力雄厚的公司合作，透過企業合作讓威靈頓現代化，也順便增加優勢。柏格最初詢問過美國基金集團（又名資本集團），但對方不願意。然後他又去問了富蘭克林基金公司（今日稱為富蘭克林坦伯頓），還有其他幾家公司，他們也都禮貌的回絕了。最後他終於在波士頓找到了一家叫做桑代克、多倫、潘恩和路易斯股份有限公司（Thorndike, Doran, Paine & Lewis, Inc），他們的主力產品「艾維斯特基金」（Ivest Fund）成長快速又很熱門。柏格認為這可能是他最好的選擇了，儘管這不是他的首選，但由於那個貝果和甜甜圈的情況，他不得不行動。他將威靈頓40%有經營投票權的股票，以及幾席董事會席位給了那個集團，用來換取他們的人才和艾維斯特基金。

美好時光

　　得益於全錄（Xerox）、寶麗來（Polaroid）、國際商業機器公司（IBM）和雅芳（Avon）等成長型股票本益比飆升到將近50倍，雙方一合作就旗開得勝，相較之下標普500的平均值只有15倍。這些基金一開始很成功。他們在1968年登上了《機構投資者》（Institutional Investor）雜誌封面。

　　以下內容摘自那篇文章：

　　　　來自波士頓的四位合夥人：桑代克、多倫、潘恩和路易斯，以他們的名字創立了信譽卓著的投資顧問公司，而且也豎立起艾維斯特基金的口碑。以威靈頓的雄厚財力、卓越聲

譽和行銷能力，加上他們集團的研究和投資管理人才，還有主力基金的良好聲譽，看來是個十分完美的組合……成功來的很快，繼威靈頓的銷售額從1965年1.68億美元掉到1966年剩1.51億美元之後，曲線在1967年急劇上升，達到1.8億美元。

柏格覺得這樣的發展順利成章，他的主意奏效了。資金流失的問題已經逆轉，但後來事情越變越棘手。根據柏格的說法，這群新合夥人「迫不及待的」想革新保守的威靈頓基金，他們把基金組成中股票的比例拉高了。當時的基金經理是卡博特（Walter Cabot），他解釋了為什麼會在1967年股市表現不錯的時候，改變基金營運策略：

　　時易世移，我們也該與時俱進讓投資組合更現代化。我們本著「動態保守主義」的理念，重點在於讓公司能不斷適應新情勢並且能夠獲利。

曲終人散

結果威靈頓基金的風險大大升高，不用說你大概也能猜到接下來發生了什麼事。洶湧的牛市在1972年底變成令人厭惡的熊市，標普500在接下來的兩年間跌掉了37%。繁華落盡，該是曲終人散的時候了。

1973 至 1974 年威靈頓基金 vs. 標普 500 指數漲跌

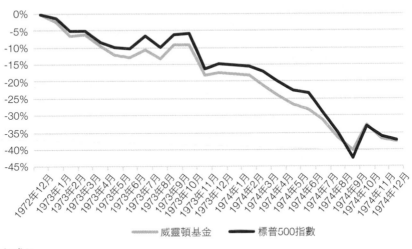

彭博社

> 1973、1974 年股災的嚴重程度，相當於 2008 年金融海嘯再加上 2020 年 3 月疫情衝擊，那時大家看起來都有如行屍走肉一般。
>
> ——泰德・安隆森（Ted Aronson）

　　在這場金融海嘯，艾維斯特基金損失更是大，差不多虧了 65%，它持有的那些曾經暴漲的股票首當其衝，成也蕭何、敗也蕭何。更糟糕的是，威靈頓基金的跌幅與股市跌幅一樣多，至此柏格終於心死。事實上在熊市前 18 個月，威靈頓基金的表現比標普 500 指數還差，跌了 38%，這和它在 1929 年華爾街崩盤時穩健的表現相去甚遠，那時威靈頓平衡的配置提供了緩衝空間，在

1929年10月急劇崩盤的情況下只跌了3%，而標普500指數卻是跌掉20%。

不過這次，「配置平衡」基金根本不平衡，也沒什麼緩衝可言。它背離了原有的目標和信譽。如果它堅持最初的目標，持有更多債券，那跌幅會小得多。

柏格一定感到很懊悔，尤其他本來就預想到這情形可能會發生，正如他在1972年3月的備忘錄裡寫的那樣。就在災難發生前幾個月，他告誡卡博特和公司高層，要把威靈頓基金恢復到最初的保守配置，他寫著：

> 威靈頓已經不再是過去的威靈頓……對投資人來說，威靈頓基金的特色向來是風險低，而這是債券和股票間資產配置平衡的結果。我認為如果我們的基金不能在下次股災有相對穩定的表現，那肯定會成為最後一根稻草，而熊市是遲早都會遇到的事。

卡博特沒有回應柏格的看法，只是敷衍的說威靈頓基金「防守性良好」，認為不應該再恢復到原本的配置。結果熊市冰山一觸即發，威靈頓無奈沉沒，接下來公司內部發生的事情開始變得越來越醜陋。

分裂時期

公司在虧錢，威靈頓的股票也下跌，五年出頭的時間從50

美元跌到 5 美元。柏格和新合夥人在如何突圍這個問題上完全不同調，他們基本上是相互憎惡的，總有人得付出代價。

柏格的技術專家助理塔多斯基（Jan Twardowski）親眼看到了整個過程，「那公司曾那麼受到追捧，」他說，「其實柏格壓力很大，因為他經營的是家平庸的老公司。他本來試著收購對方公司，最終定調相互合併，然後他們的表現開始一落千丈。毋庸置疑，那段股市狂飆時代結束了，對柏格來說這個時機點很糟。他們仗著股權較大發起投票，然後奪得了控制權。接著他們要把他趕出公司……柏格要被掃地出門了。雙方理念不合衍生了許多衝突。」

儘管柏格試著討好他們，儘管是對方造成了公司鉅額損失，但波士頓四人幫還是聯合起來開除了柏格，改聘多倫（Robert Doran）為執行長。雖然柏格聲稱自己只是代罪羔羊，但據知情人士透露，其實他在這段期間的強勢作風也是不遑多讓，不過這些不是重點，重點是那群合夥人有股權，而他，出局了。

多年後，柏格在 2016 年接受《彭博市場》採訪時，也把話說的很不客氣：

頭五年大家把柏格講成天才，到了第十年就改口說：這是史上最慘的合併，堪比美國線上（AOL）併時代華納（TIME WARNER）那樣的悲劇。一切都分崩離析了，他們根本沒有半點管理能力，這不但毀掉了他們自己創辦的艾維斯特基金，還又弄出了兩個失敗之作，接著連帶毀掉了威靈頓基金。他們是因為公司業務急劇萎縮造成損失，所以才拉

著我背黑鍋、炒我魷魚。

儘管雖然桑代克團隊擁有威靈頓投資管理公司的控制權,但柏格仍是旗下11檔基金的董事長。這是個微妙的細節但絕對是關鍵,因為投顧公司旗下的每一檔基金都有空殼法人組織,在形式上有自己的董事會、董事長,可以決定經理人、管理人、分銷商等;簡而言之,他們控制著合約。

他們(桑代克和多倫)開除了他。好吧,他們要求他辭職,但他不願意照辦,所以他們炒了他,但這是個嚴重的錯誤。他們根本不懂共同基金,沒有意識到董事會那無上的權力,是來自於董事們控制著合約。基金董事會中懂傑克的費城董事,多過於來自波士頓的董事。經過深思熟慮後,董事會決定:「這可怕的問題是桑代克團隊造成的,我們要努力解決問題,在此期間必須讓柏格繼續擔任基金董事,而且你們要付薪水給他。」自此雙方嫌隙日深,展開了傑克和我曾提過的公司分裂時期。

——吉姆·瑞普(Jim Riepe)

儘管柏格是基金董事會主席,但他無法全權決策。他需要得到董事們的支持。董事會有九人,其中六人是柏格的導師摩根(Walter Morgan)所任命的「費城人」,他們看重柏格並想留住他;另外三人是桑代克任命的,對柏格就不是那麼友善了。

此時柏格本可選擇退出。如果是我,我可能會休息幾個月恢

復心情，和家人出門散心，然後再去找份新工作，而不是待在這種有毒的氣氛之中，但柏格顯然不是這種個性，再加上這是摩根交給他照顧的公司，他對威靈頓有著不同的情感。

最後他決定利用桑代克團隊的疏忽，在他們沒意識到柏格仍是基金董事長的情況下深入打擊。投資管理公司與旗下基金公司間的內鬥前所未聞，因為管理公司高層和基金董事經常是同一批人，但是要開創空前的資產管理業務結構，需要的正是這般史無前例的情況。

解決方案

1974年初，董事們希望解決這混亂的局面，他們要求柏格研提一些方案讓他們審酌。

雖說董事會私下是比較同情柏格的，但他們行事也必須稱職，他們告訴柏格，董事會必須一致通過才能同意他提的方案，這表示桑代克任命的那三名成員也得投同意票，這逼使柏格不得不發揮創造力。該怎麼做才能擺脫那些剛把他趕出公司的所謂高手，同時讓董事會在滿意的前提下保住自己的飯碗呢？

柏格在《堅持不懈》一書中寫道，對於這個挑戰他樂在其中。這聽起來像是電影《征服情海》（*Jerry Maguire*）裡的場景，他和他的助手塔多斯基最後硬著頭皮，寫了份長達250頁的研究報告交給董事會，題目是「未來的威靈頓集團公司結構」。

他要我做各式各樣的報告、建議、分析等等，然後他就

想出了這份大報告，我負責編寫所有數字和技術資料，他則
負責撰寫營運的部分，我們前後編修過幾次。

——揚‧塔多斯基（Jan Twardowski）

他們一共向董事會提了七個方案，其中有四案進入討論環
節：

1. 維持現狀：與威靈頓延續既有關係。
2. 自行處理內部行政：自行運營11檔基金，但仍委託威靈
   頓處理投資顧問與分銷。
3. 自行處理內部行政與分銷：自行處理基金相關所有行政，
   但仍然委託威靈頓公司處理投資顧問。
4. 走向共同化：由威靈頓共同基金收購威靈頓投資管理公
   司。

對柏格來說，共同化不但是基金公司收購投資管理公司，基
本上也是解決合併失敗的出路。他認為這是讓他擔任董事長的這
11家基金公司，從解僱他的威靈頓投資管理公司獨立出來的方
式，更重要的是，如此一來他也能保住自己的工作。在柏格的心
目中，那11檔基金就像美國獨立前的那北美十三州殖民地，而
威靈頓投資管理公司就是來殖民的英國國王喬治三世。

當然，這種股權共同所有結構並不是柏格發明的，事實上它
已經存在了幾個世紀，在保險業很常見，柏格就是從這裡發想
的。儘管如此，由於缺乏經濟誘因，這種結構不管是在過去或是

現在，都很少出現在資產管理業，沒有人願意交出潛在的權力和利益。但換個角度來看，由於獎勵機制與客戶利益方向一致，共同所有化的公司往往能夠長期經營下去。

達成妥協

最終，董事會採納了破壞性最小的選擇，也就是選項2：自行處理基金內部行政。基金公司將另行成立新公司，為11個威靈頓基金提供管理服務，柏格是新公司的執行長，而威靈頓投資管理公司則繼續處理這些基金的投資顧問和經銷，這本來也就是他們的長處。

傑克和我向基金經理人推薦了幾個方案，我們知道有些方案目標太過遠大，比如「將整個業務交給我們」。最後談出來的方案是由我們創立新公司做管理，自此基金公司就不用再依賴經理人來監督資金。新公司會接管財務、會計、股東服務和通訊，而傑克則繼續擔任基金董事長。

——詹姆斯·瑞普（James Riepe）

傑克說服董事們同意他開新公司，並且讓他們相信他不介入投資管理業務也不會與他們競爭：「公司營運裡那些沒人要做的庶務我來做，像行政那些瑣事反正你們也不愛，這樣你們也能專注於投資。」他以此說服了威靈頓董事會。他之所以能夠說服他們，是因為他除了要為自己爭取利益，也

是真的想讓投資人也受益，這點相當與眾不同。

——葛斯·索特（Gus Sauter）

雖然這樣的安排怎麼樣都不算是完美，因為柏格真正希望的是直接收購威靈頓公司，但這麼做已經足以讓他保住工作，也給了他發揮的舞台。他可以帶走28個人，包括他信任的助手瑞普（James Riepe）和塔多斯基。他決定將這家負責行政庶務的新公司命名為先鋒集團（Vanguard），發想自與拿破崙作戰的納爾遜將軍（Horatio Nelson）所指揮的戰艦名稱。納爾遜擊敗了法國人，也讓拿破崙稱霸世界的夢想破滅，柏格喜歡這樣的象徵。

必然成真

至此，萬能的先鋒公司帶著股權共同所有結構誕生了。雖然已經達到保住工作這個最主要的目的，但柏格後來也曾提到，那時威靈頓一直想上市，如此一來會落入「難事二主」的情況，這件事其實困擾他多年。由此可見宏偉的利他主義願景，是一直存在他心裡的，但在他身邊的人會說這不只是願景，而是他親手打造的環境。誠如他的前助理所言：「事情只要跟傑克有關，就算不是真的，那也必然成真。」

他是聖人嗎？不。他有百年難得一見的想法嗎？沒錯。他想改寫歷史，成為被後世傳頌的人嗎？確實如此。

——愛琳·亞芙蘭（Erin Arvedlund）

傑克很會把自己塑造成局外人的樣子，結果他才是終極核心，但實情是他從局內被趕到局外了。在六〇年代後期經營威靈頓投資管理公司的不可能是局外人，這角色就像是一國的國務卿或眾議院議長，他不僅是圈內人，還是最核心的人，結果他就這樣被掃地出門。他做了什麼？也不過是發自內心展現道德感罷了。

——傑森・茲威格（Jason Zweig）

傑森還提到了七〇年代初柏格在美國投資公司協會（Investment Company Institute，ICI）的會員大會上發表的演說內容，當時他還在威靈頓任職，被公司稱為「共同基金的未來」。他的演說基本上都是在維護主動式共同基金、辯駁批評的聲音。他說主動式共同基金做得很好，標普500指數不是個公平的比較基準（等等，不會吧？），他甚至為佣金和薪水做了一番辯解。解讀這場演講是種非常奇怪的體驗，因為它雖然是用柏格代表性的火熱聲音組成的，但卻又讓人覺得實在**不符合**他的形象。這裡有幾行演說內容：

以績效面來看，我看不出共同基金業的長期績效還能如何突破……它的表現良好，放到最嚴竣的市場指數裡表現也相對較佳……批評者的論點主要是拿標普500指數與基金追蹤機構理柏（Lipper）的530檔共同基金表現比較……這真的是在拿蘋果比橘子。

　　他在《堅持不懈》裡曾提道：「我以為我會永遠待在威靈頓。」他那時汲汲經營威靈頓的心再加上這篇演說，證明了他其實也曾不得不順勢而為，這也平衡了描述起柏格時，那過於神聖的味道。

年輕卻老練

　　雖然柏格的動機可能不像他說的那樣聖潔，但沒有人不同意，創立先鋒以後他就全力以赴，成為一名徹頭徹尾的戰士了。另外時間對柏格來說也是項優勢，那時他才四十出頭，卻已經走過市場起起落落，也經歷過自我背叛。這段經歷造就了他的紀律，讓他不再受景氣循環引誘。不管要熬多少年，即使每個人都想買甜甜圈，他還是會堅持賣有營養的貝果，從那以後這情形已經發生了大約六次。

　　被開除結果因禍得福，這樣的故事並不少見。這與蘋果公司趕賈伯斯下台，或是彭博公司創辦人的經歷並無不同，彭博（Michael Bloomberg）曾在所羅門兄弟（Salomon Brothers）投資銀行工作，從閃著金光的股票交易部門被派到資訊部門，結果還在公司被收購後徹底失業。

　　所謂因禍得福是真實存在的，冥冥中將人推向命中注定的、更偉大的地方。如果發生在對的人身上，那足以改變世界。正如偉大的巴布・馬利（Bob Marley）說的：「當一扇門關上時，總會有另一扇門是開著的。」

> 如果傑克沒有被解僱，那應該就不會有先鋒了。可是一
> 旦發生他那種情況，傑克絕對、肯定會火力全開。
>
> ——吉姆・諾里斯（Jim Norris）

在紛擾中誕生

儘管先鋒集團最終成了業界巨頭，但一開始這家公司的誕生或獨特的結構，並沒有引起市場關注，也沒有媒體報導，這成功並非發生在一夕之間，事實上還恰恰相反。先鋒集團於1974年正式成立，它的第一個十年沒引起什麼注意，接下來的十年也只是小有名氣。公司花了大約25年的時間才達到10%基金資產市占率。幸運的是，那時年方45的柏格，有的是時間。

> 人們不怎麼注意柏格企業家的一面，因為他做這件事的
> 時候還很年輕，很多想法是開創性的，現在這些理念產生的
> 如此理所當然，差點讓他失色了。
>
> ——班・卡爾森（Ben Carlson）

但最初先鋒集團看來就只是家負責11個基金行政庶務的小型公司，事實也是如此，而且這11檔基金已經**連續80個月**資金外流。以先鋒集團現今的吸金功力，跟這些基金相比真是完勝。

> 先鋒集團過去連續15年只出現過一個月的負現金流，
> 而那些基金曾連續80個月資金外流。你可以想像執行長面

> 對這種情況一年、二年、三年、四年、五年，到第六年之後
> 肯定會想，這樣是行不通的，特別是像傑克這麼有競爭力的
> 人。
>
> ——吉姆・諾里斯（Jim Norris）

這就是為什麼柏格喜歡引用音樂劇《西貢小姐》（*Miss Saigon*）的台詞，形容先鋒是「在地獄中孕育，在紛擾中誕生」。雖然柏格知道時機不好，但他說他從不氣餒，他明白自己的目標與眾不同，有別於威靈頓公司以及前合作夥伴們，他可以試著去實踐自己的目標。

先鋒集團 1974 至 1980 年淨資金流量

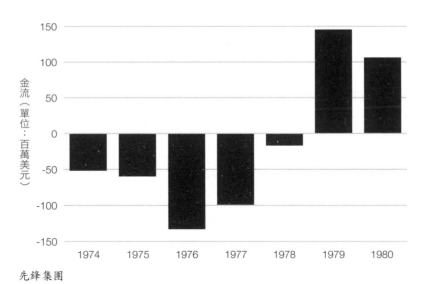

先鋒集團

> 要面對威靈頓的管理階層，然後又總有其他事情。新公
> 司讓他能有自己的實驗空間，結果他創造出了爆炸性的成果。
>
> ──泰德・安隆森（Ted Aronson）

> 我認為先鋒集團不以營利為動力是關鍵，因為這讓柏格
> 有更多空間大膽實驗。
>
> ──克莉斯汀・賓斯（Christine Benz）

你會毀了這個產業

雖然先鋒集團並沒有受到太多媒體關注，但它確實引起了競爭對手的注意，畢竟柏格是業內知名人物。1974年7月，在董事會批准新子公司後的幾個月，那時甚至都還沒取先鋒集團這個名字，柏格在機場遇到了美國基金集團的負責人羅夫雷斯（Jonathan Lovelace）。在《堅持不懈》一書中，柏格回憶了羅夫雷斯對著他說：「要是創了股權共同所有結構，你就會摧掉這個產業。」

羅夫雷斯這番評論，是在先鋒推出第一檔指數型基金前兩年說的，所以他的話是**針對公司結構**說的。他知道基金主題是什麼其實不重要，重要的是它能壓低成本還能營運，而成本低會吸引投資，越多資金流入成本就越低，然後這會迫使剩下的基金必須效法，就像當年沃爾瑪在小鎮裡開超市那樣。他料事如神，**這的確**是後來發生的事情。

諷刺的是，六〇年代中期柏格尋找股權合夥人時，羅夫雷斯就是他最先接觸的人。以他們當時那麼好的關係，如果成為合夥

人，很可能不會有後來鬧翻的事情，也就不會出現公司分裂，當然就不會有先鋒集團誕生。想到有這種可能性，也不免讓人作出其他假設：如果柏格先接觸的是比較保守的資產管理公司，比如富蘭克林，而對方也願意合作，那後來的發展會如何？如果七〇年代的熊市沒有那麼糟呢？柏格還會當著快樂的執行長，一直為主動式共同基金公司效力嗎？

我們永遠不會知道答案為何，而我覺得答案應該是肯定的，柏格會一直當著快樂的執行長，經營著主動式共同基金公司。也許他還是會照顧投資人，但很難想像如果不是造化弄人，怎麼會有先鋒集團出現。要創立如此百年難得一見的結構，就得要有這麼罕見的境遇。

證明它難得的證據是，儘管先鋒無比成功，但自公司成立以來50年間無人能複製，這點著實令人著迷，也是促使我寫這本書的原因之一。針對這一點，大多數我採訪過的人，看法都很相似：

沒有人會學先鋒，因為不會有人希望自己不賺錢。為什麼我要像傑克一樣開著日本車Volvo，放著幾億美元淨資產和幾百萬美元年薪不賺？

——傑森・茲威格（Jason Zweig）

要讓現存的基金公司共同所有化，唯一方式就是放棄賺錢，或是讓共同基金買斷公司成為老闆。這對檯面上的基金經理人來說一點也不經濟，如果你想創辦一家共同所有制的

基金公司，誰會願意出資呢？

———詹姆斯‧瑞普（James Riepe）

問題在於這違反資本主義。在正常經濟狀況下，投資就是想賺錢，所以才會有高利潤業務產生，也因此1億美元才能滾成2億。但先鋒集團的模式並非如此。這就是為什麼很難有人能夠介入、取代它。

———戴夫‧納迪格（Dave Nadig）

為何後無來者？我也問過柏格這個問題。他回應：「答案簡單但也有些自我吹捧，因為賺的錢最後都分給投資人了。」

進不了《富比士》富豪榜

把公司結構設定為共同所有制，這表示柏格放棄了靠公司賺人錢讓自己家財萬貫的可能。換個角度想，他被趕出威靈頓公司時，已經掙得不少財產了。他在先鋒集團任職期間的薪水相當豐厚，最終擁有8,000萬美元淨資產，這對大多數人來說是筆不小的數目，雖然還是遠低於他同輩的人。

比如說，富達投資公司執行長強生（Abigail Johnson）根據《富比士》報導，她的淨資產有260億美元，是柏格的225倍。已經退休的太平洋投資管理公司（PacificInvestment Management Company, PIMCO）債券經理人兼聯合創辦人格羅斯（William Gross），擁有15億美元的淨資產，是柏格的20倍，有一年他光

年度分潤就拿了2.9億美元（當時曾引發投資人訴訟）。總而言之，柏格根本上不了任何富豪榜。

　　真的很難讓人相信，最終他的財產只有8,000萬美元。或許大家會猜他有20億美元，哪怕只有這數字我也會覺得：「哇，那他真的賺了不少。」他有家數兆美元的公司，而他自己卻只賺了幾百萬。綜觀華爾街史上收到的資金和抽走的佣金比例，從來沒有這麼懸殊過。

　　　　　　　　　　　　　　——麥可‧路易士（Michael Lewis）

　　就因為沒把公司設置成像富達投信那樣，他損失了賺取數十億美元利潤的機會。我問過他這件事，他只說：「這個嘛，我的錢夠多了。」我覺得這點非常令人欽佩。

　　　　　　　　　　　　　　——約翰‧馬爾維（John Mulvey）

柏格很清楚這一點，他說他有時也會覺得沒進富豪榜有點不是滋味，但總的來說，他更樂於把這件事看成是榮譽，甚至拿它來標榜自己。正如他在《夠了：約翰‧柏格談金錢的最佳策略》（*Enough: True Measures of Money, Business, and Life*）書中所寫的：

　　我從來沒進過十億富豪俱樂部，連一億美元的都沒進過。為什麼？很簡單，因為我創辦的先鋒公司，大部分的收益都會回歸股東、那些買共同基金的投資人……與同行相比，我在財務上有些失敗，但我過得很好，謝謝。我生來就

是為了存錢而不是花錢的。

當人不貪錢的時候，要反過來羞辱那些億萬富翁很容易。但問題是，有99.9%的人是別無選擇，我們沒有像他那樣集遠見、奉獻精神、職業道德和運氣於一身，但柏格做到了，他其實可以選擇成為超級富豪，他家裡還有六個孩子，他有很多讓自己累積更多財富的動機，那為什麼柏格沒有這麼做呢？

夠了

他覺得夠了，他不需要成為一家市值7兆美元集團的大股東，就能夠滿足自己，他所謂滿足的標準比別人低得多，而他也真覺得足夠。那為什麼還要費心做事呢？因為他要創造讓你也能滿足的結構。這顯然也是柏格傳奇的一部分，他是那個感到滿足、談論滿足是什麼的人，但最實際的還是他以這種方式創辦了公司，發揮了影響力。

——麥可・基奇斯（Michael Kitces）

《夠了》是柏格寫的一本書，內容是關於領導者如果能學會滿足，不再汲汲營營，那麼企業和投資世界會變得何等美好。這本書以這個故事開頭，也可說是柏格的人生箴言：

在一名億萬富翁於謝爾特島舉辦的派對上，馮內果（Kurt Vonnegut）告訴他朋友海勒（Joseph Heller），派對主

人是名對沖基金經理人，一天賺的錢比海勒寫過的那本熱門小說《第22條軍規》（*Catch-22*）前後能賺到的版稅加起來還多。海勒回答道：「沒錯，但我擁有他永遠不會有的東西……滿足感。」

「滿足感」深植在他的靈魂中，就像清教徒或是嚴守道德的加爾文主義者。他喜歡錢，也賺了一些錢，但夠了就是夠了。如果柏格的個性裡面沒有「滿足」這部分，這些也不會發生。這是許多投資人的錢，主動式經理人對此可是垂涎三尺，興奮得很。

——泰德‧安隆森（Ted Aronson）

我認為該重視的是生活品質，而不只是外在的物質條件。幾十年前我在棕櫚灘有個投資合夥人，我們會在那共進午餐，他有艘40公尺長的船，卻還在嫉妒旁邊的船有55公尺長。

——約翰‧馬爾維（John Mulvey）

我有印象曾經聽過柏格節儉的故事，據說他從不坐頭等艙，老實說我有點存疑，但我採訪過的人都說，這些傳聞基本上都是真的。

我曾經問過他的秘書，柏格坐經濟艙是不是真的，她向我保證，只要情況許可他一定坐經濟艙。我還見過他在柏格頭大會上，把沒吃完的三明治打包帶回家。

——泰勒‧雷利摩爾（Taylor Larimore）

　　巴菲特也和柏格一樣享有節儉的名聲，他一直住在1958年在奧馬哈買的房子裡、在麥當勞用餐配櫻桃可樂。史上最富有、最成功的主動式基金管理人和指數型基金教父如此相似還相互欣賞，這可以說是最戲謔的事情了。

　　傑克告訴我，當他在機場看到巴菲特在等飛機時，注意到他穿著皺皺的西裝，他心裡想著「他跟我是同類的」，然後就走過去自我介紹。

——柏頓・墨基爾（Burton Malkiel）

　　我父親有意思的地方在於，他的職業生涯不論按照什麼行業的標準，都可說是很成功而且賺了很多錢，但他從來不是為了錢而工作。他從不花錢，從來沒有。他穿著破破的舊衣服，身上的卡其褲肯定有四十年了，看起來很糟糕，但他並不在意，他就是這樣。

——小約翰・柏格（John C. Bogle Jr.）

　　柏格沒有為自己賺到巨額財富，但他確實從先鋒投資人感激的眼光裡得到回報，而諷刺的是，這也是他永遠不夠的東西（我在第四章會探討這一點），他身邊的人說，比起金錢，這讓他更有動力。

3

平均值的偉大

「我們的本事就是要保證你在股市裡賺錢，今天不錯、明天
也不錯，這招在牛市時行得通，遇到熊市可就不妙了。」

在柏格的領導之下，先鋒集團的股權共同所有結構，是即
使只賣主動式基金也能成功的公司，但指數基金卻仍是最終的工
具。正如柏格在《共同基金必勝法則：獲取股市應得報酬的唯一
途 徑》（ *The Little Book of Common Sense Investing: The Only Way to
Guarantee Your Fair Share of Stock Market Returns* ）中解釋的那樣：

> 只要用簡單的數學再對照過去的情況，就能知道投資股
> 票的必勝策略，是以極低的成本買進全國所有上市企業股
> 票，這麼做可以保證得到股息和投資收益。做起來也很簡
> 單：買一檔包含所有股票的基金，永久持有。這種基金稱為
> 指數型基金……指數型基金的長期收益才是它真正令人興
> 奮之處，不是短期。幸好我們公司的成長、機敏與創新，讓
> 資本主義創造了財富，這是場投資人必勝的正和賽局。

　　教人投資的書成千上萬，但這短短幾行卻可說已涵蓋投資人需要知道的一切。

　　指數型基金不僅與先鋒集團的股權共同所有結構完美契合，而且時機點也很好。指數化是投資策略的概念之一，在學術界和投資機構間也流傳一陣子了，但還沒看到有人為大眾而擁護它。在周而復始的景氣循環之中，投資經理人試著打敗大盤，這過程不但耗時而且基本上都是徒勞無功的，這對投資人和投顧都是種折磨。

　　以今時今日來看，投資指數型基金這邏輯似乎很合理，但放到當時是有些早，或許對某些人來說，可能到現在都還不認同。任何活在資本主義社會中的人，看指數型基金都可能感到不合理。按照規模加權去投資市場上所有的公司，只看整體市場平均表現的無聊投資方式，看來幾乎無腦。正如先鋒集團的競爭對手所說的：「誰希望讓普通水準的醫生動手術，或是諮詢只有普通水準的律師？」

　　指數化的概念真的是違反直覺的，它不是會讓人熱血沸騰的概念。投資人在乎的不外乎兩件事：多賺點、少賠點。指數化聽起來跟多賺少賠沒什麼關係，而且這方法也是夠無聊的，沒什麼秘訣，也沒什麼好操作的。

　　　　　　　　　　　　——傑森・茨威格（Jason Zweig）

　　這無聊的不得了，但是好的投資應該是無聊的。

　　　　　　　　　　　　——貝瑞・里托茲（Barry Ritholtz）

不管從指數化的方式到執行它所需的耐心,都真的讓人感到很無聊,那基本上就是按照市值大小比例購買整個市場的股票。雖然指數之間可能有些標準不一,但指數型基金就是這麼單純。看看先鋒標普500基金前幾大持股名單:

先鋒標普500指數型基金前12大持股

股票	代碼	權重(%)
蘋果公司	AAPL US	6.22
微軟公司	MSFT US	5.94
亞馬遜公司	AMZN US	3.89
字母控股A股	GOOGL US	2.27
字母控股C股	GOOG US	2.16
元平台(臉書)A股	MVRS US	2.37
特斯拉公司	TSLA US	1.48
波克夏海瑟威公司B股	BRK/B US	1.41
輝達公司	NVDA US	1.46
摩根大通公司	JPM US	1.26
嬌生公司	JNJ US	1.19
Visa公司A股	V US	1.01

彭博社

雖然這些都是值得買入的大公司,但這樣的組合看起來真的太通俗、太一般了,這就是為何要花這麼長的時間,才能讓這個概念熱門起來的原因。美國消費者自然想要最好的,他們喜歡競爭和贏家,這點深植骨髓,主動投資更適合美國文化。但是時移勢易,主要也歸功於柏格的堅持和推廣,人們已經明白指數型基

金才是最後的贏家。

　　用棒球術語來說，投資指數型基金就像保證能擊出二壘或三壘安打。的確不會有精彩刺激的全壘打，但你可以保持擊出安打，而且不會被三振，這是多數人思考過後會選擇的退休理財規劃。

　　根據「標普指數與主動投資比較」（S&P Indices Versus Active, SPIVA）計分卡資料顯示，觀察十年間的績效，約有80%的主動式共同基金會落後於相對指數表現，只有少數潛力型的利基*類別除外，時間一長就更突顯指數型基金的表現更亮眼。換句話說，投資指數型基金基本上就等於投資前20%的基金。這還沒說，過去十年績效曾打敗指數的主動式基金，幾乎毫無意外在下個十年會敗給指數。SPIVA還做了永久記分卡，能看出主動式操盤時間越久，績效就會越差，只有極少數跑贏指數的基金可以重複獲勝。換句話說，只要投資時間夠長，那麼指數型基金投資其實也能說是精彩的全壘打。

　　柏格定位指數型基金的方式實在出色。用數字來看，指數化就是出色的投資經理人。以下是柏格在《文化衝突》（*The Clash of the Cultures*）的看法：

　　　　考慮到如此出色的績效，我曾幻想過在創辦「先鋒標普
　　　　500指數型基金」時，先不說這是指數型基金，就跟投資人
　　　　說我是操盤手。幻境中我被評選為25年來最棒的股票基金

---

*　譯註：「利基」一詞泛指小眾市場，有高度獲取利益基礎的潛力。

經理人。

　　這些年來我花了很多時間研究行為金融學，所以我總是對柏格的遠景持保留態度，因為人們不見得會滿意等同於市場平均水準的績效。不過他聰明的地方在於不這樣說，所謂平均水準都是出自對手之口。他敏銳的注意到，如果先說清楚只能獲取平均收益，就不會有人來買指數型基金。

　　　　　　　　　　　　　　——傑森・茲威格（Jason Zweig）

　　柏格宣傳指數化最有力的方式，是用投資績效表結合實際金額來解說，讓投資人能更直觀的把收益跟實際數字連在一起。他最愛用「1萬美元成長圖」來說明。假設每年獲利7%，1萬

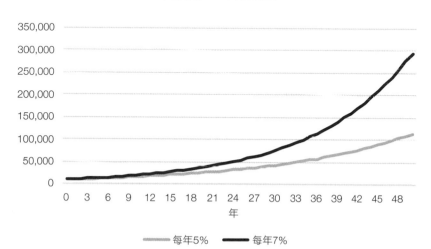

1萬美元50年成長圖

美元經過50年就會變成294,600美元，但如果得扣掉每年2%的費用，就只剩下114,700美元，經過50年之後只能獲利約40%。柏格在《約翰柏格投資常識》（*The Little Book of Common Sense Investing*）裡那著名的美元成長表超強大，因為它可以把那些看似無害的費用率，轉化為更直觀的金錢數字。

柏格在某次採訪中向我說明美元圖，解釋起來像呼吸一樣容易。這大概是他第100萬次說這些了：

> 股票市場每年有7%的收益。所有股票基金都是7%收益，這無可厚非，大家們都在同一個小圈子裡，投資標的就那些。總之，1美元經過50年能滾成30美元。那些主動式股票基金也是賺這7%，但要扣掉2%股票買賣手續費和營運費用，就剩5%給投資人。如果收益維持5%，經過50年1美元會成長為10美元。所以，當你退休時，你要10塊錢，還是要30塊錢？

他不斷的用數字來解釋指數型基金，強調問題在於成本，而不是主動管理者的智慧或是能力。關鍵在於扣除成本之後，只有少數人能真正獲益。「整體來說，這些經理很聰明、受過良好教育、經驗豐富、知識淵博且誠實，」他在《約翰柏格投資常識》中是這麼寫的。「但他們相互競爭，一個人買入股票，另一個人會賣出。若把所有投資人視為一體，那整體來說淨收益為零。」柏格經常用一群人相互交易來說明，這讓市場交易更具象化。他們就好像在同一張牌桌上對賭，不是你輸，就是我贏。

傑克早就明白一個現在大家終於理解的事情。他當時就很直觀的點出主動式管理的整個數學問題。一般人總會流於哲學辯論，然後他就會說這場辯論根本沒有哲學意義，這只是純數學。

——吉姆・諾里斯（Jim Norris）

他會利用跑贏大盤的機率說明，來讓他的數字更有說服力。這是他在《夠了》裡面說的：

不要忘記，你在市場上每個對的時間做出正確決定產生的完美結果，就是我在每個錯的時間的失誤累積而成的慘敗……扣除成本，正確決定的機率甚至低於一半，那麼連續兩次做出正確決定的機率就不到四分之一。因此，要連續十幾次判斷出正確投資時機的機率似乎不可能，但若是運用策略決定市場投資時機，十幾次並不算多。這些機率加乘之後經過20年，大概只剩4,096分之1的勝率。

更戲謔的地方是，有許多投資人已經發現這個事實，轉而投資指數型基金，這樣讓剩下的人**更難**獲勝，因為那些留下的人是訓練有素的專業人士、算股高手，是那些相互對賭的能人。

想想七〇年代的彼得・林區（Peter Lynch）和約翰・聶夫（John Neff），他們不惜一切與業餘人士爭利。我們知道這是場零和遊戲，當交易對手是那些菜藍族散戶投資人，他

們根本不懂自己在投資什麼，而專業人士這邊卻是樂得大快
朵頤。可以想見，隨著美國市場越來越專業化，投資的難度
就會越高，市場上看不到傻錢了，沒人會因為衝動而投資。

——吉姆・諾里斯（Jim Norris）

對於主動式基金經理人來說，這是顆難以下嚥的藥丸，因為
很多人畢其一生就是在想辦法打敗大盤。為什麼不呢？很有趣。
這就像是個高難度的腦筋急轉彎。事實上，我進入這個行業的原
因之一，是因為我喜歡透過報導市場，讓自己可以從不同角度思
考。試著了解整體運作和關連性，找出新趨勢和市場走向，這種
感覺真的非常棒。然而諷刺的是，如果想要建立財富，什麼都不
懂可能還比較好。

刺蝟

除了數學之外，柏格還熱愛用寓言式比喻為指數型基金辯
護。比如他會舉哲學家以賽亞・伯林（Isaiah Berlin）寫的《刺
蝟與狐狸》（*The Hedgehog and the Fox*）的故事。大意是狐狸知
道很多事，是種奸巧聰明的生物，牠設計了複雜的策略偷襲刺
蝟；而刺蝟頭呈錐形、腿短，身上有豪豬般的刺，每當狐狸以為
獲勝時，就會滾成一團尖刺逼退狐狸。

這故事說不上引人入勝，但寓意在於狐狸很聰明，能設計很
多招式，但刺蝟只知道唯一重要的一招。對柏格來說，這重要的
一招指的就是購買並持有指數型基金，真的不需要知道更多了。

他把先鋒投資人比喻為狐狸世界中的刺蝟。

　　這個故事還引出了投資更深一層的意義。我們真正想要的是什麼？目標是什麼？對絕大多數人來說，投資的意義在於賺錢，賺取高過通膨的可觀報酬，這樣就可以支付生活中的大小帳單、撫養小孩、買房子什麼的，享受舒適的退休生活。

　　為什麼投資股票是達到目的好方法？這個嘛，因為每天都有數以億計的人起床上班，到公司生產商品、提供服務。只要成為股東，就能領到股息和盈利成長，讓人們的努力為你帶來回報，這就像是搭資本主義的便車。

　　若要對主動式基金公平點，其實指數型基金在很多方面也是搭了主動式基金的便車。指數型基金是根據公司市值加權追蹤股票，而市值取決於當日交易情形。如果主動式基金經理鎖定某家公司決定買入，該公司的市值就會上升，也因此會在指數型基金中得到更大的權重。

　　如果你疑惑主動式投資人在做什麼，他們其實正在促使股票的價格正確。他們買低賣高，把價格推向公平價值。基本上指數型基金是在搭便車，建構在活躍投資人的努力之上。指數型基金的假設是股票價格都正確，直接投資所有股票不需要選股，但這個假設有賴於投資人交易進出，使價格公允。

　　　　　　　　　　　　——賈里德　迪利安（Jared Dillian）

股市報酬從何而來

　　另一個柏格用來推行指數化的創意做法，是把重點放在投資報酬的兩個來源：股息和盈利成長。這兩件事是股票投資人應務實期待的，指的就是內部報酬率（Internal Rate of Return, IRR），或是股票內在價值。柏格認為當投資人能滿意這個價值，就能成功投資，關鍵是要忽略第三項投資報酬來源：投機報酬。

　　投機報酬取決於市場上交易的供需情況以及投資人心理，這是無法預測的。當投資人因為過度興奮或恐懼而失去理智時，往往會造成泡沫，不過這只是一時的煙霧。最後價格會回歸平均值，投資也會回到常軌。

　　也因此自1900年代開始，每十年的股票平均投資報酬率相差無幾，每年都落在8%到13%之間，只有接在大蕭條之後的1930年代的報酬率為負值。但要是算上投機報酬的話，那投資報酬率就是一團亂了，有幾十年不斷上漲的，有下跌的，也有持平的。本來是公園裡平靜的散步，一下子成了雲霄飛車，但正如柏格所說「長期來看總會回歸真實」，就如他在《約翰柏格投資常識》裡寫的：

　　　　我相信美國經濟會長期持續成長，而股票市場的內在價值會反映出這種成長。為什麼？因為這種內在價值是來自股息和公司盈利成長，以過去的數據來看，美國若以GDP衡量經濟增長，可得出兩者有0.96的高度相關。當然，有時股票市場價格會高於（或低於）內在價值。但從長遠來看，價

格最終總會收斂於內在價值。我和巴菲特都相信事情就是這
樣，是完全理性的。

不愛大宗商品

　　股息和盈利成長靠的是勞動人口每天工作、創新，創造而
來，而這也是柏格和巴菲特不愛大宗商品的關鍵，大宗商品如黃
金、白銀、石油、或加密貨幣等，缺乏內在價值。

　　他告訴我：「大宗商品是失敗者的遊戲，這些東西從長遠來
看沒有內在價值。黃金就是個好例子，你買它的時候，就是在賭
你可以用更高的價格賣給別人，我對此不予置評，這完全就只是
在賭博。投資股票是有投機的成分，但是股票至少是和公司生產
有關，收益不是來自股市，而是來自公司，股票市場只是衍生
品，讓投資人可以在公開市場投資。大宗商品買賣就沒有這類潛
在的、生產創造的部分。」

　　柏格認為要極大化、公平分享企業的努力成果，只需要做到
兩件事：低成本和耐心。降低成本是關鍵，因為如此一來能消除
仲介和交易成本，而這些都是吃掉收益的因素；再次證明多做不
如少做。

　　柏格認為低成本指數型基金是種實用的工具，在獲得投資報
酬的同時，也能盡量減少稅賦。這工具不但實用，而且投資人還
不用特別去學任何財務知識，你可以完美的把時間和腦力花在其
他事情上。

> 我總認為指數型基金會造成生活上的連鎖反應，因為人們可以不用再費心投資的事，像我就是。我不用每天檢查投資組合五遍，還得想下一步該做什麼，我根本不用去想。它使我有時間成為更好的作家，因為我能花心思在那上面，這是個難以言喻的大優點。
>
> ——麥可·路易士（Michael Lewis）

> 柏格免除了挑選經理人的必要性，你可以選擇所有經理人的平均值，卻不用付他們薪水，還能騰出時間和心力，專心在其他事情上。你可以開始考慮更重要的事情，比如稅務規劃、人生目標、財務計畫。結論就是，他消除了以往理財過程中費時費力的部分。
>
> ——丹·伊根（Dan Egan）

指數化的起源

正如賈柏斯沒發明電腦一樣，柏格也沒發明指數化，這個概念最早是在學術界和投資機構間形成的。六〇年代時就已有越來越多的證據顯示，主動式基金可能不是那麼好，持有追蹤所有上市股票的多元化基金可能更好，在先鋒之前，甚至已經出現過指數型基金的例子。1971年百駿財務管理公司（Batterymarch Financial Management）提出了指數型基金的想法，但那時沒有成功。1975年美國運通還申請了標普500指數型基金，提供客戶投資，但一年後撤回了申請。最值得注意的還是七〇年代初期麥

奎恩（John "Mac" McQuown）曾與富國銀行（Wells Fargo）合作，為退休客戶開發了短期、等權重的指數型基金，這些人後來還成了諾貝爾得獎人。

「每個人都在談論那該死的富國銀行基金，」柏格在我們的一次採訪中說，「甚至我們的法務部門都說他們是第一檔指數型基金。首先，那不是基金，他們從來沒有申請上市登記報告，也沒有按照市值加權。那是場噩夢、是徹底的失敗之作，我們才是第一檔指數型共同基金。」

麥奎恩最後和柏格變成了朋友，他本想自己推出零售業指數型基金，但後來被《格拉斯—史蒂格爾法》（Glass-Steagall Act）所禁止，這項法案切割了商業銀行與投資銀行業務，禁止商業銀行販售共同基金。雖然受阻，但他還是想實踐這個理念，所以他和柏格分享了他的研究。這為先鋒集團獨占鰲頭，並讓柏格成為指數型基金代言人舖下了康莊大道。

這些研究來自麻省理工學院、芝加哥大學等地，這當然很好，但還是需要透過先鋒讓這些理論落地，發揮真正的影響力。這一切都需要先鋒集團、需要柏格。

——維克多・哈加尼（Victor Haghani）

並不是說柏格發明了指數化的概念，或者是他推出了第一支指數型基金，他就是把這個概念推廣出去。

——丹・維納（Dan Wiener）

「一道閃電」

有關先鋒集團推出第一檔指數型共同基金的過程，那是個命運轉折的故事了，它的誕生有其必然也有順勢而為，同時也是出於宏大的願景和利他主義。柏格說他1951年讀普林斯頓大學時的論文就曾討論過「主動式共同基金表現無法優於市場平均水準」，因此那時他就有過指數型基金的想法，但因為指數化的概念那時還沒有誕生，他也還在唸大學，既沒錢也沒有商業經驗，無能為力。

然而柏格從那時起，就養成了定期閱讀經貿論文、期刊和商業雜誌的習慣，這使他獲益良多。幸運的是在他創辦先鋒集團一個月後，1974年10月《投資組合管理期刊》（*Journal of Portfolio Management*）創刊號出版了。其中有篇來自著名經濟學家薩繆爾森（Paul Samuelson）的文章，他闡述了為什麼主動式基金經理人無法忠於投資人所託，也難以不受到「無謂交易成本」的拖累，並建議推出指數型基金。

以下是那篇文章中提到的，後來改變了投資史的見解：

> 大型基金應該有追蹤標普500指數的組合，就算只是用來做內部控管的簡單模型也好，這可以用來衡量基金經理人操盤的實力。

這篇文章讓柏格眼睛一亮，這一點顯現在《堅持不懈》裡：

　　薩繆爾森博士的論點，像是一道閃電擊中我、燃起我的信念。新成立的先鋒公司所能擁有的不凡的，甚至可以說是獨一無二的機會，就是去經營被動式、低成本的指數型基金，那至少在未來幾年裡會獨占鰲頭。公司剛成立不久就讀到了這篇觸動我心的文章，這是多麼讓人驚奇、開心的巧合！這時機再完美不過了。

說服董事會

　　決定接受薩繆爾森的挑戰後，柏格說服先鋒的董事會推出指數型基金。他運用數字，向董事會成員說明從1945年到1975年間，主動式基金的年報酬率為9.7%，而標準普爾500指數為11.3%。數字顯示標普指數報酬比主動式基金高出了1.6%，兩者差異大致符合主動式基金的平均費用（營運費用加上買賣手續費），這並非巧合。

　　這只是簡單的數學。柏格直認不諱的說，自己其實不了解當時芝加哥大學研究的那些複雜的運算和統計學。芝加哥大學商學院培養了許多博士、未來之星，他們靠電腦、數學模型、規則和大量歷史數據運算選股，運用所學過關斬將一路高歌。柏格的學位與許多同行，甚至是一些屬下相比並不算顯赫。

　　我曾是他手下的技術分析師，我的工作是分析數據。那時電腦還不普及，計算方式很原始，只有大型電腦，而且必須和同事們共享，那時的共享叫做分時處理。得先下指令，

然後等待運算結果，所有的數據分析、性能分析和表格都是這樣估來的。當他跟我說要指數化時，我甚至不知道是否有這樣的資料庫存在。這看起來簡單，但重點是我不知道能否取得這些數據，後來我花了幾天時間才確認清楚。

——揚‧塔多斯基（Jan Twardowski）

先鋒裡有些董事對推行指數基金態度保留，認為此舉可能超出了授權範圍，先鋒可能無權做投資管理或行銷。柏格則辯稱指數型基金本身無需管理，也就無涉投資管理。這是柏格在《夠了》一書所描述的：

投資管理不在先鋒集團的職責範圍內。我花了幾個月才想出解決之道，實現多年來在我心中琢磨的好主意……我的論點是，指數型基金不需要管理，所以我們並沒有逾越當初的授權，後來才勉強獲得董事會批准。

當柏格在2016年接受《彭博市場》採訪時說：「信不信由你，他們接受這個說法。我想他們心裡大概是盤算著『就扔點好處給柏格，反正也花不了多少錢。』除此之外，在專業上我也有薩繆爾森的支援。」

我們只能做行政工作，不允許以任何形式或方式操盤，而指數型基金是傑克獲准營運的方式。這就是為什麼他們不稱我基金經理人，而是叫我「投資管理員」，令人反感卻政

治正確。

——揚・塔多斯基（Jan Twardowski）

　　有一點得說在前頭，當時先鋒還是家負責行政庶務的公司，為11檔威靈頓基金服務。他們只是新加了指數型基金投資，而這種投資不需要操盤。在薩繆爾森的文章發表大約一年後，先鋒通過審查獲得核准，發行了第一檔投資信託基金，薩繆爾森欣喜若狂，說的誇張點，他愛死了。薩繆爾森2005年在波士頓對專業投資人的演講中說：「我認為柏格的發明值得與車輪、字母表、古騰堡印刷、葡萄酒和起司的發明擺在一起；這沒提升柏格個人財富，卻提升了共同基金投資人的長遠報酬，太陽底下總有新鮮事。」

　　另一方面，柏格的導師摩根起初並不了解指數型基金的概念，他基本上認為這是個瘋狂的想法。即使是標準制定者如標準普爾，也沒太注意這個想法。如今指數業年收約40億美元，是拜柏格所賜。

　　當我1982年加入標準普爾時，指數化部門約有8人，其中兩個是專門畫圖表的，是成本中心。柏格真的把指數投資概念引入大眾視野。此前在七〇年代初期，曾以機構為對象推行過幾次指數化投資，但都徒勞無功。而他卻瘋狂到創建了一檔指數型基金，把指數化從紙上談兵變成了投資標的、成了商機。

——大衛・畢哲文（David Blitzer）

這會花上很長時間

如同許多改變世界的創意一樣，首次推出指數型基金時，它完全不被市場接受。先鋒公司原本希望能吸引到2.5億美元的種子資金，但最終只收到了1,130萬美元，其中一些還是來自親友，像是塔多斯基和薩繆爾森，這檔基金可以說是沒什麼人買。根據柏格的說法，當時承銷商曾一度建議他們把錢還給投資人，然後就當什麼也沒發生過。

我嚇得屁滾尿流。我寫了程式，他們會給我資金去運作，但並不是很多錢，只有一千一百萬。這根本不夠，我說我們連五百支股票都買不到。

——揚·塔多斯基（Jan Twardowski）

為了幫這檔基金募資，柏格和他的得力助手詹姆斯試著把這種新型指數型基金的概念推銷給基金經理人，可惜過程並不順利。

一開始傑克負責紐約、洛杉磯和邁阿密，而我則是在隆冬時分去了克里夫蘭和水牛城。那些拜會的過程都蠻艱辛的，我們準備好可能被問的問題和答案去推銷，最常被問到的就是：「我為什麼要推薦客戶買這個？這我根本拿不到佣金，而且基金收益也只達到平均值，客戶要的是高收益的產品。」我們的回答是：「如果你能在高爾夫球場上打出標準

桿，這會叫做平均水準嗎？這就是標準桿。」答的不錯，但還是很難賣。

——詹姆斯·瑞普（James Riepe）

第一個十年差不多就是這個情況，花了這麼多年資金也只是從無到有一點。想想若以現代角度看指數基金，那價值根本無需解釋，所以很多人都好奇它當時為什麼要花這麼長時間才能紮根，還有當這個觀念推廣開來時，又為什麼它能增長得如此之快？

先鋒指數型基金資產

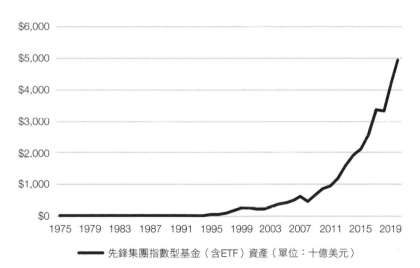

先鋒集團指數型基金（含ETF）資產（單位：十億美元）

先鋒集團

八〇年代末期，我在所羅門兄弟公司工作快滿兩年時，
正在推廣我的書《老千騙局》（*Liar's Poker*），編輯遞給我
墨基爾（Burton Malkiel）的《漫步華爾街》（*A Random Walk
Down Wall Street*），那時我邊看邊想著，書裡寫的都是事
實。而我的疑問是：為什麼指數型基金還沒有在業內大紅大
紫？或許你會認為這得花上幾年時間，沒想到它慢到讓人吃
驚。

——麥可・路易士（Michael Lewis）

我開的條件是：一毛不給

會花這麼長時間的主要原因是先鋒集團不付佣金，他們的基
金不收手續費或佣金。如此一來就只能靠投資人自己找上門，
這又讓基金旁落於投資環境之外。柏格就像電影《教父 II》（*The
Godfather: Part II*）裡的科里昂（Michael Corleone）回覆盛氣凌
人索賄的美國參議員那樣：「我開的條件是：一毛不給。」但基
金經紀人都不接受。以下是柏格在 1991 年對員工演講的內容：

1970 年代初零手續費的耳語嚇壞仲介商了，他們認為
這會造成強烈的市場競爭。當先鋒公司在 1977 年 2 月 9 日轉
成零手續費時，不僅我們的經銷商一夜之間消失了，還逼
得達孚集團（Dreyfus）買下全版廣告，發出那獅子般的咆
哮：「零手續費？沒門！」我不太確定經過了這些年，他們
的廣告品質有沒有提升一點。

他後來在《堅持不懈》裡進一步解釋：

　　我們在全國十幾個城市「巡迴演出」時，我和副手詹姆斯都能感覺到，基金經理代表們對這個構想都沒什麼興趣。畢竟指數型基金暗示著他們為客戶操作基金，是場注定失敗的遊戲。

　　一開始甚至沒人在意先鋒集團。沒人分銷、那時也沒有網路。所以對我來說，這簡直可以說是最勇敢，或說是最瘋狂的舉動。我不認為它在一登場就震攝業內，或是威脅到從業人士，事實上根本沒人知道它。

　　　　　　　　　　　　——妮可・柏森（Nicole Boyson）

　　因為沒有基金經紀人的支持，柏格不得不依靠口碑和廣告。這就是為什麼他在早期對員工的演講中，每增加十億資產時都會特別開心，將此視為里程碑。這是他在1982年對員工演講時的開場白：

　　我們聚集在這裡慶祝先鋒投資公司的里程碑：資產突破50億美元大關。大家或許也知道，其實慶祝之餘我也有點擔心，因為要達到每個里程碑已經很難，但要保持下去繼續前進更不容易。

對「專業人士」失去信心

　　起步緩慢的另一個原因是，人們需要一些事件去刺激他們重新評估、選擇，比如極端事件，無論好壞都能改變投資市場。

　　市場接二連三傳來震盪，證明了主動式基金常用的宣傳口號「主動操盤保護你免受熊市影響」實際上不是真的。先鋒標普500指數型基金在1987年股災後，業績才真正起飛。接著95年到99年標普指數表現得如日中天，每年上漲25%，主動式基金就跟不上這樣的漲幅了。然後是經歷了半世紀以來最嚴重的兩次股市崩跌，基本上是接連在六、七年間發生的，這讓主動式基金管理謝幕，因為事實已經清楚到投資人無法再忽視，接著就是指數型基金浪潮來臨。

　　　　　　　　　　　　　　——傑森・茲威格（Jason Zweig）

　　除了投資人體驗到基金表現不佳，一些金融業的醜聞和管理問題也在推波助瀾，這些都是先鋒的籌碼。相形之下，柏格的公司似乎更讓人覺得不那麼世俗。

　　先鋒能夠成功，有一部分歸功於低成本的被動式指數基金，但另一部分絕對是因為華爾街的貪婪無能，還有屢見不鮮的醜聞。我認為全球金融危機不過是為華爾街的亂象、欺騙和醜聞推波助瀾。鼓聲越來越響，最終在馬多夫（Bernie Madoff）的騙局裡達到高潮。雖然那沒影響到普羅大眾，卻

造成了2008年全球金融危機。風暴結束時爸媽說：「我們離開操場，拿著球回家吧。」「球」是指金錢、「操場」是指華爾街，「家」則是指先鋒和貝萊德。我不要選股，我不要參與你無休止的計畫、欺詐、高價佣金、利益衝突和遵守不了的信託標準。所以媽媽和爸爸說：「去他的，我只要拿錢投資指數，然後放個二、三十年。」被動式基金自2008年以來呈現爆炸式增長，我不認為這是個巧合，在被動式遊戲裡得勝的方法，就是放著不管它。

——貝瑞・里托茲（Barry Ritholtz）

網路

指數化花了這麼長的時間，也是因為那時資訊傳播速度沒有今日那麼快，這也能解釋為何網路世界來臨後，指數化才真正開始增長。網路的普及與指數化基金資產規模有著明顯的關連。基奇斯（Michael Kitces）是財富管理界最受尊敬的人物之一，他認為這是種因果關係，先鋒集團能在如此短暫的時間內，從沒沒無聞一路到獨占鰲頭，成功的關鍵就是網路。2016年基奇斯在他的部落格貼文，提出了這樣的觀點：

網路出現之前，一般投資人沒有管道得知，有這麼多主動式共同基金的表現落後於對應的指數，以及如何篩選出少數真正表現好的基金。相對的，大多數投資人只能看季績效，或是看看《華爾街日報》上的股票價格，漲了就推算著

可能賺了。但實際上還是難以比較同類基金績效,也無從得知手上的基金表現是否在水準之上。

　　然而隨著網路的興起,這些工具突然變得很容易取得。投資人能將基金表現與指數相比,也能比較成本,終於有了共同基金績效照妖鏡,能輕鬆辨別後段班。這項科技帶來的是革命性的改變,讓資訊更容易運用,也達到真正的透明化。

話說回來,早在網路之前,報紙和晨星基金評選報導之類的服務,就已經提供了一些訊息,當然還有柏格寫的書,這些資訊有助於了解八、九〇年代的指數化和成本,但仍然無法與網路的力量相提並論。

　　我對基奇斯的網路理論很感興趣,就用電子郵件轉給柏格看,並詢問他的想法。下面是他回信的內容,請看:

嗨,艾瑞克,

　　我很想說「你是專家」,足以客觀地評論這個主題,但在這週日傍晚時分,還是讓我快速的說明一下我的看法。首先,網路促進傳播速度加快當然是爆炸性成長的因素,但這只是眾多因素之一,而且我認為那根本不是最重要的。還有下面這些原因綜合起來,才是被動投資迅速被投資人接受的原因:

1. 投資人實際體驗。(先別急著批評!)大家是看到主動

式基金達不到預期的報酬，又意識到大盤指數型基金在2007到2009年的熊市保持優勢，還在後續的股市復甦中獲益，所以大家就用行動（美金）支持被動投資了。

2. 的確，評估基金業績的工具有幫助，但它們已經存在很長一段時間了……雖然你還是得看。在1975年對董事會的報告中，我可以很輕易的拿一般股票基金與標普500指數比較。理柏基金評比也可以追溯到1960年中期股市狂飆時代，而那些舊的《維森伯格投資公司共同基金績效資料手冊》（Wiesenberger Investment Company），還可以輕鬆回溯到1944年，數據都在裡面。後期的晨星（大約1988年起）更是為投資人，尤其是理財顧問們，提供了更新、更複雜的分析。

3. 教育界接受了這個事實，在學術上給予認可。大學和工商管理碩士學程都教授被動投資，據我所知無一例外。在20與21世紀相交之際「改變已成了不變的定律」，我20年前在華盛頓州立大學，就曾發表過類似主題的演講。

4. 順帶一提，也別忘記先鋒。我們是直言不諱的傳教士，將指數化福音傳得很遠、很廣，孜孜不倦、毫不含糊。媒體似乎是我們的發言人，而且我也毫不藏私地到美國各地發表過數百次演講（沒錯，就是這麼多！），這肯定讓成千上萬的人能看到被動式投資是「更好的方法。」從1993年開始，我寫書的主軸就已經都是被動、低成本、長期指數化的概念了（不要忘記最後兩本！），書也登上許多暢銷排行榜，現在銷量接近百萬冊。有專家告訴我，這能推

估出大約有250萬讀者。

5. 最後一點就是趨勢。過去十年被動式基金呈現增長的趨勢，但可能還是有點低，而網路助長了它的傳播。但是對於時機成熟這個想法，我得再重申一次，重點在於多方力量的結合。

「得勝時千人爭功，落敗時無人聞問。」
祝好，

傑克

效率市場假說

有助於指數投資興起的相關因素，還包括了「效率市場假說」（Efficient Market Hypothesis, EMH），它的理論基礎是假設證券價格等於實際價值，而且已反映了所有可用訊息。畢竟光亞馬遜一檔股票就有50多名分析師在分析，哪有什麼人真的有什麼秘招？這個理論在一定程度上頗有意義，也讓一些學者贏得了諾貝爾獎。

雖然柏格多多少少是向效率市場假設靠攏，因為這有助於將投資人導向指數型基金，但這理論真的與他無關，也與他創立和支持指數型基金的初衷無關。剛開始創業的時候，他甚至沒聽說過這個說法。正如他在2019年的播客中告訴克里夫（Cliff Asness）的那樣：「2013年法瑪（Eugene Fama）、席勒（Robert Shiller）與漢森（Lars Peter Hansen）三人得到諾貝爾獎時，他們

說那是指數型基金的起源，但我從來沒有聽說過他們，完全不知道這些人是誰，也沒聽說過效率市場假說。我只是個務實的指數化機器。」

此外，雖然效率市場假說某種層面上有意義，但也不能說完全有說服力。任何了解市場的人，都很難同意這個理論永遠成立。舉個例子，我們有時也能看到爆紅的股票，價格偏離實際價值，像是九〇年代的網路，或更近期的特斯拉、迷因股（meme stocks）等。

也因此，柏格拉開和效率市場假說間的距離，或許是聰明的做法，因為它並沒有真的獲得多數人的認同。相對的，柏格只以「費用理論」來模擬效率市場假說。費用理論能說明成本定律以及成本如何吃掉報酬，而這說法確實能被大家認同，也可以用數學證明。

傑克在《投資組合管理期刊》上發表了一篇文章，挑戰傳統指數化的學術論點，不認同市場運作有效，這也是我本人的論點裡最重要的部分。他認為指數化風行不是因為效率市場假說，而是費用理論，也就是成本問題。他要表達的是，不論主動或被動，如果想預測任何基金的走勢，就要看營運費用比率。在傑克發表的期刊論文裡，我認為那是最好的一篇。

——柏頓・墨基爾（Burton Malkiel）

柏格效應

如果身為血肉之軀的柏格和先鋒公司從未存在，那麼今天的指數型基金規模會是如何？我估計可能只有現今總值的5%，大約11兆。出人意料的是，指數化革命得到的讚美實在太過，因為這真的與指數化無關，重點在於這些基金本身費用有多便宜。要是成本很高也走不到今天，這完全是成本考量，而不是效率市場假說。因此可說是指數化基金需要先鋒集團，而不是先鋒集團需要指數化基金，儘管兩者實在是天作之合。

> 高成本的指數型基金根本沒意義。與主動式相比，指數化的優勢就是成本低。也因此，比起主動式基金，高收費的指數型基金並沒有優勢。我曾見識過指數型基金的競爭力，看到各種費用從0.5%到1.5%不等的產品，注意到公司們要做的只是提供基金，只要讓人家知道自己有這個產品就好。有客戶問的話他們就說：「沒問題，幫你投資我們的指數型基金」，而客戶不會注意到自己將付上高昂的費用。
>
> ——葛斯・索特（Gus Sauter）

可想而知如果沒有柏格，指數型基金費用會很昂貴，因為這本來就是基金業的運作模式，別人沒有降低費用的動機。也許會出現一點價格競爭，但絕對無法與我們今日所擁有的相比，現在我們可以用低於0.05%的費用持有指數型基金或ETF。

我認識柏格40年了，如果他不曾存在，大家還是會走向被動投資，但成本會高得多。

——泰德·安隆森（Ted Aronson）

瞧瞧1985年由富國銀行推出的第二檔標普500指數型基金，都這麼多年過去了，零售股費用率還有0.44%，外加5.75%的前收型手續費，那還是在有先鋒競爭的情況之下。

不那麼便宜的美國股票指數型基金

基金代碼	基金名稱	營運費用比率 %	類別
RYSPX	RYDEX標普500基金H股	1.66	複合型
SBSPX	FRANK標普500指數型基金A股	0.59	複合型
HSTIX	HOMESTEAD股票指數	0.59	複合型
MUXYX	VICTORY標普500指數Y股	0.45	複合型
WFILX	WF標普500指數型基金A股	0.44	複合型
GRISX	NATIONWD標普500指數型基金投資機構等級	0.42	複合型
PLPFX	信安大型標普500指數基金	0.41	複合型
MMIEX	MM標普500指數基金-SV	0.37	複合型
IIRLX	VOYA RUSSELL大型股指數型投資基金	0.36	複合型
VSTIX	VALICI股票指數基金	0.36	複合型
SPIDX	景順標普500指數Y股	0.32	複合型
WINDX	威爾夏5000指數型基金	0.31	複合型
POMIX	普徠仕整體股市指數基金	0.3	複合型
MSPIX	MNSTY MCKY標普500指數I股	0.29	複合型
INGIX	VOYA美國股票指數投資基金	0.27	複合型

彭博社

　　像這樣的價格會將指數型基金降為小眾市場，或成為效率市場假說粉絲獵奇的目標。當指數型基金收費不夠便宜，就不會成為購買的選項，這樣一來，主動式基金表現比指數差也不用怕了。

　　是柏格對推廣低成本的痴迷，才把資金推入了指數型基金。因為1%費用外加佣金，這樣的指數型基金看起來注定失敗。幹嘛要去買那種本來就知道沒什麼賺頭的產品？指數化基金的重點在於，投資人可保持相對應指數的平均水準，同時仍勝過80%的主動式基金。但如果會比平均值少1%報酬，我認為從心理上來說人們不會接受，重點還是成本。

——丹・維納（Dan Wiener）

　　這就是為什麼我認為把「指數型基金之父」這個標籤貼在柏格身上，感覺起來就是有點不對勁。對他來說，更適合他的頭銜應該是「低成本投資之父」。

　　如果非得用簡單一句話評論他和他的理念，我會用「始終如一」來形容。自我有印象以來，他的口頭禪就一直就是「成本很重要」，其他所有內容都是從這裡延伸而出的。他從指數型基金成立之初就是這麼說的，一直到他去世的那一天。

——小約翰・柏格（John C. Bogle Jr.）

巴菲特的看法

巴菲特在2017年波克夏年會上也肯定了柏格的成就，他邀請柏格參加年會，當眾向四萬名參與者介紹了柏格：

> 約翰‧柏格並不是唯一談論指數型基金的人，但如果沒有他，這一切都不會發生。薩繆爾森談到它，甚至葛拉漢（Ben Graham）也談到了它。但事實上發展指數型基金，並不符合投資業或華爾街的利益，因為它大幅減少了佣金收入。基本上指數型基金帶給股東的效益，比整個華爾街專業人士加起來都更多。
>
> 所以一開始時，沒什麼人為傑克鼓掌，華爾街當然不可能，他是被嘲弄和攻擊的對象。現在談到指數型基金，我們講的是數兆美元，談到費用時，講的卻只是幾個基點，我想傑克至少已經幫投資人省下了數百億。隨著時間累積，這個數字將達到數千億。星期一是傑克八十八歲生日，所以我只想說，生日快樂！傑克，我代表美國投資人感謝你。我有個好消息：你已經八十八歲了，再過兩年就有資格在波克夏當高級主管了，所以堅持住，伙計。

後來我問過巴菲特那天的事，以及這對他的意義。「幾年前有他參加年會真是太好了，大家都非常高興，」巴菲特回答道，「對於很多人來說他是英雄，難得有這樣的機會能當面告訴他。」

　　與柏格一樣，巴菲特整個職業生涯也都在對抗同一股力量，那股收費過高、頻繁交易、績效不彰、根深蒂固的主動管理力量。這些年來巴菲特對高額費用的抱怨，幾乎不亞於柏格。還有一點是，他們在財務上都非常保守，當市場一片榮景時，他們會告誡人們花無百日紅；當市場不好時，他們會告訴人們否極終究會泰來。柏格總是有不隨波逐流的說法，我想巴菲特知道，而且也欽佩這點。

——傑森・茲威格（Jason Zweig）

龐克搖滾

　　擁有顛覆性的產品（指數型基金）和顛覆性的訊息（費用理論）是一回事，但傳播出去又是另一回事，這得突破周圍的雜音和原有的系統，顛覆人們的直覺和想法。要是柏格個性溫文爾雅或是害羞，說不定指數化投資也只能達到現今一小部分的規模，但他偏不是。他大聲、簡單粗暴、無畏無懼的倡導低成本和指數化，這個讓他與整個產業格格不入。大多數人都習慣避免衝突和尷尬，但他卻很享受這種緊張氛圍，還會不斷向聽眾投下令人不快的真相炸彈。

　　他是第一個我認為真的能夠做到不在乎的生意人，他就是無所謂。在任何會議上你都可以看到，約翰・柏格才不管別人對他的發言有什麼高見。他有正確的觀念，而且也會去說服人家，不信的就是白痴，他就是這麼想的。這不是傲慢

或是有什麼優越感，他這麼做只是因為虔誠，相信自己是傳
福音的人，願意跟隨的人也都是信徒，他就是這麼一片赤
誠。

　　　　　　　　　　　　　　──戴夫‧納迪格（Dave Nadig）

　　正如柏格自己在《文化衝突》中寫的那樣：「我一直喜歡挑
戰現狀、逆向思考，常因此受到啟發，走入與眾不同之路。」

　　柏格可能看起來像晚年的方達（Henry Fonda），但他的風格
與龐克搖滾更有共同點。正如龐克是為了反對迪斯可偏重物質的
風格而生一樣，推出低成本指數型基金是在反對金融業泡沫，兩
者都是在反抗現況。《滾石雜誌》（Rolling Stone）說龐克搖滾是
「一種否定，一種對原始、野性及單純的呼喚」。如果這不能用
來比喻柏格的畢生事業以及低收費的指數型基金，那真不知道什
麼可以。

　　巧合的是，先鋒和龐克搖滾幾乎同時誕生，都在七〇年代初
期。就在龐克搖滾樂團雷蒙斯（Ramones）在骯髒雜亂的CBGB
俱樂部裡，向現場20名不懂卻又著迷的聽眾發表了第一場演出
後，不過短短幾週，先鋒集團也接著誕生了。兩者都可以說是
對放蕩不穩定、文化經濟雙重崩潰的六〇年代的反彈，像是在
說「醒醒吧，別天真了」！正如雷蒙（Johnny Ramone）對記者
說的：

　　「我們做的就是拿掉搖滾樂裡我們不喜歡的地方、去蕪存
菁，這樣就不會有藍調那長長的吉他獨奏，沒有妨礙旋律的部
分。」

　　現在你可能會想：噢不會吧，用流行文化比喻也扯的太遠了。好吧，也沒錯。當然，柏格當然不會有搖滾樂手迪迪雷蒙（Dee Dee Ramone）那麼流行，但有太多相似之處讓我無法不相提並論，尤其是那精簡的「加法減法」口頭禪，和他從不矯飾可能惹怒聽眾的直率言語。

　　柏格曾受邀出席第一屆InsideETFs會議擔任講者，這個會議可以說是ETF的動漫展，主軸是為了慶祝ETF的偉大，結果柏格利用這次機會將ETF批得慘不忍睹。

　　「柏格發表了極度反ETF的演講，」吉姆・溫特說，「他在會上拿出數據告訴大家ETF有多糟。」

　　柏格在共同基金會議上也做了同樣的事情，只是他不批評基金，他批評的是收費太貴。

　　他也會經常在我們的會議上這樣做。他總是會說主動式管理有多荒謬，他會起身對著在場滿滿的主動式基金顧問和機構代表這樣說，他才不在乎。他會說：「各位，降低你們的費用！」

　　　　　　　　　　　　——克莉斯汀・賓斯（Christine Benz）

　　另一個例子是標普500指數五十週年，柏格受邀和研究標準普爾的學界人士一起參加小組討論，在幾杯小酒下肚之前，這本來也只是個輕鬆的場合。

　　結果，畢哲文（David Blitzer）回憶道：「約翰・柏格帶著他的最新著作，大約有15到20頁用迴紋針夾著，還有個黃色的

大本子，上面寫著一頁又一頁的筆記。我猜他從費城坐火車來
時，整路都在寫筆記。」

「議程進入討論環節時，大家都行禮如儀的在談市場，只有
柏格是來真的。他開始講起ETF有多糟，交易次數太多，浪費
錢在交易手續費上，仲介根本是在削凱子，他們應該選好一檔指
數型基金，買了就不要再動它。」

「他這麼嚴肅，我想這讓一些與會者有點驚訝。本來大家想
像的是場友好的交流，喝喝雞尾酒、互相慶賀五十週年，但柏格
可是來真的。不過我想這就是他的個性。他非常認真的看待這件
事。」

雖然這種持續不斷的衝突能夠引起大家對指數型基金的關
注，但他也不得不面臨不受同行歡迎的問題。席格（Julie Segal）
在《機構投資者》裡的文章裡是這麼描述柏格的：

　　我記得1999年柏格卸任先鋒集團董事長後，美國投資
公司協會召開了一次會議，那是共同基金行業的年度聚會。
活動中資產管理公司的執行長們告訴我，他們都會盡量躲開
他。沒有人會把話說白，但是柏格本人，尤其是他那個投資
人付出成本過高的論調，並不受歡迎。先鋒集團的確迎來了
第一個輝煌的十年，投資人也開始接受指數型基金；即使那
看來對主動式基金經理沒什麼太大的威脅。柏格告訴我，他
真的不在乎被同儕冷落，他會繼續講成本，一直講到情況改
變。在那個年代很難想像投資人會在乎費用，或是資產管理
公司會費心調降收費。

　　隨著時間流逝，美國投資公司協會毫不意外的，並沒有對柏格打開歡迎之門。在我們最後一次採訪中，柏格似乎對這種冷漠對待感到難過：「美國投資公司協會不希望我過去和他們對談，」他說，「我認為這真的很奇怪。我是這個行業史上最成功的公司的創辦人，從基層做到理事，我每年都參加全體會員大會。」

　　另一方面，儘管柏格發表了反交易的言論，但他仍然常常登上金融評論節目。他會說交易是為失敗者準備的，想要打敗市場只是徒勞無功，這種論調基本上觸犯了節目大部分的內容，當然還有與會嘉賓和觀眾。他很驚訝人家還繼續邀請他上節目：「全國廣播公司還繼續找我上節目，我就想，你們找我幹嘛？不過我想應該是那天節目組剛好找不到其他來賓。」

4

解讀柏格

「過去九十年的生命裡，我所做的事情除了戰鬥，還是戰鬥。」

一旦開始真正了解柏格所造成的影響，就也不禁好奇：他的動機到底是什麼？他為什麼要費這個勁？為什麼不和其他業內巨頭走一樣的路，成為超級富豪就好了？我問了我採訪的每一個人同樣的問題，幾乎每個人一開始的反應都相同：「嗯……這是個好問題。」

他就是不同一般。我敢打賭，如果去問他在布萊爾學院的室友，對方肯定也會說：「哎，這人不一樣。」

——泰德・安隆森（Ted Aronson）

他似乎是被擺錯了時空，要是早生幾個世紀，他會更適合當傳教士、軍官或是醫生，但命運就是如此。另一方面，也能說他與基金業**完美**契合，雖然這行業對大多數人來說很無趣，但卻是

投資人、退休儲蓄和市場收益相互交織、最誘人的交匯處。

　　那麼柏格究竟是如何開始的呢？

大蕭條

　　因為大蕭條的緣故，柏格的家人體會到那種從小康到破落的過程。1929年，也是柏格出生的那一年，華爾街崩盤，家裡的房子和柏格祖父的遺產都化為烏有。這顯然是塑造他，或者那一代人的重要環境背景。儘管礙於心臟問題無法在二戰中服役，他的兒子說柏格對此總是感到遺憾，不過他的心態和背景絕對符合「最偉大的世代」（Greatest Generation）*。

　　他向來極度保守而且節儉，我想這跟成長背景有關，他生在曾經富裕卻走入沒落的家庭。

——小約翰・柏格（John C. Bogle Jr.）

　　生長在這樣的背景下，柏格的高中和大學期間一直在打工，這在當時可能很辛苦，卻織造出了他的職業道德，也讓他擺脫了後來可能遇到的麻煩。他很早就知道家裡沒有錢，所以一直在工作。

---

*　譯註：最偉大的世代指大蕭條期間在美國長大，然後在第二次世界大戰中繼續戰鬥的一代。

也許他送報、當服務生、保齡球排瓶員，這些求學過程時苦苦掙扎的年輕歲月，讓他體會到芸芸眾生是如何過日子的。

——泰勒·雷利摩爾（Taylor Larimore）

認識傑克多年以後，我才發現他曾經是拿獎學金的學生，當時我就覺得難怪，因為我總覺得他心裡有些委屈和不忿。

——克莉斯汀·賓斯（Christine Benz）

柏格對工作的堅持與他父親形成鮮明對比，他父親連做好一份工作都難。有次父親連他的一百美元學費都拿不出來，還好校長手下留情，不過這齣想來也讓柏格產生了動力，大家總希望比上一代更好。柏格曾說他愛父親：「父親只是沒有能力，但他盡力了。」

儘管他努力工作以免像父親那樣財務困窘，但他其實也沒有過度沉溺在工作裡。他努力經營著幸福的婚姻，與妻子伊芙一起養育了六個孩子。家庭和事業的平衡往往難以維持，但他似乎做得很不錯。

大家應該會感到意外，但身為他的兒子的我，最有資格說這個話：他是一位非常好、非常細心的父親，儘管他的工作一直都很忙。他會在周末抽出時間跟我丟丟橄欖球、帶我去看車展或打高爾夫球。他幾乎每天晚上6點就到家了，而

> 我們幾乎每天晚上都能在家一起吃晚餐，他總是陪在我身
> 邊。我一直很佩服他，他是我的英雄。
>
> ——小約翰・柏格（John C. Bogle Jr.）

柏格的外曾祖父

　　雖然大蕭條時期影響了年輕的柏格，是個重大的環境因子，
但他的個性多少也有些是遺傳。事實證明柏格家族熱愛挑戰強大
的金錢世界、嚷著要他們削減費用。柏格的外曾祖父阿姆斯壯
（Philander Bannister Armstrong）就曾試圖改革火災保險業，接著
又是人壽保險業。柏格稱他為「心靈燈塔」。根據柏格的說法，
在1868年的演講中外祖父曾說過：「各位，削減你們的成本！」
柏格簡直完美複製。

　　阿姆斯壯甚至還曾在1917年 出版了一本書「《合法詐騙：
人壽保險，法律如何侵吞數十億人的錢》（*A License to Steal: Life
Insurance, the Swindle of Swindles: How Our Laws Rob Our Own
People of Billions*），這本書像是強烈預告著柏格著作的基調。這
是本長達250頁的人壽保險大全，是用明確的數字和滿腔熱血完
成的。開頭這麼寫著：

> 　　人人稱善的人壽保險難道真是騙局嗎？這些吹噓著「堅
> 若磐石」的大公司竟是壟斷、是違背法令的嗎？他們誇誇其
> 談的資產，對國家社會造成了威脅，這不是合法的貿易利
> 潤，而是在顧客誤會之下拿取的，難道壽險真是個惡名昭彰

的污點，而不是榮譽的徽章？

以今時今日的眼光來看，這話聽起來已經有些過時了，但這樣的精神卻牢牢的釘在柏格身上。這邊還有一段，看起來真的很像是傑克會說的話：

> 傳統人壽保險系統不僅不誠實，而且根本就是種欺詐。保費高達身故賠償金的三倍、其他賠償金的七倍，利潤都從保費裡面扣，還惡意造假明細和報告，更是增添了犯罪等級的收費和浪費。

如果這不能證明是遺傳，那我也沒什麼好說的了。雖然我們談到了遺傳，但其實他也有可能從自身的蘇格蘭血統中，承襲了一些天性。事實上，柏格這個名字源自於蘇格蘭語中的「魔鬼」或「哥布林」（Goblin）。有人曾稱他為貝塔柏格（Beta Bogle）和數據惡魔（Data Devil），他本人把這當作是種恭維。

我有幸採訪過傑克幾次，他為自己的蘇格蘭血統感到很自豪。我記得他談過節儉，眾所周知他不太會花錢在頭等艙這類的消費，而且有免費午餐的話，他往往會接受。他說這得歸功於他的蘇格蘭血統。

——羅賓・鮑威爾（Robin Powell）

普林斯頓大學

如果不是布萊爾學院和普林斯頓大學，柏格肯定無法達到他後來的成就，因為兩者都曾經提供他獎學金，他說自己是兩家院校之子。雖然兩者都是他養成過程的關鍵，但卻是他在普林斯頓求學時一個偶然的片段，決定了他以及共同基金業的命運。

那是柏格還在普林斯頓大學唸大三時，當時正在想畢業論文主題，有天他在學校圖書館找資料，剛好翻到1949年12月號的《財富》（*Fortune*）雜誌，他看了《巨額資金在波士頓》這篇文章，內容是關於麻省投資人信託（Massachusetts Investors Trust）向散戶投資人售賣所謂能讓人「安心」的開放式基金新金融產品。雜誌封面沒有說明裡面文章寫的是什麼，所以讀者得帶著好奇的心情一頁頁的翻閱。

如果柏格選擇了另一本雜誌比如《時代》（*Time*），那結果又會是如何。這不禁讓人好奇，時代雜誌在1949年12月的封面故事寫的是希爾頓（Conrad Hilton）以及他蓬勃發展的酒店事業。若然，柏格會成為低成本酒店經營者嗎？

但事實上他並沒有拿《時代》雜誌，而是拿起了《財富》、讀了那篇文章。接著他受到啟發，花一年半的時間寫下共同基金產業的論文，他相信這能成為大事。當許多人認為共同基金業是個能賺大錢、打下江山的新興行業時，柏格的看法卻有所不同，他的論文看的出有些理想化，甚至帶點預言的味道。以下是那篇論文內容重點摘要：

» 投資公司應盡其所能以高效率、誠信和節約的方式運營。

» 降低銷售傭金和管理費用，可以將成長提升到極限。

» 基金不能聲稱優於市場平均水準。

» 投資公司的主要角色，應該是為股東服務。

» 投資公司沒有理由不去影響所投資公司的政策。

　　儘管這些看法還在等待時機萌芽成長，但也已經可以在這裡看到先鋒集團的影子。除此之外，這篇論文還有個更直接的功能：它讓柏格進入了威靈頓，獲得在金融業的第一份工作。

六〇年代

　　1960年代是柏格養成的重要年代，儘管不是像嬰兒潮世代那樣「激發熱情、內向探索、脫離體制」，而是體驗金融市場景氣循環，總之他經歷了出賣靈魂迎合牛市的感覺，結果當熊市不可避免的來臨時，也栽了個大跟斗，留下了永久的烙印，警惕著他再也別上鉤。

　　從那之後，他就不曾再被牛市的狂熱沖昏頭。牛市會讓人上癮，產生錯覺，認為**這次肯定不同**，忘卻了這股興奮的背後只是投機性的報酬。他專注於創造企業內在價值和提升績效，以及如何讓價格反映真實價值。他告訴投資人要「堅持到底」，並說「從長遠來看，股價仍會回歸實際面」，而這些話語也同樣展現在他的領導風格上，他就曾數度以此為準則，帶領先鋒集團走過牛市。

　　柏格的信念首次遇到挑戰是在1980年代，標普500指數在頭六年報酬率約為200%、利息則攀升到了16%，大家都富了起來，紙醉金迷。1987年上映的《華爾街》（*Wall Street*）描寫的就是這個時代，這部電影本該是貪婪的警鐘，卻意外吸引許多年輕人成為交易員。導演奧利弗史東（Oliver Stone）告訴《每日郵報》（*Daily Mail*）：「後來有很多人來找我，告訴我他們去華爾街是因為那部電影，現在他們都成了億萬富翁了。」

　　當觀眾們，包括那些容易受影響的、華爾街未來的年輕居民，在美國各地電影院看著主角蓋柯說著他那句著名的「沒有什麼比『貪婪』更好」的台詞時，柏格正在賓州的福吉谷（Valley Forge），向先鋒的員工發表年度演說，內容與電影對比鮮明。這是其中一個片段：

　　　　我們1987年的營業費用率（Operating Expense Ratio），那用來衡量我們服務價值的關鍵指標，將比1986年調降至少10%……先鋒集團在這個看來已經失衡的行業中保持著良好的平衡……在當今世界金融體系和美國共同基金行業之中，不跟著投機行為隨波逐流，依然保持著紀律。

　　在令人憂慮的八〇年代經濟，柏格卻能熱衷於降低收費，這令人驚嘆，那時根沒人真的在乎成本。而柏格在接踵而至的熊市，與九〇年代牛市時，都有著同樣的堅持。基本上他眼裡只有一個目標：降低成本。這無疑是他在六〇年代的經歷，提醒著他堅定不移。

> 　　我認為他只是想得很透徹，不忘初衷一遍遍的闡述自己
> 的想法，直到最終都不曾提過調高費用。他清楚數據，頭腦
> 無比清楚。
>
> ——吉姆・溫特（Jim Wiandt）

福吉谷

　　先鋒不但在心靈和思想上與華爾街大不相同，其實物理位置也相距甚遠，它的總部位於賓州福吉谷，在費城外三十多公里的一個饒富歷史的郊區。辦公室隱身鄉野，從主要幹道幾乎看不到。如果沒有GPS或地圖，甚至都不見得會注意到它。它與電影《星際大戰六部曲：絕地大反攻》（*Return of the Jedi*）中雅汶四號衛星裡的叛軍基地，有著相似的氛圍。

　　福吉谷的歷史與柏格對自我的認知完美契合。1777年9月，喬治華盛頓在英國人占領費城後逃離了這座城市，他率領著一萬兩千人的軍隊在福吉谷度過了冬天，在此待了六個月，因為生病和營養不良失去了兩千名士兵，就像拉法葉將軍所說的「他們什麼都缺」。但他們堅持了下來，重整旗鼓，並從新法國盟友那裡得到了心靈和人力支援。華盛頓1778年6月離開那裡時，已不見初時的落魄，剩下的正如人們說的，都是歷史了。

　　柏格著迷於這樣的象徵，他喜歡這種與美國革命相連的感覺。當先鋒集團將辦公室搬到附近的馬爾文市時，他也還一直使用福吉谷的地址。他在《品格為先》一書中摘錄了自己九〇年代初期的講稿：

　　新辦公室就如同我們的新園區，兩邊都很靠近福吉谷國家公園，所以未來我們會繼續使用福吉谷的地址。1777到1778年冬天，美國在福吉谷經歷首次挑戰，而現在我們的家園和金融機構再次遭受挑戰，我們公司需要做出回應。

　　福吉谷向外就是費城，相對於美國金融權力中心，地理位置都是一樣遙遠。但柏格從1946年隨家人搬遷至此，自16歲起就一直住在那裡，他很喜歡這個地方。

　　他會在書裡用「來自波士頓的那位」，或是「我們費城人」這樣的用詞，而他與來自波士頓的那些威靈頓合夥人互鬥過程，則強化了這種偏見。他在《堅持不懈》裡，是這樣用地區來區分敵友的：

　　　　摩根先生邀請六名代表加入董事會，他們大多是在費城長期服務的人。另外三位董事則是來自波士頓，是我前合夥人提名的……到了要投票的時候，很明顯的六名費城人會更偏向於我的立場，容易相互交流。那三個波士頓人則站在多倫和桑代克的立場，老想要解除我執行長的職位，去開展他們要的業務。

　　當時有人提議將威靈頓公司搬到波士頓，但柏格並未採納。在《夠了》一書中，他寫道：

　　　　合作夥伴打算把整個威靈頓搬去波士頓，我並不打算讓

這種情況發生。我愛費城，這個滋養我成長的城市對我很好，我的根在這裡……1928 年威靈頓、1974 年先鋒集團也都是在這誕生的。

費城生活成本低，住郊區也比較廣闊，因此在費城郊區扎根也不失為留才良方。人才在那裡成家定居下來以後，也很難為了多賺點錢，跑去紐約或波士頓那樣的地方。

這是忠實信徒的社區。我不是說人家在那裡不賺錢，但的確會比去貝萊德、道富或富達賺的錢少。他們和家人住在賓州馬爾文市，長久的住在那裡，這就是先鋒集團留才的小技巧，而且也幾乎成了一種信仰文化。

——吉姆・溫特（Jim Wiandt）

除了地緣關係，先鋒集團裡也有許多人很珍視**精神上的收入**，或者說知道自己為社會做了好事所帶來的滿足感，許多在非營利組織或政府單位工作的人，都會有類似的感覺。

傑克沒有把目標放在追求個人財富，也許我們之中大部分的人也都沒有，但我認為我們都在心靈上都得到了回饋。我們對自己的工作很有使命感，我在那裡的第一周就感覺到了。我先前曾在其他五家公司工作過，但是在先鋒集團工作的第一周，我就希望以後都在這家公司渡過。

——葛斯・索特（Gus Sauter）

> 先鋒很會洗腦，但是它有個洗腦的好理由。
>
> ——妮可·柏森（Nicole Boyson）

　　談到費城的區域和價值，不少我採訪過的人都指出，柏格踐行了新教貴格會的價值觀，就像佩恩（William Penn）一樣。他提倡購買並持有指數型基金的簡單風格，再加上秉持正道同時又兼顧關懷社會的態度，頗有貴格會的特色。以下是柏格2017年在費城貴格商業聚會上的發言，儘管內容帶點告誡之語：

　　　　我開始意識到，我創立的先鋒集團反映了佩恩孕育的貴格會價值觀：簡單、高效率、為人服務；以及福克斯（George Fox）所傳遞的信念：真理才是方向。我承認我對其他一些貴格會的價值觀，並不是那麼在行，尤其是妥協、耐心、沉默和謙遜（觀眾笑聲）……但佩恩和他的貴格會同胞，一直是我靈感的源泉，這樣的價值也進到了先鋒公司。

十八世紀

　　柏格不僅身體、精神上都遠離華爾街，其實時間上也相距甚遠，可以說他晚生了兩百年。正如我之前提到的，柏格是1974年先鋒成立的幕後推手，那基本上等於宣布投資人獨立。但要是早兩個世紀，他絕對能當開國元勳，還可能是第一個簽署獨立宣言的人。

　　他那十八世紀的靈魂反映在他的辦公室，展現在那些船舶和

軍事英雄的繪畫上。裡頭陳設給人的感覺不同一般，比較像是歷史博物館，而不是資產管理公司。

　　他的辦公室裡有納爾遜將軍的畫，還有一幅他打扮成納爾遜的肖像畫，而且他非常喜歡引用憲法，他同時也是大力推動費城獨立廣場國家憲法中心成立的人。

　　　　　　　　　　　　　　　　──愛琳・亞芙蘭（Erin Arvedlund）

　　在《約翰柏格投資常識》中，柏格將自己與18世紀的代表性人物富蘭克林（Benjamin Franklin）相比。開頭他先引述了富蘭克林的話，顯示他們兩人的理念相當契合，包括為未來儲蓄、自制的重要性、承擔風險、了解什麼才是重要的事、市場、安全、預測，以及持堅定不移等。「我得承認18世紀富蘭克林的文風，的確勝過21世紀的柏格，」他寫道，「但我們兩人有近乎一致的座右銘，都認為聰明的儲蓄和投資原則經得起時間的考驗，甚至是可長可久的。」

　　他對18世紀還有當時的價值觀，以及對「老派的自由人道主義是理性時代的標誌，也是人與機器之間的平衡」這種看法著迷。他在一些著作中抒發著對那個時代的嚮往，特別是在《夠了》一書：

　　　　現今維基百科唾手可及，谷歌在網路上等著為人服務，人們被訊息包圍，但卻離知識越來越遠。訊息無處不在，但是開國元勳時代盛行的……智慧，卻越來越難得……隨

著21世紀即將走完第一個十年，激烈的專利爭奪戰、大公司高層貪求高薪的情況，以及付給對沖基金經理人那巨額薪資，而且還常忽視是否賺錢。這些都與富蘭克林那18世紀崇高的價值觀大相徑庭。

他還喜歡用18世紀的語氣說話，像是引用詩歌或聖經去突顯事情的重要和紀念意義，這樣的風格出現在他的著作和演講裡，私底下有時也能聽到。

他是位才華橫溢的演說家，非同凡響。我曾在他七十歲的慶生會上見過他，我想那是個即興的聚會，但最後他唸起了丁尼生男爵寫的詩，還持續了五分鐘。我還以為台上的是拿破崙呢。我對他兒子約翰說：「不會吧？」他則是看著我說：「泰德，你能想像他每晚吃飯的樣子嗎？」

——泰德・安隆森（Ted Aronson）

他的心臟

柏格的心臟既是個可怕的麻煩，又可說是個祝福。死亡一直在柏格的生命裡縈繞不去，震懾他的生命，這反而讓他一直有珍惜當下的念頭。

如果你想知道驅使他、造就他的動力是什麼，那我想你必須了解一下他的健康。原本人家說他活不到四十歲，有

人告訴他，他不可能會有五十、六十、七十歲的樣子。不
意外的，他應該每天醒來時都在想：「這會是我的最後一天
嗎？」這讓他有了動力。

——吉姆‧諾里斯（Jim Norris）

這是柏格在《堅持不懈》寫的：

　　我三十歲時第一次心臟病發作。我去克里夫蘭醫學中心
求醫，那是在1967年唯一有能力裝心率調節器的醫院。自
從發病以來，我的病情每況愈下。到了三十六、三十七歲
時，我就裝了調節器刺激心跳，但也變的更容易心律不整。
有位醫生對我說：「你真的別指望活過四十歲。」另一位醫
生說：「你幹嘛不停下工作，找個地方享受所剩不多的日子
呢？別再工作了。」我要是聽了第二個醫生的建議，那第一
個醫生的預言也不意外的會實現。

　　儘管在六〇年代心臟病算是常見的死亡原因，但對於這麼年
輕的人來說仍屬罕見，我無法想像自己三十幾歲時會心臟病發
作，但柏格過的卻是這樣的日子。他罹患的病叫做心律失常性右
室心肌病（Arrhythmogenic right ventricular dysplasia, ARVD）的
先天性心臟病，這也使得他妻子伊芙不得不帶他進出醫院十多
次，去做心臟電擊。

　　沒人願意和他一起打壁球，他會帶著心臟電擊器。你能

想像打球時他昏倒了，你得使用電擊救他嗎？雖然這聽來像
演電影，但是真的。

——泰德‧安隆森（Ted Aronson）

　　1992 年我剛成為《富比士》負責共同基金的編輯，我
第一次出差自然是去先鋒集團與柏格會面。那次採訪有兩件
事情讓我印象深刻。首先，我有種很強烈的感覺，以後可能
再也見不到他了。我以為他沒過幾個月就會離世，那時將是
我草擬第一分訃告的時候，他的訃告，他看起來糟透了。第
二件事是，他瘋狂的預測有天指數型基金的規模會比主動式
管理基金還要大，我清楚記得他告訴我這個想法時，我簡直
笑得合不攏嘴，那是我聽過最荒謬的話。人活著總不免存著
一絲希望，而主動式基金就是那點希望，人們總是希望勝過
平均。事實證明我錯估了第一點，我想我很快就會知道第二
點也是我錯了。

——傑森‧茲威格（Jason Zweig）

　　九〇年代初他「看起來糟透了」的原因是，他有一半的心臟
根本沒有功能，撐到了六十五歲時，他非得做心臟移植手術了。
他在費城哈內曼大學醫院等了 128 天，24 小時打點滴注射刺激心
跳的藥物。在《品格為先》一書中，他回憶了當時的心情：

　　奇怪的是，儘管病情至此，我卻從未想過會死，但也從
未想過會活下去。那時去想結果如何看來沒什麼意義⋯⋯

我告訴夥伴們，就算我的心臟隨時可能會停止跳動，我也不會感到害怕。事實上每晚在醫院裡，我睡前的祈禱都是：「我命由神不由我。」

最後他在1996年2月，得到了一位26歲男性捐出的心臟。兩週後出院返家，其後三十年他又再堅持了下去，儘管不得不戒酒和服藥控制，但他做到了。

他好像有九條命。我記得第一次見到他本人，那時他剛做完移植手術，他說：「我覺得棒極了，我有顆三十歲的心，我覺得我的人生回來了。」但有關他生病或住院的流言蜚語未曾停歇，總有人在背後碎嘴。

——愛琳・亞芙蘭（Erin Arvedlund）

每次生命垂危時他都沒死，而且還能繼續前進，完全就是隻勁量電池兔。有一次，大概是二十年前，在他的心臟移植手術後，我和他一起坐火車去紐約參加了期刊辦的活動，他發表演說。然後那天晚上我們回到費城，我累到都快睡著了，傑克卻像個運動員一樣，即使有電扶梯卻還爬樓梯。我站上電扶梯對他說：「你不累嗎？」他說他移植了心臟，卻沒記得接上疲累的神經「所以累不算什麼」。我看著他，根本就像仿生機器人一樣，這傢伙的能量實在令人難以置信。

——泰德・安隆森（Ted Aronson）

　　柏格非常感謝幫助過他的醫生，他稱他們為守護天使。他的醫生也將柏格的長壽歸功於他鋼鐵般的意志力。但不可否認的是，一顆新的心臟，給了他完成使命的希望之火。

　　傑克經常在接受心臟移植手術後談論他的心臟，並說：「我活著是為了盡我所能做好事。」

　　　　　　　　　　　　——李・克蘭納富斯（Le Kranefuss）

聖經

　　柏格積極參與心靈活動，這無疑指引了他方向。他定期參加主日教堂禮拜，他在《別指望了》提到對投資幻想、資本主義、「共同」基金、指數化、企業家精神、理想主義和英雄的反思，他將自己「得到啟蒙、靈感和信仰」，歸功於他教會裡的傳教士。但他不只是做個樣子，他很認真的吸收聖經裡的話，而且經常引用，這成為他著作中引用最多的書，可以說柏格是受到了聖經的滋潤。他在2017年接受威爾金森（Signe Wilkinson）採訪時，描述了他對信仰的看法：

　　什麼是真實、該相信什麼？我很難相信人可以死而復活。但也許靈魂可以。為什麼不？我們其實不知道靈魂到底是什麼。但是肉身……我看著窗外，並沒有看到人成群結隊上了天堂。我是個很務實的人，這想法和嚴格的信仰方式衝突，但和我的信仰並不衝突。在某處有比我們更大、更重

要的事情，而我們剛好稱呼他上帝。這樣想，對我來說已經夠了。

他沒有讓自己存疑的態度，影響到他引經據典的豐富性。如果你讀過聖經，就會知道那內容多麼有力、鼓舞人心。裡面也不乏處於劣勢的人，一路得到上帝幫助挑戰權威的傳奇故事。我可以想像聖經如何燃起柏格的使命感，畢竟他就像是那種會在教堂裡對商人翻桌子的人。在《文化衝突》裡，柏格點出了那個部分：

> 如果我們想鼓勵大家儲蓄退休金並且達到最佳成效，那就必須將那些操弄金錢的商人，或者至少是其中大多數人趕出金融殿堂。當投資人共同擁有市場，卻相互競爭希望擊敗彼此，就會失敗。但若能放棄那些徒勞無功的買進賣出，簡單的持有市場上所有的股票，就會一起獲勝。

他喜歡引用著名的聖經 118:22 詩篇，裡面說：「匠人撇棄之石，已然成為基石。」耶穌門徒也多次在基督教經文中提到這段，形容耶穌是基石。這就是柏格看待先鋒的角度，在某種程度上他也是如此看待自己。有何不可？多年來他的理想被人忽視甚至受人嘲笑，結果他的公司兩度躍升為世界上最大的基金公司。

柏格也贊同天助自助者的道理，認為若能先邁出第一步，也會得到上帝的支持，那些命運中的轉折，導致他創立先鋒集團的種種，都是他引以為證的例子。他在《夠了》一書裡說：

　　每當我勇敢立下目標時，冥冥之中天意就會緊隨其後，無論是在我找畢業論文主題時偶然發現《財富》裡有關共同基金的論文、我被威靈頓的合夥人解僱、得到心臟移植的機會，或其他機運，這些珍貴的轉折都來自天意，等待發掘，但要把握它們需要立定目標。

　　定期上教堂可能也影響了柏格傳播先鋒和低成本的習慣。只要願意傾聽，他都會像布道一樣孜孜不倦地解釋。

　　儘管鼓勵和說教之間只有一線之隔，但柏格基本上都走在線上。有聖人傑克也有火爆傑克，他火爆起來肯定會把人惹毛，即使是身邊的人。過去他的得力助手瑞普（幫助他創立先鋒集團和第一支指數型基金的兩大助手之一，後來當上主動式共同基金公司普徠仕投資管理公司副主席），在柏格為他前助手們舉辦的年度晚宴上，曾送給柏格牧師戴的羅馬領向他致意。

　　傑克全心信奉著他覺得正當的事情，事實上那些堅持也都是對的。當他和其他人意見相左時，經常會把錢包扔在桌子上「賭」誰才是對的。但說到指數化，這樣的態度最後變成了自以為是的形象……他的前任助手們開始覺得他有點過頭了，所以我去買了個羅馬領，大家一起在某次晚宴上把它送給柏格。我們說：「如果你要這麼有道德優越感，那可能該穿上合適的制服。」他喜歡這個禮物。

——詹姆斯・瑞普（James Riepe）

自尊心

　　儘管他的形象十分親民，還有認為人生「足夠」就好的想法，但幾乎每個我訪問的人，都免不了提到柏格很自我中心，甚至有些自負。雖然柏格天生帶有成大事的性格，但他其實有著極度缺乏安全感的跡象，這有時會讓人感到他有個永遠填不滿的空洞。大多數近距離接觸他的人，都同時看到了聖人和自大狂。

　　我不認為哪個達到他這番成就的人，不是以自我為中心。事實上，我曾經和他開玩笑說：「傑克你知道，你的自尊就像個火爐，要不斷鏟媒進去讓它燃燒。」他只是笑著答：「你說的可能沒錯。」

——吉姆・諾里斯（Jim Norris）

　　像這樣在投資界有名望的人，多少會對自己的地位和成就有些不安全感，他幾乎是時時刻刻渴望有人提起他的貢獻。他喜歡出現在公眾視野中、喜歡上街時有人走到他面前說：「天啊，我好感謝你。多虧先鋒公司，我的孩子們才能讀完大學。」或是對他說：「因為你我存到了很多退休金。」這些話他怎麼聽都不膩，這是我們難以完全理解的怪癖之一。

——小約翰・柏格（John C. Bogle Jr.）

　　這傢伙的自尊心，比他那站在總部外的雕像大三倍。

——丹・維納（Dan Wiener）

　　這座雕像可以說是證明柏格自負的終極證據，其實柏格也承認自己傲慢，這種坦誠還是值得肯定。他知道當人還在辦公室裡，外頭有座自己的雕像是什麼感覺。他說這個想法是在他做心臟移植之前提的，因為大家不確定他還能活多久。正如他在《品格為先》裡寫的：

　　　　一方面我們都認為雕像是對逝者的紀念，是紀念。那時我心裡還沒準備好，現在肯定也還沒有！但在想到要不要樹立我的雕像時，我看著帕瑪（Arnold Palmer）雕像的照片，栩栩如生的，而且馬上就要送到奧古斯塔國家高爾夫俱樂部立起來，就覺得也蠻好的。想著未來難測，就一個念頭：「有何不可呢？」

了解傑克

　　本章節最好的結尾，是這段有趣的「了解傑克」備忘錄，這是他的前助手諾里斯和我一起寫的，還加上了塔多斯基分享的內容，讓大家能夠更了解他的行事風格和想法。請看：

　　　　這些年來，傑克種種令人欣賞和珍視的個人特質，我都泛稱為「柏格主義」。其中一些是他的行為舉止，比如說傑克在經過人身邊時低頭揮手致意的樣子；有些則是他經典的口頭禪，像是：「這話見鬼了！」但毫無疑問的，與傑克相處時我最喜歡的部分，是與柏格主義接軌的過程：解讀「傑

克說的話」與「傑克真正的意思」。以下排名不分先後，都是我最愛的例子：

不管傑克說什麼：	他的意思其實是：
「我知道這不是你的錯。」	「這是你的錯。」
「這是誰的責任……？」	「這不是你的責任嗎？……？」
「等你方便的時候請給我這個。」	「我本來昨天想叫你做，現在我五分鐘之內就要。」
「你能找個人做嗎……？」	「你能做嗎……？」
「會有比我更聰明的人做決定。」	「會有人做決定，但我一定會讓那決定變成正確的決定。」
「你決定。」	「做我會做的決定。」
「別花太多時間在那上面。」	「不管加班多晚都要確保東西正確。」
「這看起來有點不太對。」	「你把整件事都搞砸了。」
「你有仔細檢查過這些數字嗎？」	「有錯誤。」
「我希望你沒有加班加的太晚。」	「我不在乎你加班多晚，重點要能完成工作。」
「我三點前要。」	「我一點前要。」
「好吧，別聽我說的！」	「回歸數據。」
「什麼事都要我來做嗎？」	「你沒有盡力。」

「我認為這個數字應該是264。」	「我剛在《巴倫周刊》（*Barron's*）上讀到的數字是264。」
「你可以試做看看嗎？」	「我等等會改寫你的東西。」
「你讀過溫莎年鑑嗎？」	「溫莎年鑑上有錯。」
「你有時間看看這封信嗎？」	「放下你手邊的事看看這封信。」
「七點左右來接我。」	「七點來接我，一秒也別遲。」

5

主動式基金的興衰

「當我們討論的數字不再侷限於基點，那微小的百分之零點零一，就更容易明白基金管理的超高利潤。」

前面我們花了很多時間討論挑戰體制的一方，現在讓我們看看被挑戰的體制：主動式共同基金。大多數人都認為主動式基金的問題在於長期表現不佳，這個看法沒錯，但表象的背後是更深層的原因，而且主動式基金自己也要負上很大的責任。

主動式共同基金問題的根源，在於它們沒有產生規模經濟，意思是說，即使規模擴大，他們也忽略了節省成本的動作。過去幾十年市場不斷成長，他們的資產翻了兩三倍，但無論他們是否更賣力、更出色、吸引了更多新客戶，整體來說，主動式基金並沒有真正把這些額外的收益與他們的投資人分享，錯失了良機。這邊並不是要去批判他們，而是誠懇道出實情，才好了解他們是如何被先鋒徹底打亂腳步的，而這也是對業內其他面臨同樣命運風險者的警示。

這是柏格在《文化衝突》裡所提出的看法：

　　儘管基金業大幅成長，從1965年的350億美元到2011年的10兆美元，但投資成本卻也迅速增加。其中股票基金的平均營業費用率，從1960年50億美元按資產收0.5%，到了2012年6兆美元這麼龐大的資產規模收0.99%，費用竟然還比先前增加了1倍，漲幅驚人。以美元計算，股票共同基金投資成本每年增加17%，金額也從1951年的500萬美元，增加到2011年的600億美元。

實際收費

　　快轉到2020年，基金年收費水漲船高，來到了1,400億美元，而除了柏格之外，大概沒什麼人會主動提起這件事。如果柏格不曾存在，這數字還可能攀升至高達2,500到3,000億美元左右，差不多是全美汽車業的年收。這些費率是以百分比形式存在的，看似無害實則不然。費率和費用之間的差異，很容易成為金融界裡隱秘的一角。

　　費用之所以如此重要，是因為資產管理人就是以此為生，那可是真金白銀。費用收入增加有兩種可能：一種是新資金以現金方式流入，另一種則是股市上漲。第二種形式屬於市值上漲，是資產和收入增長最主要的原因，無關基金表現好壞，或是有沒有新客戶加入。自九十年代初期基金風行以來，股票市場規模已經翻了十二倍，這也使得基金規模、收入和利潤達到空前。

　　我曾經在美國投資公司協會和晨星公司發表過很多場演

講，每次我都說：「你們太瘋了，經營著世界上最賺錢的行
業，不但淨利潤勝於電腦軟體，而且還沒有固定成本支出。
到底是在搞什麼？憑什麼如此大方收取稅後38%的淨利，
吃乾抹淨？哪天要是股市漲不動了，你們說會發生什麼事？
到時就不得不退還部分利潤，否則客戶會轉身離去。現在趁
你們還負擔得起的時候先退還一些，別等傷及元氣才知道要
這麼做。」大家聞言都想向我扔雞蛋，他們不聽這個。我明
白，這是人性。

——傑森・茲威格（Jason Zweig）

　　這種商業模式的美妙之處就在於這些費用，看來只是些
無害的小小百分比。我想要是你問一般投資人付費1.5%和
0.5%有什麼區別？他們可能還真得想一下，因為這些都是

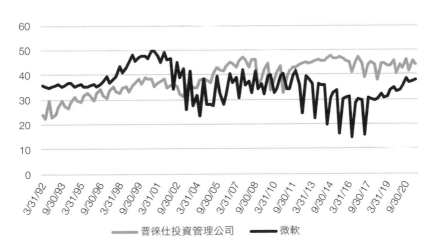

三年平均營業利潤百分比

很小的數字。沒人會為這小小數字開支票，也沒人注意年費繳了多少。我認為柏格有件事做得很好，他把投資人付的每一分錢都用來賺取實際的報酬。

——克莉斯汀・賓斯（Christine Benz）

現在也不是要去說賺那1%的費用，或是主動投資不好，這不是柏格和指數化要對付的問題。畢竟剛起步的資產管理公司，也需要維持營運、付員工薪水。不過一旦基金規模變得龐大時，保留那1%的費用就顯得有些罪惡。有時候基金營運成本和賺取到的收入相比，根本是小巫見大巫，如此一來費用應該可以大幅調降到0.5%，甚至可以到0.25%，可是基金公司卻可能會向顧客收取比一開始的1%還多的費用。正如柏格在《文化衝突》中解釋的那樣：「1億美元的基金收1%費用看來合理，但對於300億美元的基金而言，即使收0.25%（每年7,500萬美元），都可能收的有點太多了。」

在柏格的範例裡，費用比率不變，而收進來的錢增加了75倍。但重點是，運營300億美元基金的成本真的比1億美元的基金要高出75倍嗎？也許會高一點，但絕對不到75倍。把這些乘上數以千計的基金和數兆美元投資金額，這行業只因為市值上漲就額外賺進了數十億美元富得流油，但同樣也很容易受到柏格效應影響。

柏格試著提高實際收費的透明度，但基本上算是徒勞無功。在《文化衝突》裡他說：「關心費率勝過實際費用的習慣，可以追溯到1920年代，當時費率合理費用也適中……但在基金規

模動輒300億、1,000億美元的現代，實際入帳的收費金額是很
龐大的……我甚至無法說服最高法院的法官費用和費率之間有
別，但這卻是評判諮詢費合約的關鍵。」

　　雖然柏格無法說服最高法院，但他能夠說服投資人，不是逼
他們去思考收費的問題，而是簡單的用對比的方式說明，也就是
拿收費低廉的指數基金，去對照收費高、表現不佳的主動式基
金，動機主要還是主動式共同基金堅持既得利益。這些基金始終
沒當回事，直到大勢已去。

賈伯斯法則

　　在資產管理業中，那些口袋越來越深、過得舒適富足的高
層，生活突逢變數的故事並不少見。這種情況時有所聞，資本主
義可以很殘酷。已故先賢賈伯斯曾說過的名言可以為鑑，他說：
「不先自我革新，就等著被人革新。」

> 　　蘋果教會了我們如何自我革新，但這在金融業顯然相
> 當困難。蘋果推出500美元的iPod，容量10MB；隔年又
> 宣布只要400美元，就能買到30MB，接著200美元能買到
> 100MB，再來是1GB只賣100美元，然後就沒有競爭對手能
> 趕上蘋果了。但你想像的到有金融公司會說：「這產品績效
> 差還收1.5%費用，所以我們決定調整費率為0.75%」嗎？
> 這根本不可能發生。
>
> ──貝瑞・里托茲（Barry Ritholtz）

　　2000年代音樂產業拒絕自我革新的例子，在2015年史帝芬·維特（Stephen Witt）寫的《誰把音樂變免費》（*How Music Got Free*）一書中，和同年拍攝的紀錄片《一切都會過去：淘兒唱片的興衰》（*All Things Must Pass: The Rise and Fall of Tower Records*）之中，都有精彩的描述。在音樂產業，每個人都被金錢蒙蔽了雙眼，沒有發揮規模經濟的優勢。到了1998年，CD的成本每張已經不到1美元，但唱片公司售價仍訂在16.50美元。

　　紀錄片中，庇護所唱片公司（Asylum Records）兼格芬唱片公司（Geffen Records）創辦人格芬（David Geffen）下了個很好的結論：「本來就該調降CD價格。」

　　除了貴以外，CD還有「強迫購買」的問題，意思是一次就得買整張專輯裡13到14首歌，即使其中一半品質並不好（除了

音樂產業年收

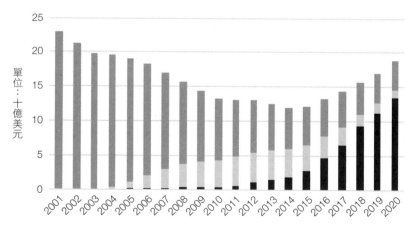

國際唱片業協會、彭博資訊

幾張經典專輯之外，情況大致都是如此）。當然業界並不想接受MP3或網路模式，因為這樣消費者就能擁有更便宜、更靈活的選擇，而這兩種科技也會改變產業運作。

因為在過去幾十年被如此剝削，消費者對唱片公司或音樂人談不上忠誠度或熱情，很樂意繼續瘋狂的盜版音樂。等到重新回到付費音樂時，他們願意花的錢會更少。根據國際唱片業協會（IFPI）的數據，基本上MP3技術讓音樂產業收入從2000年的230億美元，到2010年下滑至剩下130億美元。

牛市補貼

然而，資產管理比起音樂或其他產業，有個**重要**的區別。幾乎所有產業都必須靠做生意賺取收入，而資產管理業的收入，可以單純只因為股市上漲而增加，正如我前面提到的那樣。我們把這種不尋常的現象稱為牛市補貼，因為它真的就像是種補貼，資產管理業即使失去客戶，仍然能夠賺到更多的錢。

> 資產管理業之所以如此神奇，是因為他們可以年年損失7%的客戶和資產，可是每20年規模還是會翻倍。還有哪個產業可以承受這樣的客戶流失率？只要五年就會倒閉完蛋了。但是市場永遠撐著這個行業，大家可以一直過下去。
>
> ——吉姆・諾里斯（Jim Norris）

有個更直觀的解理方式，就是看圓餅圖。儘管主動式共同基

主動式 vs. 被動式基金市占率

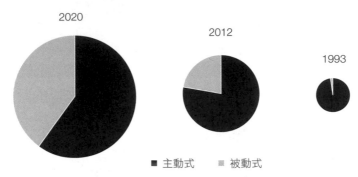

美國投資公司協會、彭博社、EconomPic 網站

金的市占有率因為資金減少而縮小，而這也是大多數媒體關注的焦點，但整個市場大餅卻不斷在成長。只要市場本身不斷變大，主動式基金的市占率就會不斷被壓縮。市場擴大不是因為招攬到更多新客戶，而是因為股票和債券的價格隨時間大幅上漲，而資產管理公司就從這塊市場大餅中分得一定比例。如果市場成長速度快過主動式基金份額流失的速度，那就算是市占率下降，賺到的錢仍然會增加。

　　比如說，被動式基金的市占率從1993年的2%增加到2020年的43%。此消彼長，這要是換了別的行業，那主動式基金大概免不了會砍半，可是它的資產，仍然從1993年的1.5兆美元，增長到2020年的13.3兆美元。

　　就是這種情況容易讓人麻木。我們來試著理解發生了什麼事：2010年主動式股票型共同基金約有3兆美元資產，接下來十年有2.3兆美元資金外流，但最終總資產卻超過了5.5兆美元，幾

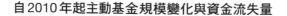

自2010年起主動基金規模變化與資金流失量

美國投資公司協會、彭博社

乎翻了一倍。今時今日，每當股市上漲1%時，主動式基金的總資產就會增加大約700億美元、收益增加4.1億美元。

　　這就是為何長期熊市或像2008年那樣的經濟衰退，對華爾街來說是最大的風險，因為在資產泡沫的背後，要是沒有真正的客戶為基礎支撐就會崩潰，而且過去二十年，柏格效應已經吸走了很多主動式基金的客戶。簡而言之，牛市補貼會變成熊市稅。再加上現有投資者恐慌性撤資，情況會變得很慘烈，一定有人會撐不住倒下。

　　雖然這種情況難以避免，但也不太可能在短期內發生，尤其美國聯邦準備理事會（Federal Reserve，聯準會）似乎有意為衰退提供支援。投資主動式共同基金的，大部分是戰後嬰兒潮世代

和做退休規劃的人，而嬰兒潮世代在不論在政界或是華爾街都位居權力核心，所以也有人認為在聯準會眼中，共同基金以及整體股票市場，是另一種「大到不能倒」不得不救的部分。然而主動式共同基金客戶基礎掏空的速度，**遲早**還是會追上他們。

　其實事情可以不用演變成這樣的，這些公司本可以將超收的費用回饋給客戶，只要能大幅降低費用，甚至都不用真的革新。

　　正因為主動式基金公司拒絕分享規模經濟，某種程度上也是幫助了指數基金成功。長久以來，我相信主動式基金經理人其實不是不懂這個道理，只是大部分的人都困在主動式管理的成本太高，根本沒辦法和指數型產品的成分相比。我認為基金業最後還是免不了得幫自己個忙，調降費用，但即使如此，這仍然是個利潤豐厚的行業。

　　　　　　　　　　　——克莉斯汀‧賓斯（Christine Benz）

費用更低等於表現更好

　如果主動式共同基金願意分享規模經濟降低收費，不僅能建立信任和好感，對第三章中提到的績效表現也會有正面的影響。那些「勝率」微小、超越基準指數的基金也會因此更健康。如果他們能調降費用，建立客戶的信任和商譽，加上更漂亮的績效，先鋒集團和被動式投資的規模會小很多。換句話說，柏格打中了基金業的軟肋。

　那麼，業界為何就是忽略了這點？為什麼不試著讓收費更有

競爭力？主動式共同基金經理應該知道，這有助於他們超越基準指數。其實他們心知肚明，每多收一個基點費用，都像是讓他們從起跑線往後退一步。

此外，這些經理人大部分都擅於研究公司和行業，肯定看過很多案例，像是音樂或科技業因為體制、成本和革新問題而落後。你會想，他們應該會引以為鑑吧，但為什麼沒有呢？對於這個問題，柏格的解釋又回到了「一人難事二主」上頭。正如他在《品格為先》中所寫的：

> 如果一家基金公司只關心如何增加自己的利潤，除非市場或政府有管制收費，否則他們必然盡可能收取最高費用，即使這樣做會損害客戶利益。但如果一家公司的目標是最大化基金股東的利潤，那他們就會盡量收取最低費用，以降低基金成本為優先，而非只關心自身利潤。

雖然這段看來像是在貶低主動式基金經理人，但其實我只是把話說得坦率些。共同基金公司裡仍然有很多善良、可敬、聰明、充滿善意的人，其中一些人是我的朋友，還有許多人是彭博社的客戶，我算是他們的下游廠商，但我也是這個領域的分析師，得了解這種大趨勢的根本原因。

說實在的，有人會有不同做法嗎？當看到自己的費用收入在五年內翻了一倍，有誰會把這些額外利潤拿去調降收費？還是會用這筆錢幫自己加薪、增加高層的獎金、裝修辦公室、贊助體育場、擴大公司規模？誰都難打包票會與投資人分享利潤，尤其業

內普遍都會保留這些利潤。這就是為什麼柏格讓人如此感興趣、如此值得研究的原因了。

總歸一句話

這邊得要說清楚點：這不是主動式、被動式二分法的問題。事實上，柏格也並沒有真的反對主動式基金，畢竟先鋒本身也擁有1.3兆美元的主動式共同基金資產，也因此成為第三大**主動式**基金公司。當一切塵埃落定，它很可能會躍升為第二甚至第一。還有，柏格的兒子是主動式基金經理人，他也很鼓勵兒子。

　　他說主動式投資管理有其存在的價值，這就是為什麼他在先鋒集團保留了主動式基金。他從來沒有反對我成為主動式基金管理人。事實可說恰好相反，他對我說：「試試看吧，也許你能做到。」每當我抱怨我們某季或某年業績不佳時，他總是說：「你知道，這是項艱難的工作。」他不會嘲笑我或是想擺父親的架子說：「我早就說過了。」他只會說：「工作總會有起落，也許有天你會成功，雖然機會不大。但我有什麼資格說我的兒子不能創造價值呢？」他從來沒有說過主動式管理沒有價值，他只是說，一般來說，主動式管理無法創造價值。

——小約翰・柏格（John C. Bogle）

對柏格來說，與其把重點擺在主動或是被動，倒不如放在如

依資產排名的前5大主動式基金公司

（單位：10億美元）

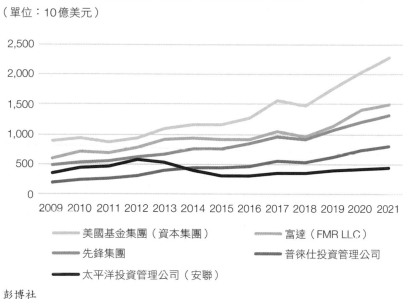

彭博社

何做一位稱職的受託人。他在《品格為先》裡將這一切濃縮成一個詞：

> 「服務式領導」是了解先鋒集團是什麼、做什麼的好概念；股東優先，公司是受託人。共同基金是由投資者創立、為投資者而設。如果你再細想這個概念，很快就能發現一切都是源於這個絕妙的理念。

受託人必須強化誠信，把客戶放在第一、員工第二，接著一切就能施展開來。

——雪柔・嘉瑞特（Sheryl Garrett）

先鋒的主動式基金

在為寫書收集資料時，我驚訝的發現，柏格曾自豪的談論先鋒集團的一些主動式基金，尤其是在他的上一本書《堅持不懈》裡。然而他總是馬上把所有成功歸於他們保守的路線和低廉的費用，而這一切的源頭是先鋒集團共同所有權結構，這結構導出的低收費是成功的源泉，讓他們所向無敵，如果他們不是如此熱衷於推廣指數化，很可能也會成為最大的主動式基金公司。

比如說，先鋒集團主動式基金的資產加權平均費用只收0.2%，與同類型的主動式共同基金的0.66%相比，只有1/3到1/4，比起對沖基金和私募股權基金的1.4%，更是只有1/7。

諷刺的是，柏格最引以為傲的基金似乎不是先鋒標普500指數型基金，或是先鋒美國整體股票市場指數型基金，而是主動式的威靈頓基金，也就是現今的先鋒集團威靈頓基金。在他的上一

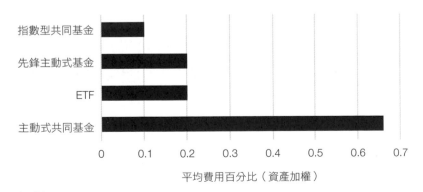

平均費用（資產加權）比較

平均費用百分比（資產加權）

彭博社

本書中，他用了一整章的篇幅來講它，稱其為「先鋒的最初與最終」。他花在解釋這個基金的歷史和表現的時間，比他解釋任何其他指數型基金要多得多，那樣的篇幅或許只有先鋒集團的第一檔基金能比，即使它只占公司規模的一小部分。威靈頓基金對他來說像是他的第一個寶寶，過去在他的手上差點結束，但他最後還是救了回來，他們一起經歷了風風雨雨。柏格寫道：

> 有時在生活中需要以退為進，這正是我們決定讓威靈頓回歸初心時所做的事情……現在的威靈頓基金比起同類型基金成本更低，因此每年都能有多出10個基點的傑出表現，也因為低成本，它每年可以有額外整整一個百分點的獲利。沒錯，成本確實很重要。

迄今這檔基金擁有約1,200億美元資產，這是目前為止在1920年代推出的六檔原始共同基金中資產最多的，而其餘的差不多都是勉強營運或是已經下檔了。事實上，威靈頓差不多是近百年來，唯一以此規模走到最後的，也意味著先鋒有這樣長壽的潛力。

還有個很好的例子，能說明柏格對他的主動式基金感到自豪，那就是先鋒PRIMECAP基金。這檔基金於1984年推出，收費約為一般主動式基金的一半，但它的獲利幾乎是標普500指數和羅素1000成長指數的兩倍，儘管近期曾因成長股表現優異使它落居於後。

先鋒PRIMECAP基金對比標普500及羅素1000成長指數

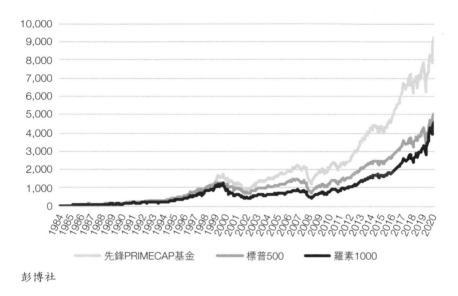

先鋒PRIMECAP基金　　　標普500　　　羅素1000

彭博社

　　他再次將大部分功勞歸於低成本，以及善盡受託人的職責。
正如他在《堅持不懈》中解釋的那樣：

　　　　事實證明低成本是這檔基金的成功之鑰。2017年
PRIMECAP基金的費用為0.33%，低於1990年的0.75%，比
同類型的大型成長基金收費1.33%少了整整1個百分點。回
頭來看，這檔基金存續期間13.8%的年度報酬率，大幅壓倒
同類基金10.5%的年度報酬率，每年超前3.3個百分點的優
勢中，先鋒的成本優勢大約是其中40%優勢的來源。這樣
的績效有一半得益於先鋒的運營效率和經濟效益，另一半則
是歸功於低廉的費用。這就是低成本與長期複利的魔法！

博格計量學

　　談到先鋒集團的主動式基金，柏格很清楚每一個基點收費從何而來，而且一心削減所有可除去的成本，讓基金更容易走向成功。這與《魔球》（*Moneyball*）電影與原著中的「賽伯計量學」（Sabermetrics）沒什麼不同，賽伯這位球隊經理利用重視傳統上枯燥的統計數據，例如上壘率和長打率、更甚於熱門的統計數據像是打擊率和全壘打率，一步步將球隊帶向成功之路。雖然大多數人重視的是基金經理人的學歷和他們的投資心法，但柏格的注意力卻是集中在成本和波動性上面，這往往才是更能預測總體報酬的指標。如果柏格是棒球隊經理，他的所有球員都會具有低風險和低成本的特點，他的球隊會很無趣，但會贏得很多場比賽。

　　先鋒集團投資顧問德馬索（Jeff DeMaso）指出，過去十年間先鋒約有一半的主動基金跑贏了相對指數基金，這是業內平均水準兩倍左右。這很清楚的證明了以下觀點：如果其他主動式基金公司願意降低費用和客戶分享規模經濟，業績表現會比相對指數更好也更穩健。

　　晨星有項與柏格無關的獨立研究，結果發現費用和勝率之間很明顯是呈現負相關的。報告內容顯示，營運費用比率能預測基金表現。報告分析不同類別的基金，過去十年間低成本基金勝率總是高於高成本。以美國大型混合型股票基金這個類別為例，低成本基金中有23.4%表現優於相對指數，這數字雖然不算高，但相較於高成本基金的4%勝率，這已經超過了五倍。這個故事告訴我們，要超越基準顯然需要注意成本。

不同類別與成本的主動式基金勝率

主動式基金勝率（％）／以類別區分								
類別	1年	3年	5年	10年	15年	20年	10年 （最低成本）	10年 （最高成本）
美國大型混合型股票基金	44.8	27.4	26.4	11.0	9.9	10.3	23.4	4.0
美國大型價值型股票基金	48.8	29.3	31.3	18.8	19.2	16.3	27.9	5.8
美國大型成長型股票基金	25.6	42.8	32.1	11.9	5.1	8.6	24.7	5.8
美國中型混合型股票基金	46.1	32.4	26.5	14.3	6.7	8.0	22.7	4.5
美國中型價值型股票基金	43.1	48.8	39.0	9.7	27.1	—	13.6	4.5
美國中型成長型股票基金	17.3	58.9	51.1	42.9	26.0	9.8	57.9	35.9
美國小型混合型股票基金	37.6	34.0	22.7	13.3	9.2	12.5	13.9	11.1
美國小型價值型股票基金	27.6	26.5	21.4	12.1	20.2	17.7	13.6	17.4
美國小型成長型基金	40.3	68.8	56.0	42.9	29.7	15.5	42.9	46.5
國外大型混合型股票基金	60.8	46.4	42.0	33.5	27.0	17.8	51.4	19.4
國外大型價值型股票基金	50.5	39.8	35.5	32.1	12.0	—	40.9	23.8
國外中小型混合型股票基金	58.6	34.4	28.6	38.1	—	—	50.0	25.0
世界大型混合型股票基金	49.0	25.9	24.3	22.2	—	—	22.2	11.1
新興市場多元收益基金	65.5	57.5	47.4	50.0	33.3	—	60.0	37.5
歐洲股票型基金	75.0	54.5	35.0	33.3	40.9	14.0	50.0	25.0
美國房地產基金	20.3	70.8	57.4	45.2	27.0	37.7	58.3	38.5
全球房地產基金	70.0	67.9	52.4	54.0	—	—	50.0	50.0
中期核心債券基金	84.8	42.9	52.9	27.8	16.0	10.6	46.7	12.9
公司債券基金	82.0	63.0	71.4	64.5	—	—	—	16.7
高收益債券基金	68.8	55.4	55.4	46.7	—	—	74.1	19.4

晨星

主動式基金的興起

　　讓我們先深呼吸一下整理思緒，我們剛剛仔細探討了高成本主動式共同基金所面臨的困境，而這個龐大的行業可能在未來幾十年萎縮。但這並不表示主動式基金會走入歷史，事實上遠非如此。先鋒集團主動式共同基金的成功就是證明，還有一些低成本的主動式基金也做得不錯。

　　除了那些舊世界裡低成本的倖存者外，還有許多相對新穎的主動式管理模式正在發展，以求在未來的先鋒世界裡生存。先鋒集團占有的投資比率不斷提高，這迫使整個主動式基金產業得適應調整。對於主動式基金經理人來說，好消息是總會有投資人想要試著買「可能打敗大盤」的商品，儘管機會不大。就像經典的《聖杯傳奇》（*Monty Python*）電影一樣，總有投資人夢想成為尋獲聖杯的英雄。

　　有趣的是，就算有主動管理機制，但許多新型主動式基金體質上還是指數型基金，不同的只是有些波動大、有些收費便宜，有些甚至還是柏格和先鋒集團推出的。儘管這些新型主動式基金在許多方面都受到柏格的影響，他還是保持著時時針砭的態度，對其中大部分的基金是如此，當然也包括了先鋒自己的基金。

智慧型投資策略

　　智慧型投資策略（Smart-beta）基本上是指主動式基金經理人，透過人為選定加權因子，策略性的追蹤指數，此類ETF

收費通常相對較低。*它也被稱作「量化投資」（Quantitative Investing）或是策略性貝他（strategic beta），不過說到底，這基本上是種主動式AI追蹤策略，有點像是把彼得‧林區（Peter Lynch）的腦袋放進電影《星際大戰》裡的機器人R2-D2一般。

有些智慧型投資策略ETF，是試著透過追蹤股票相關因子，例如股票動能、低波動與體質好壞等，或用基本指標找出市場無法有效分配資源的部分，以超越大盤。他們的總資產大約有幾兆美元，其中大部分是對沖基金和共同基金，但最近它們在ETF市場蓬勃發展，過去15年間，光是這部分的資產，就已增長到超過1兆美元。

實際上先鋒集團是這類基金的先驅，早在1992年就推出了成長型與價值型指數基金。這兩檔基金基本上將股票分為兩個部分：成長型（預測成長速度較快的股票）和價值型（就基本面觀察股價相對低估的股票）。這麼做有些簡單直接，但在當時算是創新的產品，展現了運用指標調整指數的追蹤方式，進而提升投資績效潛力。時至今日，先鋒集團的成長型和價值型基金，是世界上最大的兩檔智慧型投資策略基金和ETF，每檔資產都超過1,000億美元。

人們不會為此特別讚揚先鋒，但這家公司的價值型和成長型基金非常龐大。做量化交易的人會有點不屑，因為先鋒

---

* 譯註：投資策略裡Alpha通常指的是市場超額報酬；Beta則是賺取市場（指數）報酬，也稱為量化投資或戰略投資。

用來區分價值和成長的指標很簡單，但無論如何，他們在智
慧型投資策略裡占有一席之地。

——班・卡爾森（Ben Carlson）

在某次採訪中，柏格解釋了他推出成長型和價值型基金的理
由：

順帶一提，你今天早上在這裡所見到的這位大英雄，創
立了迄今為止最古老、規模最大的智慧型投資基金：先鋒價
值型和成長型指數基金。但我為什麼要這麼做呢？因為我認
為投資人在累積資產階段要多投資成長型基金，這樣更有避
稅效果，主要是這類型基金收益主要是來自基金增值而非收
入增加，而且也不該有過多資本利得。當投資人退休時，可
以轉投資價值型指數基金，這樣可以在股息上有更多收益，
非常完美。但實際上發生了什麼事呢？這兩檔基金都各有
9%的收益，但是投資人卻只賺到了4.5%。他們一次次的選
錯基金、選錯買入時機，這表示什麼呢？

成長指數和價值指數，其短期的報酬相異，但長期報酬相
似，這是投資基金的重要道理，這讓我想起電影《成名在望》
（*Almost Famous*）中的一幕，已故的霍夫曼（Philip Scymour
Hoffman）飾演過最成功的角色之一：搖滾樂評人萊斯特，對一
位年輕的記者說，不要擔心被高中生討厭，因為在漫漫人生路
上，走到中年時，大家都一樣平庸。

先鋒價值型、成長型與標普500指數型基金比較（1993-2019）

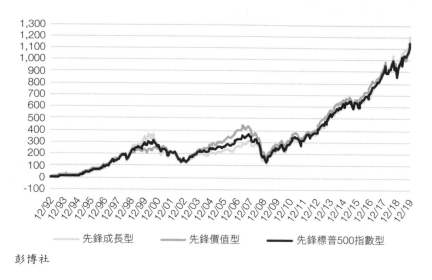

先鋒成長型　　　先鋒價值型　　　先鋒標普500指數型

彭博社

　　也因此，2010年代時，價值型投資不被看好，而成長型投資受到追捧。但是當你讀到這篇文章時，這個情況可能已經反轉，儘管這些「趨勢」感覺起來很長久，但也同樣受到均值回歸的影響，或者說是「走向中庸的漫長旅程」。這或許有助於證明柏格主張的「只需買下整個市場，然後等上50年」是對的。

　　有趣的是，價值型和成長型基金不是柏格進入量化投資的第一步。1986年他推出了先鋒量化投資組合基金，這檔基金運用量化技術、只收0.24%的費用，在那個時代，這個費用低得驚人。雖然柏格最後指出這個基金是在白費力氣，但他也因為首開先河受到讚揚。

好吧，他總是因為開創了價值型基金受到讚揚，接著又
是成長型基金。但他總是會對後續發展和投資人是否真能靠
著因子，使他們的投資組合獲益，抱持著懷疑的態度，他一
直對投資人能否抓準投資時機存疑。

——克莉斯汀‧賓斯（Christine Benz）

我訪談柏格時，總會試著拿新型主動式基金做案例，但他總
像個老練的神射手般，冷靜精確的將每個案例射下，並說：「過
去的績效不能用來保證未來，人們認為某事是對的，是因為它曾
經行得通。先假設你是對的好了，市場上真的存在價格長期被低
估的股票，比如價值股和成長股，投資人交易過後，價值股的價
格會提高，而成長股的價格會壓低，結果利差就會消失。所以就
算你是對的，結果仍不會如你所願。」

他認為量化策略都是徒勞無功的，還不如買入並持有便宜的
總體市場指數基金。他就是不信這個，但他也盡力不去評判那些
相信量化策略的人。「他們都是很好的人，」他說，「他們真的
相信自己找到了聖杯。但問題是，聖杯並不存在。」

儘管柏格的態度存疑，但先鋒集團仍是全球資產規模最大
的智慧型投資策略基金公司，而且也定期擴大這類型ETF的品
項。最近還增加了一些更積極主動管理、等權重量化的ETF，如
此一來價值和動能曝險更集中，但對於先鋒集團來說並不尋常。
當這些產品問世時，我在彭博社發表了評析，柏格一定很欣賞我
的看法，因為他在《堅持不懈》中評論了這篇文章：

　　這些基金提供了不同的選擇，有體質、動能、波動、價值、流動性等因子，也有將這些不同因素整合在一起的基金。我們必須等待、觀察這些基金的表現，並仔細評估對先鋒集團成長的貢獻。我不公開評論，但媒體似乎猜到了我的感受。彭博社就下了這樣的標題：「加上辣醬、持有柏格。」

高度集中主動式投資

　　講到辣醬，當低成本指數基金成為新世界，也就是投資組合界的中心時，完全反指數而行的市場需求也越來越大：高度集中投資，屬於貝比魯斯（Babe Ruth）式那種大棒一揮全壘打式的積極投資，或是我暱稱為閃亮亮的投資。這些基金可以是傳統的主動型基金，也可以是指數型基金，利用控制股票數量以增加「爆漲」潛力，但同時波動性也會因此增加。

　　近期這種風格的熱門代表是伍德（Cathie Wood）創立的ARK ETF，它在2015到2020年間表現驚人，震撼了ETF市場。這個主題式的「創新」ETF已成長到超過500億美元，考慮到ARK ETF費用相對貴、只有一家經銷商，而且發行量相對少，能達到這樣的成就實在不可思議。這三點之中隨便哪一點，都會讓人在市場上寸步難行，而ARK三點都有，竟然還很成功。不但如此，這樣的成功還是發生在主動式股票共同基金資金外流約8,000億美元的時期。但ARK能夠透過績效、透明度和勇敢大膽的組合逆勢而上，這或許能成為主動投資者未來選股的藍圖。

伍德曾做過一些大膽的決定，其中最著名的是在2017年，當時她在美國全國廣播公司商業頻道和彭博社上表示，特斯拉的股價五年內會漲到4,000美元，但當時特斯拉的股價只有400美元。那次預測後的一年裡，特斯拉跌了差不多25%，儘管社交媒體上的嘲笑聲浪越來越大，她仍堅持立場繼續買進。接著特斯拉股票開始出現拋物線式上漲，在2021年達到了她的目標價，比預期的還早了一年。換句話說，行銷也是這個藍圖的重要部分，因為有許多高度集中的主動式基金經理人也渴望資金。

因此在過去幾年間，新型ETF平均持股數量下降了。毫無意外的是，柏格不喜歡這類高度集中投資策略。刀口舔血者必死於刀下，他在他的書中概述了一系列這類基金的例子，包括駿利美國20基金（Janus Twenty）如何像流星般一閃而過。別忘了，這是他在威靈頓收購艾維斯特基金時學到的一課，那檔基金在七

新型ETF平均持股數量

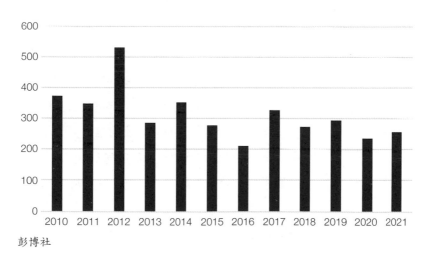

彭博社

〇年代展翅高飛，最終卻煙消雲散。這就是為什麼即使在市場大熱時績效會落居於後，柏格也決心要先鋒所有主動操作策略更保守些。正如他在《文化衝突》裡所寫的：

> 經驗證實，那些跟風買「熱門」基金的投機人，弄巧成拙損失了數百億美元。邏輯和常識告訴我們，歷史是會重演的……套句經濟學家斯坦（Herbert Stein）的話：「無法永續的事，遲早會停止。」

伍德認為均值回歸不適合她的策略，她說：「世界沒什麼變動時，均值回歸的確有其道理，但當世界瞬息萬變，而且技術和平台也在相互融合時，因為特殊性和專業性，用傳統的研究方式是很難理解的。我認為在這個新世界中，回歸均值策略難以施展開來。」

投資方向正在改變

無論你在這場辯論中站在哪一邊，這些亮眼的基金還有像加密貨幣這類新型投資，未來還是有可能長久穩定的納入先鋒的投資範圍。隨著低成本指數型基金取代高成本、追蹤對應指數的主動式共同基金，慢慢成為投資核心，投資人自然會尋找不同的產品，幫他們無趣的投資組合增添趣味，就像在無味的健康食品上加點調味一樣，人們會願意為辣醬多掏點錢。

現在的情況和過去數十年不同，那時的主動式基金不論是保

守型還是亮眼的那種，可能就是主要部位，一旦績效落後，投資人會恐慌賣出。但現在便宜的指數型基金是核心，情勢不同。簡而言之，柏格效應是伍德能如此受歡迎的原因之一，ARK不是先鋒的競爭對手，兩者可說是互補的。

　　資金流動數據也佐證了這點。現今投資基金如同槓鈴般呈現兩邊極端，只是約80%的資金擺在無聊但極便宜的普通基金，其餘大部分則投入了完全相反、成本極高的基金，這就是現今投資的型態。可能有人會說，正是這些高風險、策略導向的投資轉移了注意力，讓人有追求刺激的快樂，然後就不會再想去碰那些需要時間產生複利的核心部分。

　　如此一來，就能讓整體投資組合維持低廉成本，同時讓主動投資經理人也得到報酬，只要投資組合的核心部分成本夠低，投

ETF 三年期資金流

（單位：10億美元）

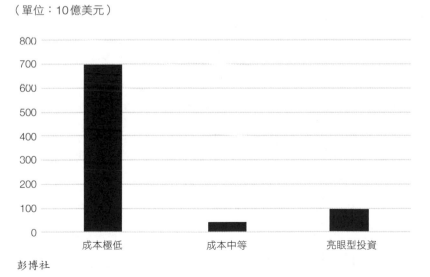

彭博社

資人就會更願意買進收費較高的基金，因為整體投資總成本仍不致過高，身為配角的主動式基金，也因此有更好的生存機會。不過即使如此，這些基金在未來十年內也很可能再度面臨成本壓力。

另外換個角度，那些堅持成為投資核心的主動式基金會陷入困境，因為它們必須在收費上與先鋒和貝萊德競爭，但正如前面一再說明的那樣，這是場幾乎毫無勝算的比試。這就是為什麼追蹤基準指數的高收費主動式基金乏人問津，而且還很快就會絕跡。

投資朝向兩極，中間已經空洞化了，未來還會更空。數據顯示，大多數表現差收費又太高的主動型基金，就是中間空掉的這部分。

——戴夫・納迪格（Dave Nadig）

我認為中間的部分……我不想說崩潰中，但肯定正在流失殆盡，我才不會待在中間。那要如何才能出類拔萃呢？我認為你得跳脫中間那塊。

——凱茜・伍德（Cathie Wood）

就算沒興趣，許多傳統共同基金公司仍試著用他們慣用的策略發行ETF，富達麥哲倫ETF（Fidelity Magellan ETF）就是一例。但儘管它們有品牌也有龐大的行銷預算，還是沒受到市場太多重視，因為它們既不便宜也不亮眼。即使穿上ETF的金縷衣，但投資人要的還是裡頭實質的東西。

　　這就是為什麼有些基金經理人，會把手上的共同基金產品換成ETF的原因。前幾次轉換發生在2021年，結果是成功的。雖然將共同基金換成ETF無法解決投資人隨機產生的需求，但可以讓產品更具吸引力，因為主動式基金經理可以帶著他們過去的績效、資產進入ETF產業，還能保留一些顏面。我們的團隊估計，價值1兆美元的主動式共同基金，未來十年內都會換成ETF。

　　關於資金流動與中間型基金有個附帶說明。有幾家基金公司的確不便宜，賣的也確實是亮眼型產品，卻還能成功。他們憑的是老派行銷策略，吃吃喝喝靠人脈。正如一位推特用戶所說，他們「用紅酒刑求投顧們，再逼他們吞下菲力牛排。」這就是為什麼大家總說ETF成功關鍵是：便宜、創意、紅酒。現在基金要想成功，幾乎都必須三點齊備。

主題式投資

　　還有一種主動式基金模式已經起飛，亮眼類型的那種，說的正是**主題型基金**。當然，主題式投資本身並不是什麼新鮮事物，但它最近在ETF這塊蓬勃發展。截至我寫這篇文章時，主題式基金已有約2,000億美元的資產，超越任何行業類別，過去的蠢事現在已經成了大事。

　　這種現象發生的原因，可以追溯到投資組合開始呈現槓鈴狀那時。這些ETF橫跨多個行業，通常集中在小型股和一些國際股，與熱門股票指數幾乎沒有重疊，因此可和便宜的指數投資互

主題式ETF總值與行業別

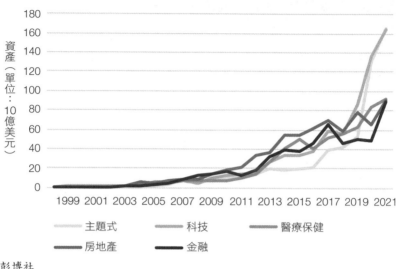

資產（單位：10億美元）

1999 2001 2003 2005 2007 2009 2011 2013 2015 2017 2019 2021

—— 主題式　　—— 科技　　—— 醫療保健
—— 房地產　　—— 金融

彭博社

補。他們還打破既有行業（科學技術、零售、醫療保健等）的刻板印象、創意發想重新組合。特斯拉是否不只是汽車公司？亞馬遜只是零售商嗎？現在誰不是科技業？主題式基金略過對老行業的舊思維，跨多領域發行像是新創、網路安全、基礎設施、區塊鍊等名稱的投資組合。

> 當我看到比如像基因體學ETF（genomics ETF）這樣的產品時，不出意料裡頭會有一堆跨越傳統領域的個股。問題在於，我們如何分類公司？主題分類有其意義，但產業別分類則沒有。
>
> ——戴夫・納迪格（Dave Nadig）

　　雖然這些年來出現過一些古怪的投資主題，比如威士忌、釣魚和職業運動贊助基金，但往往來得快去得快，越合理的越能夠存活下來。

　　我們甚至不用猜柏格對主題投資的看法，只猜測他不喜歡，恐怕把話說的太輕了。他總是把主題式基金稱為「怪人」、「傻瓜」和「瘋子」。但不得不再提一次，柏格批評的是他曾經親手開拓的領域。早在80年代，柏格就推出了一系列主題式基金，儘管他本人從未真的認同。他在《堅持不懈》裡是這麼說的：

　　　　我當時感到焦慮、太焦慮了，太想要跟我們的宿敵富達旗下那大肆宣傳的八檔主題基金競爭，他們有國防航太、休閒娛樂和科技等等，所以我決定迎戰，推出了先鋒主題式投資基金。我早該想到⋯⋯在我漫長的職業生涯裡，大部分出錯都是因為用行銷邏輯去想事情。

　　雖然柏格推出的主題式基金大部分已不復存在，但先鋒健康照護類股指數型基金（VGHCX）還在，實際上它也是有史以來表現得最好的共同基金之一，甚至連柏格自己也承認這一點。只不過那不是他的路數，不適合他，他就是會認為這不可能長期獲勝。

　　在某次採訪中，我曾經試著為主題式與類股ETF辯護，我假設了各種情境，甚至試著利用柏格最在意的成本，我引導他：「假設您是位精明老練的投資人，甚至是名投資顧問，而且已經握有廣泛的投資組合，與其買主動式基金，還不如把資金放在智

慧型投資策略ETF，或是有興趣的利基領域像是半導體，這比付那1%的主動式管理費用更好，不是嗎？」

「用一籃子股票在市場投機，比用個股來投機更好，」柏格回答說。「好吧，我承認這點。這是第一點，但我的第二個點是，任何投機者都是傻瓜。說得夠清楚了嗎？我的意思是，投機贏不了，每個投機的動作背後，都有人反向操作。」

雖然近期可能不會看到先鋒集團推出任何主題式ETF，但他們的影響力仍在，因為其他基金發行商已經被「先鋒化」，會降低某些熱門主題式產品的收費。舉個例子，貝萊德以0.47%的價格推出了機器人ETF，這個價格幾乎只有市場上熱門產品的一半。最近第一檔5G概念ETF「Defiance 5G特選世代連通性ETF」（FIVG）以0.30%的費率上市，就首檔全新主題的基金發行來說，這費用低的驚人。這或許也是貝萊德的預防性措施，用來抵禦未來規模成長後外界的攻擊。FIVG現時資產已超過10億美元，再次證明柏格效應幾乎無所不在。

ESG

ESG分別是環境保護（Environmental）、社會責任（Social）以及公司治理（Governance）的縮寫，是企業評估指標，也變成另一種創新的主動式基金。雖然大多數人並不會把ESG視為嚴格意義上的主動式管理，但它確實是主動的，因為它偏離了市場指數與相關指標。在我撰寫本文時，ESG基金的總規模已超過1,000億美元，但有人估計未來十年會成長到數兆美元。

　　環境保護的指標，包括公司廢棄物管理、原料利用率，以及再生能源的運用；社會責任的指標則包括多樣化與共融、社區關係與員工安全；公司治理的指標包括董事會的多元化和獨立性，以及透明度和責任制。這些基金也可以使用其他名稱，例如SRI（社會責任投資）或影響力投資，而且實際內容可能天差地遠，可以從排除「壞」股票（石油和槍支）到追逐「好」股票（具有進步性的公司）之間調整。

　　儘管許多人對ESG在未來投資的發展很樂觀，但它會面臨一些重大的挑戰。首先，ESG訴求將投資與個人的價值觀相結合，透過投資來「拯救世界」，但實際上它只是種主動式投資策略。許多人對於用ESG取代便宜的ETF投資時會猶豫不決，或是在買入ESG後，一遇到表現不佳就會後悔。其次，ESG使主觀個人化的因素變調。比如你本身可能不覺得槍支和酒精有什麼問題，但你的ESG指數股票型基金不這麼想；或是你可能認為社群元宇宙公司（Meta Platforms，過去稱為Facebook）是魔鬼，但你的ESG指數股票型基金不覺得是。我建議大家該去找幾檔ESG指數股票型基金來看看，保證讓人大開眼界。最後，許多被排除的股票，例如石油公司、亞馬遜或網飛，很可能也是投資ESG的人最常光顧的公司。一邊花錢消費卻又不去投資這些公司，這有什麼意義？種種問題層出不窮，持續挑戰著ESG投資。

　　柏格在精神和概念層面支持ESG，但不是在投資面。雖然他認為應該更緊密的用ESG指標來評估企業，但他也承認，要做到正確衡量是有難度的，用數字一刀切的評估結果要不是太

嚴,就是不足。他在2016年接受彭博市場訪問時表示:

> 我非常支持ESG,我認為公司應該更關心這些議題。不過我不知道如何確切衡量。對於一家具有良好社會價值,但環境保護做得不好的公司,我們應該如何看待?又或是對於像波克夏這樣在治理上表現良好的公司該怎麼看?這是個複雜的情況,沒有簡單的答案。因此,雖然我喜歡ESG這個想法,但它仍然是個模糊的概念。另外,如果不能好好經營企業,那麼也談不上能為誰做出什麼貢獻,所以推動ESG不能以犧牲企業經營為代價。

美國ESG ETF總資產

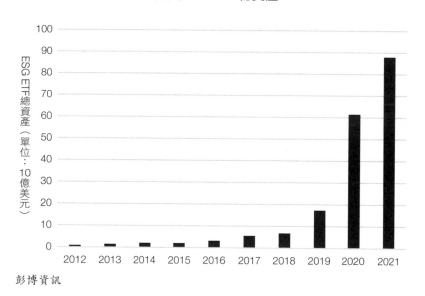

彭博資訊

挑選 ETF

你可能聽說過選股，而 ETF 選股則是新興的主動投資方式，就是透過主動交易被動型的 ETF 來獲取超額報酬。這又是柏格效應下，另一個帶有諷刺意味的副產品。

這些操盤手叫做 ETF 策略分析師，他們像大廚一樣用 ETF 當材料，同時也深入挖掘操作技巧。他們像是主動式投資人，只是思維方式更貼近經濟學家而不是股票分析師，他們更關注整體經濟指標、利率、通膨指標和地緣政治，而不是單看公司的基本面。

他們的工作是 ETF 投資組合，根據晨星公司，這些組合有超過一千種，總資產約為 3,000 億美元。這原是 Stadion、RiverFront、Astor 這類小型公司間的競賽，但後來像是先鋒、嘉信理財、貝萊德這樣的大公司也開始推行，使整體收費大幅降低。差別在於大公司推出的通常是較不具策略性的穩健型，而小公司的產品就比較偏積極型，例如 Astoria 投顧就推出了通膨敏感型投資組合，其中有各種設計為遇到通膨時會獲益的 ETF。

柏格討厭 ETF 交易，也不喜歡這些模組，但換個角度看，有些模組用的是穩健的 ETF，基金本身也不常交易進出。事實上，先鋒擁有專門賣給投顧的組合，有些投顧會親自挑選 ETF，因此說至少在某種程度上，被動式基金的確受到青睞。

這就是為什麼有人認為投顧是金融界新一代的主動管理者。當他們將客戶的主動式共同基金換成指數型基金和 ETF 時，也掌握了投資結果。他們決定購買哪些 ETF、買多少，這就是對客戶最重要最有影響力的「主動」決策。正如基奇斯（Michael

2021年 Astoria 通膨敏感型 ETF 投資組合

代碼	名稱	比重
XLI	道富工業指數基金	14%
XLB	道富原物料類股基金	12%
ITB	安碩美國房屋建築業 ETF	12%
VTIP	先鋒短期抗通膨債券 ETF	10%
KBWB	景順 KBW 銀行業 ETF	10%
MOO	VanEck 農業企業 ETF	9%
GLDM	道富黃金 MiniShares ETF	8%
GDX	VanEck 黃金礦業 ETF	6%
SLV	安碩白銀信託 ETF	5%
PICK	安碩 MSCI 全球材料礦業生產商 ETF	4%
COPX	Global X 銅礦 ETF	4%
XLE	道富能源類股 ETF	3%
XME	道富標普金屬與礦產業 ETF	3%

Astoria 投顧公司

Kitces）說的，他們已經「消除了主動式共同基金經理人」的角色。本書後面會探索投顧的世界，這個世界正面臨主動式共同基金曾承受過的費用壓力。

直接指數化 *

在被動投資的世界裡，主動式基金發行商也在想辦法賣商品，比如直接指數化，或是為不同客戶量身訂做的客製指數化，

---

*   譯註：「直接指數化」是以某個指數的成分股為基礎，讓投資人刪去不要的股票，不必買基金或 ETF，直接持有一籃子股票。

建立個人的指數基金或ETF。

　　直接指數化的一大亮點是可以減輕稅負。這個概念是同時擁有一百或五百支股票，而不是單一檔ETF或指數型基金，如此一來更有機會產生投資損失用來抵稅，盡量把稅金減到最低。在標普500指數上漲的年度裡，沒有投資損失能用來抵稅，但其中許多股票在這一年可能是下跌的。支持直接指數投資的人估計，這種「稅收超額報酬」每年大約有1%到2%，儘管這數字會隨機變動，並且可能會慢慢減少。

　　另一個推銷直接指數化的論點是客製化。還記得我剛剛提到的將ESG投資指數化會產生的主觀性問題嗎？直接指數化就是試著讓投資者挑掉投資組合裡他們不想要的股票。這不無道理，但這讓人變成了主動式投資人，至少有部分算是，而我前面才剛花了很多頁來解釋，即使是專業的主動式基金經理人，也難以打敗指數。

　　當我聽到「客製化」時，腦袋浮現的是主動管理。所以為投資人提供主動式管理的帳戶，這基本上是在開倒車，與過去十多年來的趨勢背道而馳。趨勢直奔簡單、低成本、指數投資的方向而去，而直接指數化則與這趨勢反向而行。而且我沒看到任何證據顯示這是投資人要的，或是它能帶來更好的投資績效。一旦允許投資人調整指數內容，那就是主動操盤，不僅如此，甚至費用和股票價差也不是透明的。所以城堡對沖基金公司（Citadel）會買網路券商羅賓漢（Robinhood）的訂單流，不是沒有原因的。

　　　　　　　　　　　　　　　　——奈特・傑拉奇（Nate Geraci）

直接指數化（Direct indexing, DI）其實不是新的概念。機構投資界經常這樣做，只不過那叫做「個別管理帳戶」（Separately Managed Accounts, SMAs）。隨著科技創新和免手續費股票交易的出現，個別管理帳戶換了個直接投資的名稱，推銷給廣大的投資人。

> 使用這個術語很聰明，而且我認為這對讓特定客戶群節稅大有幫助。事實上在收購直接指數公司 Aperio 之前，我們自己就是世界上最大的直接指數化投資者，因為我們用個別管理帳戶操盤成千上萬個指數型投資組合，其中很多是根據客戶需求量身訂製的，我們已經做了幾十年。
>
> ——薩利姆‧拉姆吉（Salim Ramji）

直接指數化可望吸引越來越多投資人，原因之一是業內被動投資龍頭例如先鋒集團、貝萊德和嘉信理財，都已經推出了直接指數化投資產品。我們已經看到了這些公司在 ETF 有所斬獲，因此直接指數化成長自然指日可待。

> 我認為它會迅速增長。我們會開發軟體，到時只要輕輕一按，就能買進標普 500 指數裡所有股票。反對直接指數化的人說投資太多支股票、太花時間、太難追蹤，報稅太麻煩等等，但其實這些都可以透過自動化來解決。再給電腦五到十年，這些問題都不會再是問題了。
>
> ——麥可‧基奇斯（Michael Kitces）

儘管如此，直接指數化投資不太可能像一些人所說的那樣滅掉ETF或共同基金。它的成本一般介於25到40基點之間，因此關鍵還是成本高，還有它更複雜且更需要主動操作。這問題遲早會使它慢慢朝低成本、簡單和被動的大多數靠攏。

> 我認為直接指數化投資永遠無法超越ETF。首先直接指數化並不是指數化，而是主動管理。投資人會說「我不想要這支股票、我不想要那支股票。」要是你真的很在乎投資損失抵稅，可以用ETF抵。在我看來，認為直接指數化投資可能超越ETF主宰投資世界，這種想法根本無比荒謬。
>
> ——黛博拉・富爾（Deborah Fuhr）

> 有超過1億人使用我們的指數化投資，但並非所有人都想要量身訂作。對許多人來說，生活已經夠複雜了。
>
> ——薩利姆・拉姆吉（Salim Ramji）

債券型基金

債券型基金是柏格開創的另一種投資商品，這有助於減少主動式基金外流，至少目前還是如此，雖然他們並不像被動式基金那麼賺錢，但至少很穩定。例如在2013到2021年間，主動式固定收益共同基金吸納了大約7,000億美元，而選股基金則流出了1.7兆美元，甚至有穩健的主動式固定收益ETF上市。基本上投顧們寧願把自己的資金交給債券經理而不是股票操盤手，為什麼呢？

　　這不外乎有幾個原因。首先，債券市場規模更大、更不透明。據估計美國有200萬支債券，卻只有大約3,800支股票。此外債券有到期日，加上時間因素會使計算更複雜，就像是下西洋棋而非單純跳棋。這就是為什麼利率以及聯準會的立場與未來展望如此重要、在金融媒體圈吸引這麼多的關注。首先如果利率上升，那麼你持有的所有債券都會因為收益率相對較低而貶值，反之亦然。

　　其次，與股票操盤相比，債券經理有更容易超越的基準。股票基準往往用市值加權，因此帶有一定的動能，但債券基準則傾向以待償的債務總額加權，所以有一定的延滯性。對於主動式債券型基金經理人來說，最常用的追蹤基準是彭博綜合債券指數（Bloomberg Aggregate Bond Index），這個指數由大約70%政府債券和30%公司債券組成，不含高收益或國際債券（但許多主動式債券基金會使用）。

　　一般投資人多半認為自己有能力運用個股或是多元化的指數型策略聰明投資，卻對自行投資債券市場缺乏信心。他們不了解利率敏感度和信用風險，所以更容易委託主動式基金經理人為他們挑選債券、做整體規劃。還有債券表現也是影響因素，已有主動式基金藉由承擔信用和利率風險，打敗了綜合債券指數（AGG）；另外還有就是固定收益領域中，並沒有像標普500或羅素2000指數這樣的指數。

　　　　　　　　　　　　——陶德·羅森布魯斯（Todd Rosenbluth）

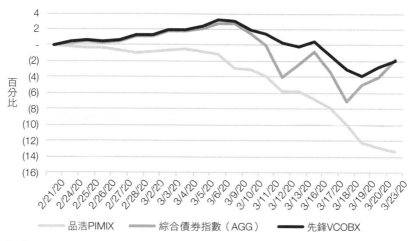

2020年3月拋售潮中品浩收益債券基金、
先鋒主動式債券基金表現與綜合債券指數比較

百分比

品浩PIMIX ── 綜合債券指數（AGG） ── 先鋒VCOBX

彭博社

　　雖說做債券分析需要更多數學知識，但大部分超額表現，往往只是靠著投資垃圾債券或國際債券，承擔更大的信用風險而得。這就是在操縱收益，雖然能藉此提高績效數字，可是一旦出現拋售潮，也會造成麻煩。在拋售潮中，許多主動式債券共同基金的表現，往往會遜於相對保守的基準，同時出現資金外流的情況。

　　操縱收益是遇到拋售潮時，可能導致投資人大量撤離主動式債券基金的原因。此外，如果投資人開始用更準確的基準來評估債券型基金，那也可能會破壞基金那層神秘感，最終導致資金外流。例如彭博美國環球指數（Bloomberg US Universal Index）對許多債券型基金來說算是比較好的衡量基準，因為它涵蓋了一定

數量的高收益和國際債券。用通用環球指數取代綜合債券指數評估時，這些主動式債券型基金的超額收益會減半，更類似於股票基金。

　　因此，儘管主動投資怎樣都會存在，但柏格效應還是對它造成了重大影響，逼得主動式投資去適應，要嘛降低成本，不然就大搞創意。這種主動投資的演變和調降費用大多發生在ETF世界。柏格不太喜歡ETF這個話題，但接下來我們正要探討它。

6

柏格與ETF：話說從頭

「ETF就只是另一種共同基金，一種龍蛇混雜的基金，沒有
更好的說法了。」

ETF基本上是把柏格的指數型基金理念加入當日交易的做
法，而且紅極一時。它們每天吸納數十億美元，現今光在美國就
有7兆美元的資產。投資人可以像買股票一樣買到任何標的分散
投資，費用相對低廉還享有稅務優惠。

ETF能追蹤任何標的，從股票、債券、國際市場、商品、期
貨、數字資產、主動策略、現金，到包裹式交易等等，應有盡
有。儘管大部分的資產都是基本的指數追蹤產品，但也有一些奇
特的產品。ETF的創新和實驗性非常高，這使得它們成為投資界
的矽谷，無論好壞。

雖然ETF最早在九十年代就已推出，但直到2008年全球金
融危機之後才真正成為主流。正如1987年股市崩盤推動指數基
金發展一樣，2008年股災是讓ETF真正扎下根基的時刻。流動
性是它翻紅的原因，在那個混亂時期，有時買賣流動性很差。還

資產規模前15大ETF（截至2021/10/31）

名稱	ETF代碼	總資產 （單位：百萬美元）	營運費用 比率 %	平均 買賣差價
道富標普500指數ETF	SPY US	409,796	+0.09%	0.00%
安碩核心標普500指數ETF	IVV US	304,415	+0.03%	0.00%
先鋒整體股市ETF	VTI US	280,029	+0.03%	+0.01%
先鋒標普500指數股票型基金	VOO US	262,976	+0.03%	0.00%
景順納斯達克100指數ETF	QQQ US	194,549	0.20%	0.00%
先鋒富時已開發市場ETF	VEA US	106,229	0.05%	+0.02%
安碩核心MSCI歐澳遠東ETF	IEFA US	102,544	+0.07%	+0.01%
安碩美國核心綜合債券ETF	AGG US	88,414	+0.04%	+0.01%
先鋒價值股ETF	VTV US	88,176.2	+0.04%	+0.01%
先鋒成長ETF	VUG US	86,632.2	+0.04%	+0.01%
先鋒總體債券市場ETF	BND US	82,130.7	+0.04%	+0.01%
先鋒富時新興市場ETF	VWO US	82,054.7	0.10%	+0.02%
安碩核心MSCI新興市場ETF	IEMG US	81,092.7	+0.11%	+0.02%
安碩羅素1000成長股ETF	IWF US	75,699.1	+0.19%	+0.01%
安碩核心標普小型股指數ETF	IJR US	71,493.6	+0.06%	+0.01%

彭博社

有長期投資人因為手上的主動式共同基金基本上沒有比市場表現更好，失望之餘令許多人開始轉向ETF。從那時起，ETF每隔幾年就會成長個1兆美元。

美國ETF總資產

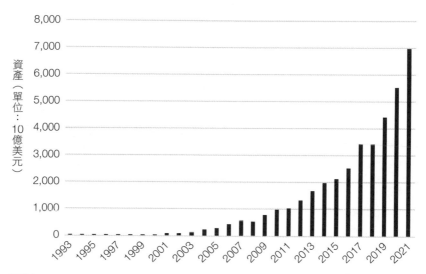

彭博社

柏格帶動ETF的成功

　　現今ETF的資產規模比指數共同基金大，而且他們只用了大約一半的時間就達成了。但平心而論，他們能站在巨人的肩膀上前行，是因為ETF出現之前那幾十年裡，在柏格的努力之下，指數投資和低成本的概念已經風行，柏格對ETF的貢獻被嚴重低估了。事實上，ETF的發明者摩斯特（Nate Most）在90年代初期曾拜訪過柏格，討論是否能讓先鋒500共同基金成為可以全日即時買賣的產品。但柏格拒絕了，他不想讓他珍貴的傳統指數基金成為隨意進出的標的。不過他也因此與摩斯特成為朋友，還為他的產品設計提供建言。

ETF與指數共同基金規模比較

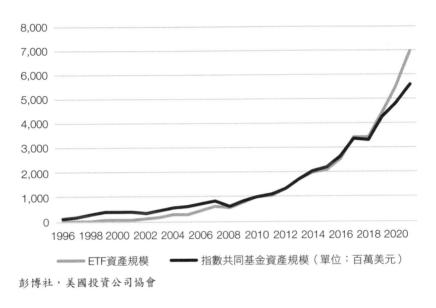

彭博社，美國投資公司協會

　　柏格在一次採訪中回憶道：「我還在經營先鋒時，摩斯特來
到我的辦公室，他是個非常友善的人。他來找我們合作，想用
我們的標普500指數基金來創造他的ETF。我先講他的想法有三
個缺陷，並逐一說明內容……接著我說，即使你修正了這些問
題，我還是不感興趣，全日即時交易這個想法對我來說，實在太
荒謬了。」

　　「所以最後我們還是沒有合作，但當他返抵紐約下火車時，
已經修正了那三個缺陷，去了華爾街推出ETF。你猜猜，我對這
個決定有沒有後悔？做決定之前和多少人商量過？兩個答案都是
沒有。」

　　然而柏格的影響力不只於此，因為摩斯特決定把他的標

普500ETF（SPY）費用定在0.2%，與先鋒標普500指數基金相同。摩斯特希望自家ETF與先鋒基金能放在同一個天平上比較，他認為這是標準。低成本是讓這些最初為交易員和機構設計的ETF能打入投顧和散戶群的關鍵，如今他們大約有85%的資金來自後者。如果摩斯特依照當時主動式共同基金的收費標準，將SPY收費定在0.90%，那麼ETF很可能依然是投資世界的邊緣人。

普迪獵槍

這些年來儘管柏格對ETF開始有了正面的影響，但他還是不斷用他豐富的言詞持續抨擊ETF。他有些出名的評論包括「ETF就像給縱火犯送火柴」，以及說ETF是「21世紀最厲害的行銷手段」。他曾經將它們比作普迪獵槍，「非常適合在非洲進行大型狩獵，也是自殺的絕佳武器。」他說ETF應該加上警告標語，例如「小心使用」或「謹慎投資，不要追求收益卻忽略了風險」，甚至他有本書中的章節名稱就叫「ETF入侵」，懂了吧。

然而現在的情況是，先鋒集團已經成為第二大ETF發行商，並可望在五到十年內成為最大的發行商，這是先鋒集團成長最多的業務。先鋒在2001年推出了ETF，大約是在柏格從先鋒集團董事會退休五年後、拒絕摩斯特的合作案十年後。而這也是柏格和先鋒集團產生摩擦的重要原因，後面的章節會再探討。

我想對柏格來說，看到ETF大受歡迎，就像是父親看到女兒嫁給壞痞子。這不是他在指數化家庭裡想看到的人，但這不

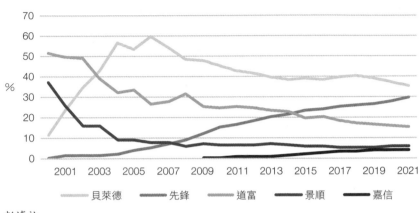

ETF 發行商資產規模排行

彭博社

由他，他只能和ETF打交道。在試著表達這種感覺時，柏格誇張的引用了1971年的熱門歌曲《看看他們對我的歌做了什麼》（*Look What They've Done to My Song, Ma*），他引了這首歌的歌詞：「他們把它翻了個底朝天弄得亂七八糟，這就是他們做的好事。」

保護指數型基金

即使柏格如此猶豫，為什麼先鋒集團最後還是推出了ETF？據知情人士說，ETF背後的主要推手，就是當時首席資訊長索特，柏格「像兒子一樣疼他」，而索特也很尊敬柏格，但他堅持推出ETF。

索特在接受採訪時解釋道：「我很擔心如果遇到拋售，而這

也是難免會發生的情況，要是遇到像1987年的崩盤式拋售潮，會發生什麼事呢？所以我開始想，如果我們開發另一種讓投資人可以交易的產品呢？那些一開始就不打算長期投資的人會投資的產品，他們可以隨時買賣，而其餘的基金不受影響。我想了九個月，再三確認已經通盤考量，最後才向當時的執行長布倫南（Jack Brennan）提建議。經過仔細思考我終於明白，推出ETF沒有壞處，這能讓我們的基金更有彈性，而且還能擺脫劣質資金偷偷流入基金的問題。如果是劣幣，它會透過ETF管道流入，不會對基金產生負面影響。所以對我們來說，這麼做似乎有利無弊。」

索特這番坦白讓我感到有點震驚。我一直聽說先鋒集團推出ETF，是為了透過券商平台向投顧賣產品、促進公司成長。柏格似乎也是這麼想的。

他說：「我能理解他們為什麼要這麼做，有些董事明確表示，公司必須這麼做才能打入券商市場，讓我們的產品能夠進入分銷管道。可是我們的初衷是建立機制，把所有宵小劣幣擋在門口，結果突然間，我們得進自己家裡打劣幣，這難免讓人感到不快。」

實際上柏格其實是在度假時看到報紙，才知道先鋒集團推出ETF的計畫，可以想見他對此並不是很能接受。

索特回憶道：「我們並不想讓這件事公諸於眾，所以這在先鋒集團裡是祕密進行的。傑克每年8月都會去寧靜湖度假，消息是在那時洩露出去的，傑克是看了《華爾街日報》知道的。當他回來時，我從一樓的自助餐廳看到他正從二樓下來，大廳

裡大概有三十幾個人,他大聲吼著:『葛斯,這到底是怎麼回
事?!』我回答道:『傑克,很高興見到你。』那天不是個愉快
的日子。」

　　雖然推出ETF最終確實創造了分銷奇蹟,而且也實現了索
特最初的想法,保護指數基金投資人免受短期交易者的影響,同
時避免了收益繳稅的影響。先鋒總體股市指數基金現任經理人歐
雷利(Gerald O'Reilly)在彭博播客節目中談到了ETF對公司的
益處:

　　　　有時我們會接到機構的來電希望投資先鋒,他們會先
　　說:「我們剛剛解雇了經理人,現在只想要投資基金。」以
　　共同基金來說,如果資金進來待不到一個月就撤出,那我們
　　就不太願意收。但如果是ETF,資金不論進出都會支付相關
　　費用,短期交易的影響就比較小。

　　在市場低迷時期,先鋒需要為可能的撤資未雨綢繆,這是柏
格在掌管先鋒時經常思考的問題,最終ETF解決了麻煩,短線
資金也有了去處。在共同基金中,所有交易產生的費用,都要由
現有投資人分攤,但是ETF是透過證券交易所進行買賣的,所
產生的交易成本和稅金都是由買賣者承擔。換句話說,ETF將成
本外部化,投資人也偏好這種特色,為什麼不呢?讓使用者付費
而非大家分攤,這樣的機制更為公平。

為民先鋒

即使保護指數共同基金是主要動機，但後來先鋒因此獲得的分銷優勢，掩蓋了這個初衷，因為這讓券商、投資顧問和散戶都能輕鬆購買先鋒的低成本被動投資產品。原本的先鋒是守株待兔，現在則更像是主動出擊，這是個很大的突破。

> ETF對於推廣指數投資功不可沒，至少該占一半的功勞。這使得大量原本沒有資格、不得其門而入的散戶和經紀人能夠投資，讓指數投資更加普及。
>
> ——瑞克・費里（Rick Ferri）

> 先鋒推出ETF，為市場增添了另一種理性和保護投資人的聲音，這點我很欣賞。傑克很反對ETF，但其實他真正擔心的是濫用，倒不是ETF真的有什麼實質性的問題，這一切都只是出於想保護投資人的心。
>
> ——李・克蘭納富斯（Lee Kranefuss）

ETF的確增加了先鋒的銷售量，儘管這也不是一蹴可及的，因為先鋒不付分銷費用的質疑仍在，尤其是來自華爾街券商的質疑。

索特在柏格頭播客上說：「早期我帶著業務們四處拜訪主要經銷商，有大型經銷龍頭公司很興奮的表示：你的意思是我們能賣先鋒基金嗎？」他們的客戶一直想買先鋒，但他們沒得賣。

　　我說：「是的，現在以這種形式購買先鋒基金絕對沒問題，我們也鼓勵大家買。」

　　他們說：「太好了，那我們的佣金怎麼算？」

　　我答：「我們不會付佣金的，你們必須和客戶協商。雖然沒有分銷費，但你們能買到你們想要的基金。」

　　最終因為投顧收費模式轉變，投顧們尋求低收費產品，所以先鋒還是打入了大多數的平台，後來還進入了零售券商平台，並得以免佣金交易。放眼今日，先鋒集團大部分流入的資金買的都是ETF，是許多投顧幫客戶規劃低成本投資的首選。

先鋒集團ETF vs. 指數化共同基金資產規模

（單位：10億美元）

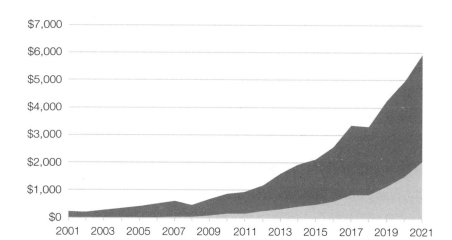

彭博社、先鋒集團

稅務優勢

　　投資顧問偏好ETF勝過指數型股票型基金的主要原因之一，是它的節稅效果。資本利得需要繳稅，但ETF可以透過申購贖回時成分股的轉換操作提升價值，基金經理人可以避免因分配資本利得而產生稅收問題。當摩斯特和他的團隊發明ETF時，這只是個偶然的運氣，但現在卻變成了ETF的最大優勢之一。

　　根據晨星和道富的數據，2020年大約有半數共同基金有分配資本利得，但只有5%的ETF有，這就有利於稅務。對投資顧問來說，如果客戶是用應稅帳戶投資的話，節稅就顯的很重要。任何擁有投資大戶的顧問都知道，比起賺錢，有錢人更介意繳

2020年ETF資本利得

晨星美國ETF投資組合分類	ETF數量	估計分配資本利得的ETF數量	分配資本利得的ETF百分比	估計資本利得＞淨值1%的ETF數量	資本利得＞淨值1%的ETF百分比
美國股票	302	4	1.3	0	0
行業類股	277	3	1.1	1	0.4
國際股票	317	5	1.6	2	0.6
配置	29	2	6.9	1	3.4
應稅債券	252	52	20.6	7	2.8
地方政府債券	48	4	8.3	0	0.0
大宗商品	22	0	0.0	0	0.0
另類投資	145	0	0.0	0	0.0
總計	1,392	70	5.0	11	0.8

晨星

稅。正如某位投資顧問告訴我的那樣：「能幫助大戶節稅，就能
讓他們成為忠實客戶。」

不過需要澄清的一點是，ETF只是能延後繳稅，無法規避稅
收。基本上只有在賣出ETF結算時才需要繳稅，若是共同基金
的話，只要有人退出，剩下的投資人就會因結算而被扣稅，因為
此時基金投資經理必須賣出一些持股來換成現金給退出者，會有
資本結算分配的情況。換句話說，其他人會因為有人退出而無辜
受累。這就是為什麼在我看來，ETF本身並不是什麼漏洞，而是
對投資人來說更公平的繳稅方式。

甚至柏格在我們某次採訪中，也承認了ETF有稅收優勢，
儘管他總是會帶上幾句警語。他說：「我們的指數基金已經有20
年甚至30年沒有分配收益了，所以我們的稅務效益很好。理論
上持有ETF的稅收效率會更高，但投資人並不是持有，而是買
賣交易ETF。運氣好的話，這樣的進出交易會產生資本利得。」

先鋒在稅務效率上有個獨特的優勢，那就是先鋒ETF股票
份額是屬於這個共同基金中的一個特殊股票類別，而不是獨立的
基金產品。這種結構讓先鋒的共同基金能更靈活地運用ETF來
提升稅務效率。

在先鋒集團，共同基金把規模經濟借給ETF，特別是剛開
始共同基金規模遠大於ETF時，所以說ETF沒有共同基金作為
後盾，就不可能有現在這樣的費用價格。而ETF對共同基金有
什麼好處？它提升了稅務效益。所以他們是相輔相成的。
　　——伊莉莎白・卡許納（Elisabeth Kashner）

雖說柏格不愛ETF，但他十分清楚稅務會如何侵蝕掉收益。柏格經常利用指數型基金的低周轉率和相對稅收效益，來強化他反對主動式基金的理由。他在《約翰柏格投資常識》中寫道：

> 主動基金每年平均稅後報酬率為6.6%，指數基金投資則有8.6%。在複利的計算下，1991年若用10,000美元投資主動式基金，能產生39,700美元的稅後利潤，而指數基金卻有68,300美元，主動式投資收益不到指數型的60%。

放下歧見

儘管ETF有助於把柏格的低成本被動式理念觀念普及化，同時保護指數型基金免受短期交易和收益分配影響，但柏格就是難以接受，而且這也不是他的主意。即使他身邊有同事朋友支持ETF，他還是繼續警示大家。

> 最好記住ETF不是他的菜，這不是他發明的。多年來，我一直在為ETF辯護，解釋稅務效益和降低成本的好處。ETF是更好的投資結構，這是事實。
>
> ——吉姆・溫特（Jim Wiandt）

種種優點都被柏格對ETF的兩個主要疑慮給抵銷：交易和行銷。讓我們來拆解這兩個問題。

問題1：交易

柏格反對交易進出不亞於反對高額費用，而ETF的交易量**很大**。僅2020年ETF就有32兆美元股票交易，儘管當時只有5兆美元資產。隨便哪個交易日，ETF往往都占證券交易所全部股票交易量的20%至25%，在遇到拋售潮和市場壓力時，百分比會更高，因為人們會用ETF來調整投資組合。

與其他絕大部分關於ETF的批評不同，過度交易的確是個合理的憂慮，因為我們知道投資路上最大的敵人可能就是自己，任何容易操作失當的工具都可能有害。所以特別是對於像柏格這樣的人來說，多一分擔心也是有道理的。

柏格會引用周轉率說明他的觀點，證明ETF的交易量很大。周轉率指的是基金每年交易進出的百分比。比如說，假設某ETF擁有10億美元的資產、2020年交易的股票價值為50億美元，這樣的話，周轉率就是500%。下面是柏格在我們某次採訪中引用過的一些周轉率數據：

> 交易一直是市場重點，但並非總是這麼重要。我剛入行業時，紐約證交所的周轉率每年是25%。在ETF開始之前可能就已經達到150%，但現在卻是250%。一檔ETF的平均換手率是每年400%，標普500指數ETF（SPY）則是3,000%。而在這裡和你說話的人，是個把3%的周轉率設為上限的人。

　　雖然這些數字是正確的，但單看數字直接推出這樣的結論，可能太過簡單粗略。問題在於，我們無法了解交易量的**來源**和**參與者身分**。這有可能是上百名投資人投入ETF後靜觀其變，進出的是三家大型機構投資者。交易量是一個總數，無法得知細項，一筆大交易就能明顯扭曲數字。

　　另外交易也是匿名的，我們無從得知是誰在交易。ETF的獨特之處在於各種各樣的投資人都能使用，從世界上最大的對沖基金、捐贈基金，再到投資顧問甚至是菜藍族。這就是個工具，大家都在同樣場所交易，也繳交相同的費用。

　　沒有比我更愛更尊重傑克的人了，但我認為他沒有完全明白ETF的特點。在ETF世界裡有很多不同類型的玩家，包括對沖基金和做空市場的人，各種不同的交易都在進行，這不像家裡老爸老媽沒事買賣ETF那麼單純。

　　　　　　　　　　　　　　　——吉姆・溫特（Jim Wiandt）

　　粗略估計一下，我們發現投資ETF的機構和散戶各半。但如果細看交易，有95%都是機構性投資者產生的。除了作為長期投資工具以外，ETF還廣泛受到交易平台、對沖基金，和其他需要將現金股票化的基金經理人運用，這些人重視流動性，是每天進行大量交易的人。ETF是少數幾種可以讓需求迴異的用戶共同使用，卻不會招致惡果的工具。

　　　　　　　　　　　　　　——李・克蘭納富斯（Lee Kranefuss）

我們可以把ETF比喻成一家旅館，很多人都在自己的房裡放鬆休息，而大廳卻很熱鬧。大廳熙來攘往的喧囂掩蓋了客房裡的寧靜，卻互不干擾。

我在採訪中提到了這一點，值得肯定的是柏格也直率的承認了光看數據的確粗略。儘管如此，他仍認為只有六分之一的投資人買ETF是為了長期持有，但大多數專家包括我自己，都認為這數字太低了，實際上應該至少有一半是長期持有。不過還是有數據顯示，ETF投資人的交易量往往高於共同基金投資人。

比如說歐洲有項研究調查了2005年至2010年間，德國某家大型證券商大約7,000名投資人的投資行為，發現ETF投資人更容易買賣進出，所以通常整體報酬率較差。此外，富達報告也指出他們客戶的ETF的平均持有期為兩年，相較之下共同基金的平均持有期為四年。

我認同柏格對ETF的看法。我鼓勵人們選擇開放式共同基金而非ETF，這純粹是出於投資行為考量。ETF是全天候交易的，它有股票代號，你會忍不住一直看它。如果你有開放式共同基金，淨值一天結算一次，就不會太注意它。我有個理論是，投資消息不利投資，消息越多對投資越不利。開放式共同基金業趨於沒落相當可惜，因為我認為對大多數投資人來說，這是更好的投資方式。

——賈里德‧迪利安（Jared Dillian）

當柏格看著ETF不斷發展壯大時，他竭盡全力反擊這股浪

潮，為指數共同基金辯護。他甚至還曾嘗試要讓傳統指數基金的縮寫TIF成為流行用語，藉此將他心愛的指數共同基金與惹他討厭的ETF區分開來。他說：「我們必須區分傳統的指數基金，我利用縮寫將它命名為TIF，但沒有人使用。我起頭，卻沒有人跟隨。」

好消息是，投資人有所選擇。你可以用接近零費用的價格獲得市場上的多樣化投資機會，包括柏格推行的指數共同基金和ETF。如果你是那種容易衝動操作的人，指數型共同基金可能會比較適合你，雖然大多數ETF投資人會說交易進出並不是問題。

我們不太會用ETF進出市場，也不會用客戶的帳戶做當沖。我們買賣ETF而非指數共同基金的最大原因，是出於稅務考量。我們會每天交易ETF嗎？不會。另一個我們愛用ETF的原因是，當我們下午1點買入ETF，能明確知道買入價格。共同基金需要等到下午4點才定價，市場變動情形得到那時才能確認。有幾次我們從指數型共同基金轉到ETF時，遇到了時間差，市場發生突然變動結果就虧錢了，所以必須改正這點。持有同樣的產品可以避免這種情況。

——肯·納托爾（Ken Nuttall）

如果你有兩種投資方式，一種可以當沖（ETF），另一種只能在交易日結束時買進賣出（共同基金），為什麼不會想要有所選擇呢？不過從行為的角度來看，我其實不認為在日間進出或是只能在交易日結束時交易有什麼差別。

——奈特·傑拉奇（Nate Geraci）

問題2：行銷

　　另一個柏格不喜歡的地方，是產品過度擴張和對指數概念無窮盡的應用轉化，費里把它叫做「特殊目的指數化」（SPINdexing）。柏格喜歡秀出《華爾街日報》上那數百個ETF報價的頁面，然後問一句：「這到底是怎麼了？」他認為這個行業已經讓指數型基金失去原有的單純，甚至推向瘋狂，而他心裡也為此有些煎熬。他在《夠了》一書中寫道：

　　我怕多年前我推出的單純指數基金正在形成一股趨勢（主要是ETF）。難怪有時我早上醒來覺得自己像科學怪人的創造者，我到底造出了什麼東西？

　　傑克和我在這件事情上想法完全一致。我們是經過深思熟慮才開發指數化基金的，並不只是為了賣基金。我們只提供我們認為對投資者有用的工具，並不是亂槍打鳥看哪些產品會有人買。

——葛斯・索特（Gus Sauter）

　　市場上的商品太多了，光大麻ETF就有七、八檔，投資市場被切割得太細，同時卻又有太多的競爭者，五、六家公司同時競爭一個小小的投資市場。要想買遍所有主題，還不如購買平均分散、低成本、基於指數的投資商品，並且定期調整投資平衡。

——陶德・羅森布魯斯（Todd Rosenbluth）

　　柏格最厭惡的是獵奇的和利基ETF。以下是他曾說過的話，請看：

> »「或許有40檔屬於整體市場ETF，但剩下的1,460檔都是怪人、傻瓜、瘋子。」
> »「這已經變成了行銷業。有ETF是做空零售業、做多電子行銷，然後還有共和黨和民主黨ETF、威士忌和烈酒ETF，沒人知道到底還會有什麼奇奇怪怪的產品。」
> »「真不敢相信現在還有個叫分享健康新興癌症ETF？這名字應該叫做治療新興癌症什麼的吧……」
> »「現在還有叫雲端運算ETF的，這聽起來根本像是老天在算ETF一樣……」
> »「押寶做空市場的ETF實在愚蠢……」
> »「開到300%的槓桿投資意義到底在哪，這已經超出我能理解的範圍了……」

　　柏格參加我們的ETF播客時，我們問他最喜歡的ETF代碼是什麼，這是每個上我播客的來賓都會被問的輕鬆標準題，也是最後一個問題。他停頓了大約三秒鐘，然後說出「C-R-Z-Y」，我覺得這完美的點出了他對ETF的感受，同時也展現了一位87歲老人的機智。[*]

　　不過話說回來，這些年先鋒集團在柏格掌舵之下，也推出了

---

[*]　譯註：CRZY應是要指crazy（瘋狂）。

一些小眾基金，比如先鋒服務經濟基金、先鋒貴金屬和礦業基金等，儘管柏格後來也會嚴詞批評這些基金以及自己當時推這些產品的事。這就是柏格的特點：他的砲口對誰都是一視同仁的。

在這個問題上，有些ETF支持者與柏格立場相近，他們擔心這行業已經偏離了低成本、流動性佳和節稅效果良好這些主要附加價值，成了譁眾取寵和小眾產品的投資。

　　我的確實覺得ETF產業已經有點迷失方向，大部分產品都很扯。對多數投資人而言，最好的投資就是選低成本商品，做廣泛而分散的投資，但現在沒人強調這個，就連先鋒也不說了。我覺得應該有人接棒推廣這個理念，因為這真的完全正確。

——吉姆・溫特（Jim Wiandt）

正如我在上一章說的，ETF變得如此豐富多彩的原因之一，要歸功於先鋒集團如此受到歡迎。這些發行商根本無法與收費低到只有三個基點的指數基金競爭，所以他們唯一的希望就是試著發行一些特殊主題的基金。所以儘管多少有點諷刺，但這股瘋狂ETF浪潮，其實也可以說是柏格效應的副產品。

小精靈

柏格對交易和行銷的批評之語，帶給我用《小精靈》（Gremlins）與ETF比較的靈感。小精靈是1984年的電影，說的

是一位父親從唐人街的古董店裡買給兒子一隻可愛的、大耳朵、大眼睛的寵物。但是這個可愛的小動物有三個禁忌：禁止接觸陽光、禁止碰水，禁止夜半後餵飼，否則牠會變身兇惡的怪物，搗毀家裡甚至毀掉整個城鎮。

ETF有點這味道，只要遵循一些簡單的投資原則，就能避免風險。比如限制交易、避開不了解的產品，最重要的是，不要只看名稱或代碼亂買，也要查看持股、指數設計和成本。

> ETF持有的證券和基金本身名稱可能會有很大落差，而兩個聽起來名字相同的ETF，也會因為持有不同的股票，績效常常天差地遠。
>
> ——陶德・羅森布魯斯（Todd Rosenbluth）

市面上的ETF數量實在是太多了，幾乎所有領域都涵蓋到了，從越南股票和銀行貸款，到素食主義者友好股票和石油期貨，而且每年都還有數百檔新的ETF上市。

為了幫助投資者應付這些眼花撩亂的基金，也減輕一些柏格的疑慮，我們設立了彭博ETF紅綠燈，目的在找出潛在風險為投資人示警。這套系統是仿效電影評級制度建立的，簡單又有效，既不妨礙基金創新又能保護投資者。

不像電影評級注重的是暴力、毒品、不當言語和裸露等，我們關注的是槓桿金額、隱藏費用、交易量、衍生性商品及稅務因素等。先鋒和貝萊德雖是競爭對手，但在這些評級上的表現卻相當一致。

> 現在叫ETF的產品太多了，所以我們才發展自己的命
> 名系統，當然，你有你的紅綠燈系統。但無論標準是什麼，
> 我們的目的是一樣的，就是突顯基金的內容。例如槓桿和反
> 向產品，它們並不具廣泛、多元、透明等與ETF相同的特
> 點，你不應該偽裝成你不是的東西……，任何人都有權買
> 自己想要的產品，但首先必須清楚自己買的到底是什麼。
>
> ——薩利姆・拉姆吉（Salim Ramji）

某種程度上的和解

柏格還是會肯定這些幫助投資人駕馭ETF的努力，即使這
仍無法完全消除他對ETF的疑慮。身為在柏格晚年多次與他會
面的人，我發現他對ETF的態度慢慢有些改觀。他看到先鋒發
行的ETF不像其他發行商的那樣頻繁交易，心裡還是感到有些
安慰。多年後索特也終於能向柏格解釋，當年他的動機不是在追
逐資金，而是為了保護指數型基金的投資人。

索特回憶道：「我們唯一坐下來談論這件事，是2014年他在
普林斯頓辦的一次小型聚會上，那次在場的大約有五、六個人，
當時我告訴他，我推出ETF的原因不是為了吸引資金，而是要
捍衛指數基金，解決金流進進出出的問題。我想那是他第一次真
正接受這個想法，但那已經是我推出ETF十二還是十四年以後
的事了。」

我認為柏格確實開始看到有投資人長期投資ETF，也懂得用來節稅，我覺得他的態度開始有點軟化了。

——克莉斯汀·賓斯（Christine Benz）

在他最後一次接受我的採訪時，柏格說：「只要不是拿來買進殺出就沒什麼問題。選擇那些經典的、多元化的ETF，像是總體股市、標普500、國際整體指數、債券整體指數，甚至是整體平衡指數，都是不錯的。」

這可能是最接近柏格和ETF達成和解的一刻。話雖如此，他也沒停在這些和氣的話語，因為接著他又補充了「但是」，他就是忍不住。

柏格說：「但是這就是種行銷，就是用來賺錢的商品。說到底它真能為投資者帶來好處嗎？這真的很難說。」

7

投資大遷徙

「先鋒緊追成本不放，給這個行業帶來了巨大的壓力，這點毫無疑問。」

媒體報導焦點往往是投資人從主動投資轉向被動、從共同基金轉向ETF，甚至是從經銷商轉向投資顧問等這些顯而易見的轉變上，但貫穿其中的共同點，其實都是從高成本轉向低成本，這是最重要的趨勢，也是柏格效應的核心。

前面提到的現象裡，存在許多微妙的細節。比如說，雖然從主動到被動投資是不可否認的趨勢，但許多指數基金本質上其實是主動式的。即使是標普500指數也有某種程度的主動性，因為它只投資大型股，而且有納入成分股的標準，還有個委員會人為決策。另一方面，許多主動式基金也有指數趨勢，會尋求接近對應的指數，這不是二分法，而是存在灰色地帶。相同的情況也適用於從共同基金轉向ETF的現象，雖然主動共同基金大多有資金外流的情況，但指數型共同基金以及許多主動式債券共同基金都有越來越多資金流入。

　　這裡面資金從高成本流向低成本的趨勢十分清楚，不需要透過複雜分析來解釋。資金幾乎完全流向低成本投資，我把這稱為「投資大遷徙」，雖然這個詞可能聽起來有些奇趣，但它可以簡潔的概括出這種趨勢的核心，甚至還差點成了這本書的名字。

　　我們在這裡談論的是數十兆美元的遊戲，這當然是「大」遷徙，而這其中幾乎100%是成本考量。基金收費是現今多數投資人最在意的一點，營運費用比率已經取代了過去的業績圖表，成為選擇基金的圭臬。這是種遷徙，不是暫時性的改變，這些投資者和他們的資金永遠回不到過去，他們已經驕傲的成為「低成本城市」的永久居民。

　　柏格在柏格頭播客中將其比喻為覺醒：「人們已經開始體認到成本就是一切，績效來來去去，但成本永遠持續……當客戶意識到這一點、覺醒過來時，整個行業也會跟著覺醒。」

　　這些散戶不僅清醒而且還很忿怒，他們現在一心只想要盡量保住自己的血汗錢，統計數據清楚反映出這種覺醒。例如，如果你將所有不同類型的基金（共同基金、ETF、封閉式基金）分類，用超大的電子表格按營運費用比率分成十等份、做出三年期運營表，就會看到從左到右下降的曲線圖。

　　當把每種基金分開考慮時，也同樣能發現成本和資金流入間的關連性，從主動式基金、指數型共同基金和ETF資金流入數據都能看出這一點。晨星有個很棒的圖表，他們會定期更新，顯示主動和被動式基金的平均費用，而且平均權重以及資產權重兩種方式都會計算。從這份圖表可以看出，不論是主動或被動基金，平均費用都在逐漸下降，這是張令我佩服不已的表，它很傳

基金收費正在降低

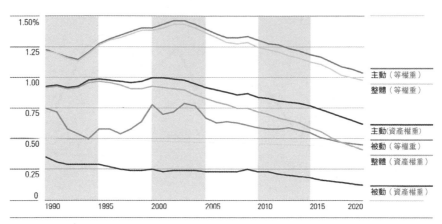

主動（等權重）
整體（等權重）
主動（資產權重）
被動（等權重）
整體（資產權重）
被動（資產權重）

晨星

神的描寫了柏格效應。

　　還有其他方法可以顯現這種趨勢。在彭博社，我們打造了
「費用偏好溫度計」，顯示每年5,000億至1兆美元流入指數基金
和ETF的資金，有多少百分比流向費用0.2%以下的基金。2018
年這個比例已經達到了99%的高峰，而且70%資金投資的是收
費0.1%以下的基金。儘管牛市期間會有許多年輕的、熱衷於交
易的散戶，還有些想為投資加點變化的被動式投資人，使這個百
分比有點下降。整體而言，當市場平穩或下行時，這個溫度計往
往會上升；而當市場上漲、投資人願意承擔更多投資風險時，溫
度計則會下降一點。但無論哪種情況，長期來看投資人應該都偏
好低費率基金。

費用偏好溫度計

——— 投資收取0.2%費用或更低費用的基金百分比

彭博社，美國投資公司協會

成本就是王道

　　成本為王不僅顯示在數據上，也能從投資人口中探知。只要問一問投顧或散戶，就能聽到他們說費率是優先考量，不會買收費超過0.2%的產品。在各項調查裡也不斷印證這樣的趨勢，這顯示投資人選擇ETF時，將「低費用」這個因素排在第一位。這種趨勢強烈到，連指數型基金擁護者也開始試著警告投資人，成本不是唯一因素，還是要看基金表現。

　　當我看到這些調查時，真想在屋頂上大喊，投資內容比成本重要的多。每個指數型產品發行商對於把什麼股票納入組合的標準都不同，日積月累之後就會發現，產品性能所造

成的差異，遠大於費用造成的績效差異。

——陶德・羅森布魯斯（Todd Rosenbluth）

　　同樣的，已經變成競爭對手的柏格前助理瑞普告訴費城詢問報，柏格有時做的太過了：「成本對投資很重要嗎？是的。但投資人只需要看成本投資嗎？不，不一定。傑克的世界經常是如此黑白分明，但我認為這個世界往往存在灰色地帶。」

　　一方面，如果認為成本重要性超過了風險，投資人可能會過度關注成本；但另一方面，有多少人是看過去表現挑選基金結果蒙受損失，所以注重成本又變成是可以理解的想法。用比利喬（Billy Joel）的話來說，這是「信任問題」。投資風險難測，但收費卻是貨真價實的。

　　有些人甚至會比誰付的費用少，這已經取代了九十年代吹噓自己的基金經理人有多厲害的風氣。加拿大媒體《環球郵報》（*The Globe and Mail*）在2018年發表了一篇關於「恥於付費」風氣盛行的文章，以下引述一段話：

　　人們在晚宴交流時會說，「噢不會吧，你的ETF要付2.5%費用？我只付了……（更低的百分比）。」

——李・西蒙斯（Shannon Lee Simmons），新金融學院
（New School of Finance）

　　我個人從未在晚宴上見過這現象（儘管我有兩個小孩，**晚宴**對爸爸來說可能就只是披薩或速食），但當我和人討論投資時，

能了解到多數人已經完全轉向被動投資，不願意再為基金付高額費用。儘管仍有人追求時下投資熱潮，但整體而言，投資人的心態已經變了。

用401（k）退休金帳戶投資被動式基金

　　這種投資大遷徙的趨勢，也發生在退休投資計畫中，員工部分薪資進入退休帳戶401(k)，而雇主則提撥對應金額併入，以提高員工的退休儲蓄率。這些退休金過去會投資在收費較高的主動式基金，現在卻轉向被動型指數基金。根據期刊《退休與投資》（*Pension Investments*）的報告顯示，如今401（k）帳戶裡超過一半（52%）的資產是放在指數基金，相較於十年前的38%大幅增長。

　　據晨星的報告指出，這些401（k）投資人，有許多人投資的是低成本的「目標日期基金」（Target date fund）或「生命週期基金」（Life cycle fund），這類基金已經達到約2.8兆美元的規模，這類基金持有其他指數基金，會隨著投資人預期退休時間和風險承受能力調整，開始時的配置較為積極，越到後來會調整傾向保守。舉例來說，先鋒退休目標2055基金（VFFVX）目前就處於積極配置的階段。

　　在我寫這篇文章的時候，VFFVX有54%投資先鋒總體股市指數基金、36%投資先鋒總體國際股票基金，其餘9%投資先鋒兩個債券型指數基金，總費用為0.15%。先鋒集團的目標日期基金總資產已超過1兆美元。

美國退休金和投資管理機構調查退休帳戶投資管理情況

（單位：10億美元）

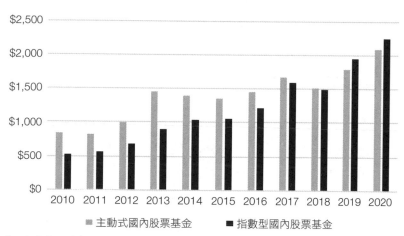

《退休金與投資》期刊

　　眾所周知柏格對許多創新形態基金有諸多批評，甚至包括他自己發起的創新基金。他心裡真正喜歡的是目標日期基金，儘管他強烈警告投資人需要確認收費是否低廉，因為有些基金會納入昂貴的主動式基金，或有重複收費的情形。柏格在《約翰柏格投資常識》寫道：「目標日期基金是絕佳標的，不僅適用於剛開始投資計畫的投資人，也適用於要採用簡單退休投資策略的投資人。」

　　以退休帳戶進行低成本投資的另一種方式，是透過集體投資信託（CollectiveInvestment Trusts, CIT），根據切魯利環球共同基金研究公司的數據，這樣的信託資產整體規模約4兆美元。CIT本質上是基金，但僅適用於機構投資人和員工退休帳戶，他們成功的地方在於可協商費用，而這些費用往往也很便宜。CIT

中絕大多數資產都投資在被動式基金裡，因此它們也是「投資大遷徙」的一部分，由於這方面的數據很難獲得，也往往沒受到關注，所以被稱為基金宇宙裡的暗物質。

「一個基點」的力量

投資大遷徙的副產品之一，是永無止境的ETF收費戰，投資人愛撿便宜，發行商只好不斷削價競爭，他們不愛降價但必須適應環境。投資人對費用的執著如此強烈，導致發行商只要把費用降低一個基點（0.01%），就能引發數十億美元資金流動。

關於一個基點的力量有個很好的例子，是先鋒和貝萊德旗下兩個標普500指數股票型基金VOO和IVV之間的費用戰，這兩檔ETF的總資產加起來有近5,000億美元，就像ETF界的酷斯拉和金剛。2016年10月，在連續兩年落後VOO約150億美元後，貝萊德將IVV費用從0.07%調降至0.04%，比VOO便宜一個基點。接下來兩年間IVV的資金增加了500億美元，而VOO只成長了310億。然後2019年6月，先鋒把VOO費用降到0.03%，比IVV便宜一個基點，接下來那年VOO有270億美元資金流入，而IVV只有40億美元。然後到了2020年6月，IVV又調降費用，降到0.03%與VOO打平，一直維持至今。

儘管存在其他影響因素，但調降費用顯然對這兩檔基金吸引資金的能力有重大的影響。不論如何對這兩家公司來說，好消息是經過這番削價競爭以後，對於投資高成本的主動式共同基金投資人來說，他們都變得更有吸引力了。

> 　　將資金投入IVV，與其說是要和其他標普500ETF競
> 爭，倒不如說是人們希望換掉昂貴的主動式基金，或是想簡
> 化自己多年來的投資。
>
> ——薩利姆·拉姆吉（Salim Ramji）

　　有些投資模型很受到投顧們的歡迎，像是固定持有五到十檔
ETF，同時設定只投資該類別中收費最便宜的產品，這種策略導
致了一些極端狀況。

分拆基點

　　為了和對手競爭收費，竟然有發行商分拆了基點。2018
年道富黃金MiniShares ETF（GLDM）下調了一個基點，
GraniteShares黃金信託ETF（BAR）竟然為了搶回市場，宣布把
費用降至0.1749%，比GLDM的0.18%低了半個基點。新的收費
尾數是49/100個基點，會被四捨五入為0.17%，因此用低收費檢
索會排在前面。

　　雖然這些年來已經歷過無數次費用調降，但這對我來說極具
象徵意義，因為那數字細到讓人難忘。此外，這樣的精確削價競
爭，也擴散到先鋒沒有參與的類別裡。現在已經沒有所謂的無先
鋒區域了，基金經理人已經無法肆無忌憚的維持高收費了。現在
連發行商也不得不擔心競爭對手「效法先鋒」，只好壓低價格。

富達零費用基金

2018年8月富達宣布推出一系列零費用指數型共同基金，此舉震驚了金融界，這或許算是效法先鋒最終極的例子了。儘管富達早就提供了非常便宜的指數型共同基金，但這次決定還是引發轟動，因為這是第一次有如此規模和地位的基金管理公司「零費用」。身為主動式基金市場龍頭，富達此舉彰顯了投資大遷徙和柏格效應的深刻意義。

富達以此叫戰先鋒指數共同基金。先鋒擁有大約75%的市占率，不過富達還是挑戰成功了。這套零費用的基金規模在三年內就突破了200億美元大關，再加上其他超低成本的指數型共同基金，總共吸引了數千億美元資金流入。富達的目標是在所有類別都比先鋒更便宜，這一點在2019年7月的新聞稿裡表達的很明確：

> 如同富達現有的53支股票、債券指數基金和11檔類股ETF一樣，新基金的費用低於先鋒同類基金。這五款新基金可供散戶、第三方投資顧問和退休帳戶投資使用。

富達點出自己比先鋒更便宜，這表示金融世界發生了多大的變化。柏格在《堅持不懈》裡讚許了這一點：

> 富達董事長詹森三世（Edward C. JohnsonIII）原本不認為富達會效仿先鋒，但事實上他在1988年已經這樣做了。

　　他那時還跟媒體說：「我不相信絕大部分投資者會滿足於平
均報酬，要比賽就要拿第一。」（如今指數型基金占富達所
有股票基金資產30%。）

　　雖然柏格最終贏得了理念之戰，但我認為富達能吞下驕傲調
整自我，還是應該給予肯定。有些公司沒有跟進，結果現在他們
已經無法抵禦資金外流了。如果柏格真心願意看到低收費的世
界，裡頭先鋒集團的市佔率被對手侵蝕流失，那麼富達和其他公
司正在幫助他圓夢。富達是貨真價實的被動投資管理公司，擁有
約1兆美元的指數基金資產。
　　柏格很開心能帶起這股風潮，他在1991年對團隊的演說中
表示自豪：

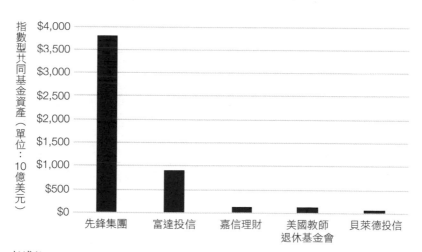

各發行商的指數共同基金總資產（不包括ETF）

彭博社

使競爭對手的費用相形見絀多讓人感到自豪，我毫不掩飾自己的驕傲……先鋒一直是破壞性創造的代言人。許多主要競爭對手都成了受害者，我們是少數幾家身為摧毀者，卻還能屹立不搖的公司。

柏格最大的貢獻就是指數化以及竭力推動成本下降。回顧二、三十年前，想用四、五個基點的費用買標普500指數基金聽起來是痴人說夢，但拿到現代這已是常態，柏格讓投資人欠下的人情債比什麼人都多。

——大衛・畢哲文（David Blitzer）

天命

ETF智庫的納迪格將這一切稱為「ETF天命」，並表示「每個資產類別都該有對應的ETF，而且應該要幾近免費。」這基本上就是現今的情況。投資人可以在各種資產類別中找到免費，或是幾乎免費的ETF。

曾經的ETF業界老手，現今身為加密貨幣資訊長的豪根試算了他稱為「全球收費最便宜的ETF投資組合」，這項組合追蹤六種資產類別，十年前的管理費用是0.14%，但現在降到只有0.02%。投資1萬元年費只要2元，連一塊披薩都買不到。

全球收費最便宜的ETF投資組合

資產類別	權重	基金名稱	ETF 代碼	營運費用比率 %
美國股票	40%	紐約梅隆銀行美國大型核心股 ETF	BKLC	0.00
已開發市場股票	30%	紐約梅隆銀行國際股票 ETF	BKIE	0.04%
新興市場股票	5%	先鋒富時新興市場 ETF	VWO	0.10%
固定收入	15%	紐約梅隆核心債券 ETF	BKAG	0.00%
不動產投資信託	5%	嘉信美國不動產投資信託 ETF	SCHH	0.07%
大宗商品	5%	GraniteShares 彭博商品整體策略 No K-1 主動式 ETF	COMB	0.12%

麥特・豪根（Matt Hougan）

全球收費最便宜的ETF投資組合費用率

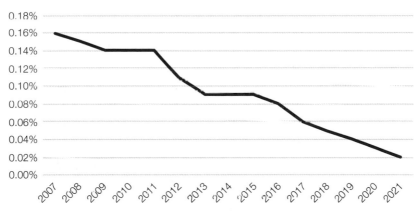

—— 最便宜的ETF投資組合成本

麥特・豪根（Matt Hougan）

ETF的恐怖世界

　　由於ETF市場必然吸引重視成本的投資者，因此我把ETF市場稱為ETF恐怖世界，這個詞的靈感來自人民公敵樂團（Pubic Enemy）的單曲《歡迎來到恐怖世界》（*Welcome to the Terrordome*）。對於投資人來說這裡是天堂，這也是為何大部分新資金都會流入ETF市場，但對於發行商來說卻是活地獄。

　　此外，ETF深受年輕投資人的青睞。嘉信和貝萊德等公司所做的調查都顯示，越年輕的人投資組合中，ETF的占比越高，所以那些試著逃避ETF地獄的經理人員，面臨著被市場淘汰的風險，因為老嬰兒潮世代正退出他們的共同基金，把投資傳給下

ETF上市與下市數量

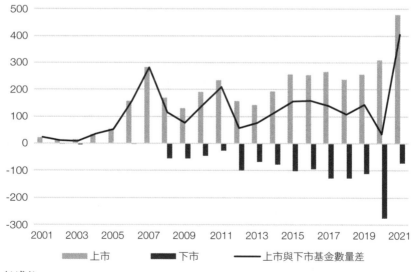

彭博社

一代。

　　資產管理公司意識到這個現實，所以不斷推出新的ETF產品。在美國，平均每天都有一檔新的ETF上市，放到全球來看則是每天三到四檔。晨星公司ETF分析師強生（Ben Johnson）說，這種無止境推出新ETF的現象是亂槍打鳥，就看哪幾檔能成功。這麼說肯定有些道理，儘管新ETF推出前，多半都是先經過一番基礎研究數據支持。雖然進入ETF市場的門檻很低，但要想成功卻很難。有些ETF表現的很好，但更多是默默無聞，平均約有四分之一的ETF最後會下市。

　　ETF恐怖世界讓那些大型共同基金公司，即使滿手資金仍感到心慌，他們再也無法靠著給經銷商佣金，舌燦蓮花去招攬客戶來買他們的產品。這是他們第一次公平競爭，必須赤手空拳求生，試著去吸引注重成本、受柏格影響的顧問們和散戶投資人，這感覺就像是從鄉村俱樂部走進野生叢林。先鋒集團在恐怖世界裡蓬勃發展，因為這是他們創造出來的世界，是他們的主場，是永無止境的競賽。但對於其他基金公司來說，這個轉變就像是2000年的電影《浩劫重生》（*Cast Away*），湯姆漢克斯從身材肥胖的聯邦快遞中階主管，變成了體重只剩140磅、會獵魚、會生火的硬漢。這會花上幾年時間，但一切都是可能的，而且這很重要，因為ETF恐怖世界並不是個孤立的角落，這是整個行業的未來。在接下來的幾十年裡，它會鋪天蓋地的擴大到各處。任何不適任者，都可能會面臨倒閉或是被收購。

全錄（Xerox）時刻

　　從資產管理公司的角度來看，ETF市場實在沒有吸引力，所以許多大型共同基金公司錯失了早期進入市場卡位的黃金時機。無論是富達沒有跟進推出產品，還是像紐文資產那樣推動計畫最後流產。我把這些都稱為全錄時刻，全錄以印表機和影印機聞名，但他們其實曾經開發了史上第一台個人電腦、滑鼠和圖形使用者界面，可惜當時這家公司並沒有真正看到這些產品的價值，結果比爾蓋茲看到了、賈伯斯也看到了，接下來的歷史大家也都知道了。

　　許多主動式共同基金業者坐看ETF行業興盛卻沒有參與，因為他們害怕ETF風行起來會侵蝕掉原有的業務。直到近年ETF投資規模增長驚人，不少公司才試著推出不透明的ETF，或是將現有的共同基金轉換為ETF。但這些都解決不了收費高昂、績效與大盤相仿的主動管理產品要如何讓投資人買單的問題。

沒有受害者（至少還沒有）

　　如果沒人願意為投資付額外費用，金融業會發生什麼事情？可以肯定的說它會縮小。如果基金業從投資人那裡收取的費用和先鋒集團一樣少（事實上這個目標也的確快要達成了），那就是說，基金業年收入會從每年1,400億美元左右掉到200億美元，足足下降85%，但我想可能不致於此，我猜它最終會掉50%。但不管怎樣，這就是為什麼我曾考慮把本書命名為《讓華爾街萎縮

的男人》。

但這種萎縮只會發生在熊市之後，當沒有什麼可以抵消資金外流、掩蓋ETF靈活成長的事實那時。柏格直率地承認他讓基金業十分痛苦，但同時他也認為沒什麼人受害，至少還沒有。他在2017年特許財金分析師（CFA）年會演講中指出：「到目前為止，指數革命沒讓任何人蒙受損害。」

> 我認為那些還沒進入ETF市場，而且也沒有明確上市計畫的基金家族，就盼著股市能不斷攀升，如此一來就能靠著資產基數膨脹，彌平帳面上的虧損。
>
> ——陶德・羅森布魯斯（Todd Rosenbluth）

主動式基金經理人會主張，熊市是能讓他們再次偉大時候，到時投資人都會想要一雙幫忙操盤的手。他們會說被動式投資到現在才流行，那是因為聯準會貨幣政策太寬鬆、賺錢太容易，現在大家都只想著買支指數基金就夠了，但是等著瞧，總有一天大家會感激我們的。這個論點聽來很有道理，我要是主動管理者也會這麼說。問題在於，證據顯現的完全不是這麼回事，首先當市場崩盤時，投資人撤出主動基金的手腳往往更快；其次，當熊市來臨時，主動式基金的表現也不怎麼樣，跟牛市時期一樣差。

三重打擊

讓我們來分析一下，為什麼當市場長期下跌時，主動式共同

主動式共同基金、指數型基金和ETF資金流動情形

（單位：10億美元）

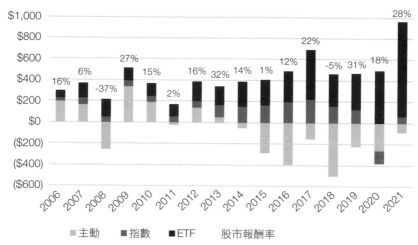

■主動　■指數　■ETF　　股市報酬率

美國投資公司協會、彭博社

基金可能會出現大量資金外逃，而事實上這也正是過去市場經歷過的三個殘酷時期（2008年、2018年和2020年）所發生的情況。主動式共同基金當時體驗了最糟糕的資金外流時期。市場下行導致資金外逃主要有三大原因，我稱為「三重打擊」。

　　首先，當市場長期低迷時，恐慌的投資人會撤資。這些人通常較為年長，即將退休，不想冒著虧錢的風險。再者他們也不太會是忠實投資人，因為他們大多數人的投資動機，並不是因為了解所投資的是檔好基金，而是因為理專推銷他們買。相對的，被動式基金往往擁有更忠誠、表現更好、更年輕的投資人，他們有更長的時間能持續投資。

　　其次，市場下跌剛好能讓許多投資人擺脫牛市期間不願意賣

主動式共同基金資金流動情形

（單位：10億美元）

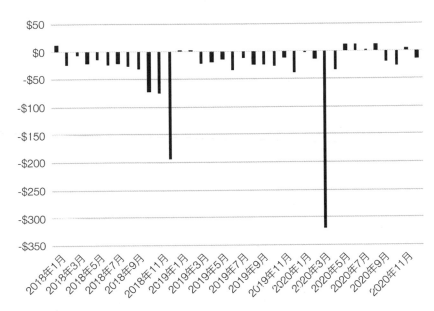

美國投資公司協會

基金的理由。牛市時賣出，帳面上就會有實際收益得繳稅，這是他們不希望的，反而在熊市時，他們可以考慮用投資虧損節稅。我估計可能有幾兆基金是處於這種情況。

　　第三，投資人仍會因為成本高而撤資，這是基本的資金外流原因，不受市場條件影響。三個因素加在一起，會造成主動式共同基金資金發生前所未見的資金流失。我們過去曾在2020年3月做過資金外流評估，當時主動式共同基金在一個月內就流失了3,200億美元。當時如果聯準會沒有介入，2020年撤資主動式基金的數字可能會過一兆美元。

> 市場持續低迷，再加上指數型基金影響力日益增強，會
> 迫使部分主動式基金退出市場。
>
> ——克莉斯汀・賓斯（Christine Benz）

荊棘滿布

指數基金、ETF和先鋒集團在熊市期間，仍可能吸引投資，這與許多人的看法或預期不同。雖然沒有景氣好時有那麼多的資金，但他們仍可能持續擴張，這表示低成本基金會迅速吞噬市占率。熊市對於被動投資是個很好的機會，因為此時吸引被動資金相對有優勢。

> 人們會這麼說：「等到市場低迷時，主動式基金經理人
> 會知道怎麼樣不要讓基金跌那麼多，到時投資人就會摒棄指
> 數型基金。」但情況恰恰相反，指數基金投資人原地不動。
> 所以我發現，指數基金投資人可說是最精明的投資人。有種
> 解釋是，指數化是非常違反直覺的投資策略，所以投資人必
> 須夠精明，去理解為什麼這是個好投資。
>
> ——葛斯・索特（Gus Sauter）

最好的例子或許是在2008年，當時標普500指數跌掉了37%。但要是看先鋒的資金流入量，可能怎麼樣都看不出股市下跌，因為當時先鋒**每個月**都還是有資金流入，包括2008年10月，光那個月市場就下跌了17%。

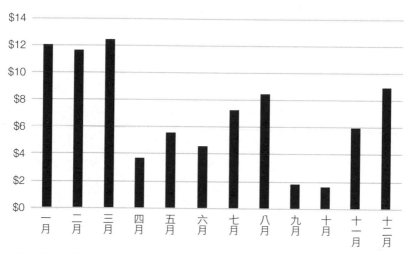

先鋒集團2008年每月流入資金量

（單位：10億美元）

先鋒集團，彭博社

　　儘管不斷出現「市場暴跌使美國陷入困境」、「恐懼如滾雪球般震撼市場」這樣的新聞頭條，但2008年先鋒集團總共還是吸引了900億美元的資金，而其他基金業所有公司加總，2008年一共流失了1,200億美元。從那以後，每次發生拋售潮時，我們都能看到這種情形。例如2018年，當股市歷經幾番波折，標普500指數年底下跌4%時，流入先鋒集團的資金超過2,000億美元，而基金業其他公司合計淨流出2,000億美元，甚至在2020年3月股市場崩盤期間，先鋒有許多基金還是能吸引投資。

相對可預測性

我曾在採訪中問柏格，為什麼先鋒集團的投資人的在市場下跌時似乎更堅定不移，他認為應該歸功於指數基金的可預測性，以及沒有仲介機構。「我們的贖回率一直比同行低得多，」他說，「為什麼呢？因為是投資人找上我們的，這點非常重要。打從先鋒剛開始的時候，我們就在員工會議上討論過一個問題，我說我們必須創建具有相對可預測性的基金。」

所謂可預測性這個想法很重要，因為這正好與主動式基金形成對比，當市場低迷時，主動式基金前景如何難以預料，大多數基金無法超越指數，雖然有些的確可以。如果觀察SPIVA紀錄，遇到拋售潮時有三分之二的基金表現會低於對應的指數，不過就算是以年度或一般市場環境觀察，情況其實也差不多。雖然有些基金表現比較好，但的確很難預期它們會持續打敗大盤。

如果只看2008年前20大主動式股票共同基金，就能發現裡面有13支不如相對的基準，無法達到利用主動管理緩衝市場下跌的效果。此外，這20檔基金的平均表現落後基準1.43%，這數字差不多等於主動式基金營運費用加上交易成本。平心而論，這個用的大多是比較貴的A股版本期金，但即使你用較便宜的機構級版本來比較，大概也無法擺脫這樣的結果。

大部分主動式基金2008年績效無法超越市場，原因之一是受到投資目標限制。比如說，對於以大型公司股為投資目標的基金來說，要超越標普500指數是很難的，因為這些基金一般要在策略目標上投資至少80%的資產。但即使基金經理人可以根據

2008年前20大主動式股票共同基金表現

基金 代碼	名稱	2007年資產 （百萬美元）	2008 基金報酬	對應基準 表現	與對應 基準比較
AGTHX	美國成長股基金A股	193,453	-39.071	-36.999	-2.07
AEPGX	美國歐洲太平洋成長基金A股	124,010	-40.527	-42.999	2.47
CWGIX	資本世界增長與收入基金A股	113,908	-38.377	-40.303	1.93
AIVSX	美國基金的投資公司A股	89,250	-34.735	-36.999	2.26
AWSHX	美洲華盛頓互惠基金A股	82,424	-33.102	-36.999	3.9
FCNTX	富達對沖基金	80,864	-37.164	-36.999	0.16%
DODGX	道奇考克斯股票基金	63,291	-43.309	-36.999	-6.31
ANWPX	美國基金新前景基金A股	61,218	-37.834	-40.303	2.47
FDIVX	富達多元化國際基金	56,765	-45.206	-42.999	-2.21
DODFX	道奇考克斯國際股票基金	53,479	-46.686	-42.999	-3.69
ANCFX	基本投資者基金A股	50,370	-39.696	-36.999	-2.7
VWNFX	先鋒溫莎公爵II	49,770	-36.7	-36.868	0.17
NYVTX	維斯紐約創投基金A股	49,335	-40.026	-36.999	-3.03
FMAGX	富達麥哲倫基金	44,822	-49.399	-36.999	-12.4
FDGRX	富達公司成長基金	37,073	-40.897	-38.459	-2.44
TEPLX	富蘭克林坦伯頓成長基金A股	36,917	-43.47	-40.303	-3.17
FLPSX	富達低價股基金	35,231	-36.173	-33.812	-2.36
VPMCX	先鋒卓越資本基金—個人投資類	33,395	-32.408	-36.999	4.59
AMCPX	AMCAP基金A股	27,302	-37.678	-36.999	-0.68
PRGFX	T Rowe 普徠仕成長股	26,070	-42.256	-36.999	-5.26
	平均		-39.7	-38.3	-1.4

彭博社

市場警訊將所有資產轉為現金，市場反彈時卻會因為手上股票已
經變現賺不到價差，總而言之，無論如何都可能績效不彰。假設
基金經理人在2020年3月把手上基金全部或部分套現，那就會錯
過聯準會支撐債券市場政策後的大反彈。當然，問題的根源在於
一個難以忽視的事實，就是無論人有多少學位或經驗，沒有人能
預知未來。

整併時代來臨

　　因此，熊市結合持續發酵的柏格效應，可能促使基金業整
合，而這行業目前仍有超過七百家公司。公司整合起來將能夠產
生規模經濟，進一步帶動費用調降，還能讓擴大分布範圍。其實
這件事已經是個進行式，聰明的公司意識到主動共同基金這棵搖
錢樹，看來的確挺不過三重打擊的考驗。

　　基金業整併結果可能會類似於航空業、媒體業或銀行業等，
這些行業都曾經歷公司整併。現今航空業主要有4到5家大企業
掌控著80%的業務，而少數提供小眾服務的像是夏威夷航空公
司，則有另外20%的市占率。

　　銀行業可說是資產管理整合的良好範例，下面的圖表顯示自
1990年代以來銀行業發生的大規模整併，內容可圈可點。它就
像一級男籃錦標賽那樣競爭激烈，最後留下了業內前四強：

　　談到銀行整併這話題時，先鋒集團也多少有些關係。在柏格
1980年代初向團隊發表演講時，談到了對銀行界的不滿。先鋒
集團引入了低成本貨幣市場基金，收益比銀行利息要高，這基本

1990年至2010年銀行整併表

資料來源：聯準會；美國政府責任署（GAO）
《資本視覺》（Visual Capitalist）

上是在搶銀行的飯碗。他在1980年告訴團隊：外面有個大行業想要搶回業務——銀行業。」

　　這就是為什麼許多銀行在九十年代開始推出共同基金，就是希望能收回一些資金。柏格在1993年的演講中提到這點：

　　　　共同基金已經超越了銀行，成為一般家庭的投資選擇……銀行不笨，他們起初關注我們行業的發展是出於好奇和質疑，後來就轉變為嫉妒和恐慌。他們現在也加入了，開始經銷許多我們競爭對手的共同基金，但這是在他們能拿到佣金的前提下！他們才剛開始推出自己的共同基金。

除了與其他基金公司合併外，許多資產管理公司還試著透過買通顧問或買線上平台的方式來獲取客戶。這種引導客戶群來投資自家基金的方式，叫做自帶資產（BYOA），絕對是保持資產增長的方式，但這並不能真正解決長期投資過程中，客戶機動性的需求。

榨乾到底

即使這些公司整併能降低基金的費用，還能抵消高利潤基金的資金流失，但這也於事無補，因為它們難以從低成本基金中獲得收入。因此即使整併成功了，結果也是失敗的，至少從收益的角度來看是這樣。我問柏格，他認為主動式基金公司應該如何應對先鋒帶來的殘酷考驗，他以嚴格的長者態度建議：什麼都不用做，不需要費心改變，已經太遲了。就多榨取些利潤和牛市補貼，盡量榨乾到底。

「如果能夠變便宜，主動式共同基金能生存下去嗎？」我好奇的問。「答案可能是不行，」柏格回答。「他們可以調降到剩50個基點，但沒人會這麼做。只收50個基點的話，那百分之百沒賺頭，何必做不賺錢的生意呢？」

「那他們該怎麼辦？」

「坐享既有的收益。」

「但資金終究會流光不是嗎？」

「他們的資金正在滴滴答答流出，最後總會流掉一大筆錢。」

大規模共同所有化？

雖然柏格否認降低費用或合併能帶來多少好處，但他確實表示有件事是主動式基金公司可以做的，也許可能是在清算時被迫做的，那就是讓這個行業「大規模共同所有化」，大型基金公司紛紛被迫轉成像先鋒那樣的共同所有制以求生存。

他在我們上次採訪中說：「在此我要告訴全世界，未來業內可見大量公司轉化為共同所有制。」

「你的意思是，資產管理公司將轉成像先鋒這樣的共同所有結構？」我問道。

「他們會共有化。」

「真的？為什麼？因為他們必須這樣做？」

「嗯，有很多原因。其一是有個競爭對手（先鋒集團）正在搶食他們的市場大餅，他們心知肚明，但到目前為止他們還沒有想要振作。他們被迫削減收費，但不論減多少，永遠無法減到像共同所有制的公司能做到的程度。他們喜歡主動管理業務，但其實大家都知道，整體來看，這是會削弱公司創造價值的業務，這是事實。」

「他們知道這不是門好生意，所以我認為壓力是會在的。我也認為公共政策會介入，但也可能會有一群強勢領導的主管說，這碗飯已經吃了五十年，夠了，開始共同所有化吧。」

考慮到目前經濟上並沒有共同所有化的動機，這些都只是柏格個人的大膽預測。他的立論基本上預測這些公司的處境會變得很糟，糟到讓他們絕望，雖然他也補充說，許多小公司可能不至

於如此，因為「他們可能是些本地公司，同事之間是朋友關係，而且本就有意維持低收費。」這種大規模共同所有化理論，跟他對ETF的看法一樣，是即使是工作上最親密的戰友也難以苟同的事。主要的原因是，相信大規模共同所有化，是沒考慮到先鋒是在非常特殊的情況下成立，那是千載難逢的情況，是非常偶然的特例，否則根本沒有共同所有化的動機。

　　現有基金業想要走向共同所有化，只有放棄賺錢或是讓共同基金將其買斷。這以經濟學的角度來看根本說不通，誰會出錢去辦這樣的一家公司呢？傑克經常喜歡四處走動，說整個行業都應該這樣做，還說：「我不明白為什麼他們都沒有改變？」但威靈頓之所以改變，是因為公司內部分歧，否則又怎麼會有管理公司這樣做呢？

　　　　　　　　　　　　　　　——詹姆斯・瑞普（James Riepe）

　　要是大規模共同所有化發生了，我會覺得驚訝。我記得二十年前，當我還是基金研究小組的一員時，大家討論過這個問題。我們得出的結論是，這種相互所有結構有利於消費者，柏格是對的。但我們應該以此為目標，並將這個理念推廣出去嗎？我們最後得出的結論是，這根本不實際。這行業油水太多了，建議基金公司採行這種結構根本不實際。所以如果業內大規模共同所有化，我會感到非常驚訝，我認為這想法有些一廂情願。

　　　　　　　　　　　　　——克莉斯汀・賓斯（Christine Benz）

　　儘管沒人真的贊同柏格的預測，但他在低成本和指數基金的願景上超前了三十年，這點是難以忽視的。也許結果會再次證明他是對的，這只有時間才能解答。

普特南案

　　柏格曾經試著讓先鋒最大的競爭對手之一普特南投資公司（Putnam Investments）轉成共同所有制。他差點成功了。普特南成立前幾十年表現的不錯，但在2000年代逐漸走下坡。當時它剛捲入時區交易醜聞，旗下有九名基金經理人被發現利用自己管理的基金做對沖交易*。簡單來說，那時要是有哪家公司需要在共同所有制的清水裡受洗，那無疑就是普特南了。柏格知道這點，還約了普特南的「獨立董事」共進牛餐，後來才得知這位獨董曾任普特南母公司達信集團（Marsh McLennan）執行長，而這一點卻沒有依規定在公司資訊文件揭露。如果普特南走向共同所有制，對達信集團來說，這股票將變得一文不值。柏格試著說服這位獨立董事，但顯然他並不獨立，他盤算的是達信集團的利益。也因此柏格最後收到的訊息也正如他預言的：「不可能成功。」

　　這個案例在告訴人們，很難想像什麼情況下有公司會選擇共同所有化。也許柏格只是下意識的想用預測的方式，提醒業者的原罪，並再次突顯自己有多好。

---

* 譯註：時區交易醜聞爆發於2003年，普特南基金經理人利用時差進出市場，藉此牟取不正當的利益。比如在某公司正面消息即將發布前，預先透過尚在交易時間內的市場買進，等自己所在市場開市一漲就賣出。

「這個行業的整體結構很瘋狂，」他說，「當我們創造出人類心中最偉大的結構時，保守點說，這個新趨勢的領導者就是先鋒公司好了，但我們已經成立四十二年了，還沒有人追隨其後，這表示業內有既得利益的考量。」

貝萊德之路

對基金公司而言，在這個黯淡的未來中，另一條可能的路是發揮創造力，積極多元化進入其他領域。在某種程度上，這就是貝萊德正在做的事。它擁有歷史悠久的低成本ETF與指數基金業務線，但它也涉足科技業務、機構業務和另類投資業務，並且正積極向海外擴張，因為海外的成本壓力還沒有像國內那樣強烈。簡而言之，多角化經營使其能夠在ETF和被動投資領域與先鋒一較長短。基本上想要長期生存發展，就必須有其他業務收入來補貼基金業務。

> 我們在許多地區相互競爭，也在各種不同的產品類別競爭。我們的核心業務是與先鋒集團競爭。在因子投資（Factor Investing）中，我們最大的競爭對手是德明信基金管理公司（Dimensional Fund Advisors）；在固定收益方面，我們最大的競爭是債券市場；在永續發展方面，許多競爭對手來自歐洲。而在主題投資等領域，我們用指數型和主動式ETF與主動式基金經理人競爭。先鋒是個強大的競爭者，我們也有許多強大的競爭對手，但由於我們跨足多種產品和不

同地理區域，因此與眾不同。

——薩利姆・拉姆吉（Salim Ramji）

下一步是投資顧問

正如本章開頭所指出的，隨著投資大遷徙而來的革新不只影響基金，同時也觸及價值25兆美元的金融顧問界。雖然他們將客戶的資金轉移到費用較低的被動式基金，弱化不願分享規模經濟的主動式基金，但他們可能會因為堅持收取那1%的服務費用，犯下和主動基金同樣的錯誤。一些資產管理公司聲稱這1%服務費為必要費用，這也透露出顧問一邊公開抨擊高成本共同基金，但自己卻收取同樣高甚至更高顧問費的虛偽行徑。顧問們通常會反駁，他們為客戶提供理財規劃、稅務規劃和投資諮商等各方面的服務，所以收這1%費用是合理的，這是場長期而激烈的辯論。

如果你向別人收取高額費用，那很糟糕，必須住手！但如果我向人收取高額費用，那沒關係，因為我就是值得。

——瑞克・費里（Rick Ferri）

重新計費

柏格喜歡計算共同基金實際費用，這裡我們也模仿這個模式解說。以2015年為例，假設某位顧問管理100億美元資產，收費

1%的話那麼年收入就是1億美元。但隔年股票和債券市場翻了一倍，結果他什麼都不用做，也不用招攬新客戶，收入就變成了2億美元。工作內容和工作量都不變，但報酬基本上翻倍，這情況就像我們在第五章看到的那些主動式共同基金一樣。這就是以資產百分比形式收取報酬的美妙之處。

> 顧問業已準備好迎接翻天覆地的變化，但我認為大家會掙扎拒絕，業內有種種理由說那1%收的理所當然，但是身為財務顧問並不表示就該日進斗金。這就像在波士頓當警察，只是因循陳規就能領到許多加班費。
>
> ——妮可・柏森（Nicole Boyson）

晨星公司前首席執行長菲利普斯（Don Phillips）在柏格頭播客裡轉述了一個按資產百分比收費的故事，這個故事讓人記憶猶新，現在看來的確有先見之明。

「從顧問的角度來看是蠻開心的，能按基點收取報酬，這種賺錢方式多麼美妙。」菲利普斯說，「記得我見過的第一批理財專員裡面，其中有個叫湯姆的，他為銳思（Chuck Royce）工作，他說：『我就算是半夜起床上廁所也在賺錢，錢源源不絕的24小時一直滾進我的帳戶，那個客戶資產規模機制裡，收費指針永遠滴答作響。』」

聖地亞哥的顧問羅奇（Cullen Roche）以超低收費自豪，他在ETF IQ上說道：「每年當投資人走進投顧辦公室，調整年度理財計畫時，如果是投資一百萬美元，那就像是帶著一萬美元的

公事包送錢去。對大多數人來說這是一大筆錢，但大家不會付給醫生或會計那麼多錢，所以我的確認為收費壓力會越來越大。」

這種壓力來自各方面，其一是人工智慧投資管理，例如貝特曼（Betterment）或維爾賽福（Wealthfront）人工智能投資公司，它們能管理投資組合、幫助稅務甚至財務規劃。自動化投資顧問能做一般全方位投資理財顧問能做的事，但收費只有0.25%。自動化投資顧問往往是先鋒集團ETF的大客戶，也是柏格的門徒。事實上，貝特曼的創始人史坦（Jon Stein）在柏格去世後的一篇部落格文章中表示，如果沒有柏格，他的公司就不會存在：

> 傑克對我的職業生涯有極大的影響。沒有他樹立榜樣，貝特曼就不會存在。這話不是隨口說說的，我想我們對金融業的影響只是個開端，而少了他這一切都不會發生。

也就是說，自動化投資對於市場上的巨額資金來說，占比還是很小的，但也突顯了投資人希望以更少的費用得到理財服務。一些較大型的資產管理公司，也陸續推出了他們自己的低收費理財規劃服務。

先鋒的下一個目標

前面所謂較大型的資產管理公司，其中之一就是先鋒集團，幾年前就已經推出了自己的理財規劃服務部門。他們根據資產大

小及服務量，收取0.05%到0.3%的費用。先鋒集團執行長巴克利（Tim Buckley）2019年在《環球郵報》上說這番話，基本上是在告訴顧問們：

> 我們很開心能把價格戰引入共同基金領域，享受著自己帶來這麼大的影響，但真正需要調降的，是投資顧問領域。

先鋒集團投資顧問服務已經吸納了大約2,600億美元資產，差不多是貝特曼的十倍，儘管大部分都是先鋒現有的客戶。先鋒另外還有一支由一千多名認證理財規劃師組成的大軍。這樣的威脅實實在在，這表示先鋒的共同所有權結構並不侷限於單一領域，它能擴散到任何地方。

基奇斯可以說是最了解投顧歷史和趨勢的人了，他認為業內75%都會受到先鋒和柏格效應的影響，剩下25%可能以服務高端客群為主，像是要求較細緻、對專業更挑剔的客戶，或是以服務在地顧客為主，如此才能維持那1%的收費。

先鋒個人投資顧問服務收費表

服務費（％）	客戶資產
0.3	＜500萬美元
0.2	500-1,000萬美元
0.05	＞2,500萬美元
0.1	1,000-2,500萬美元

先鋒集團

先鋒個人投資顧問服務管理的資產規模

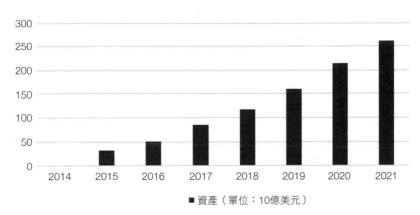

資產（單位：10億美元）

先鋒集團

　　如果顧問做的是需要大量專業知識、非常高端的工作，比如企業合作或是更複雜的事情，而且需要不斷追蹤，要拿1%的服務費完全沒問題。但如果他們做的是我們（貝特曼）能做的事，這可能就不值1%的報酬。

　　　　　　　　　　　　　　　　——丹·伊根（Dan Egan）

　　基奇斯認為這個數字會這麼高，原因在於目前有30萬「投資顧問」，但其中三分之二實際上是經銷商，甚至其餘三分之一的人也不是真正的認證理財規劃師（CFP，Certified Financial Planner，也就是那些更專業、能做全盤性財務規劃的顧問）。

　　「我認為先鋒會成功，」基奇斯說，「先說我對先鋒和巴克利沒有不敬之意，但我也認為巴克利的話說得誇大了點。當他說顧問時，我想他講的是一般券商的理財專員，實際上就是仲介或

業務員。他們沒受過訓練，也難以提供專業建議。」

他繼續說道：「先鋒集團的個人顧問服務（PAS）還沒摧毀其他的所謂投顧社群，但它確實迫使投顧走入小眾市場、專門領域、或以區域為主的服務。所以我想先鋒也會有類似的情況，它可能最後會服務投資金字塔底部那70%到80%的人，而獨立顧問則面向高收入、高資產的人，建構出許多小眾、特殊專業，而且更複雜領域的投資。家庭醫師的興起，也沒有讓神經外科醫生失業。」

假設由顧問經手的那25兆美元，其中有75%資產費用可以減半，那麼投資者每年就可以省下約1千億美元的存款。儘管這並非全部歸功於柏格和先鋒，但這些最終還是能加到第一章裡討論的，那每年數兆美元的儲蓄中。

我認為先鋒個人投資顧問服務（VPAS）已經成功吸引到投資，他們吸納的資產越多，市場就必須越認真看待。難道這就表示，以後所有諮詢費用都會降到VPAS的水準？這不太可能，因為還是有些有特殊需求的客戶，無論他們的需求是情感上或是實際面的，VPAS並無法滿足。

——伊莉莎白・卡許納（Elisabeth Kashner）

平價或精緻

基金業的走向呼應了發展趨勢，即少數大型公司管理著約80%的資產，並且低價競爭，其餘則由小眾和地方性公司管理。

我認為柏格的下一個傳奇會是顧問收費改革，而他們也會以真正具有成本效益的方式，提供主流消費者建言。我認為先鋒集團內部正在進行一些相關產品的開發。貝特曼這類公司也會試著用這樣的思維去推出產品。所以我認為這是未來幾十年創新的方向。

——克莉斯汀・賓斯（Christine Benz）

相對於在《約翰柏格投資常識》中評論資產管理公司那直率的態度，柏格談起投資顧問時用字遣詞較為細緻。他認為有壞的顧問但也有好的顧問，顧問可能有擅長的領域卻也有弱項，難以面面俱到：

我對顧問整體的能力抱持懷疑態度，他們是否能幫投資人選股、選基金，能為人規劃出有優越績效的投資組合，有些人可以，但大多數不行。專業投資顧問的強項是提供有價值的服務，包括資產配置、稅務，以及退休前能存多少、退休後有多少錢能花。經驗豐富的顧問可以幫助人避開投資路上的陷阱。在理想的情況下，這些重要的服務可以強化投資計畫並提高績效。

顧問們並不是輕輕鬆鬆動動口說：「就買這三檔ETF，其他的我們什麼都不做，但1%費用還是得收。」我們會幫助節稅、分配預算、退休規劃，確保客戶財務狀況良好有序。話雖如此，我認為顧問費還是會被壓縮，就像其他金融服務領域一樣。顧問們必須強化自己的價值，但買不買單還

是由客戶決定。我們與各種客戶合作，他們明確知道自己都付了哪些費用，我們的收費完全透明。

——奈特·傑拉奇（Nate Geraci）

有個值得注意的地方，即先鋒個人投資顧問服務在某種程度上，是在與自己的客戶競爭，這對未來持續推動會有影響。如果顧問們認為先鋒ETF威脅到他們的業務，使用意願就可能變低。這就是為什麼同樣經營ETF的道富銀行站出來，明確表示不會提供諮詢服務，因為它不要與自己的客戶競爭。到目前為止，這似乎對顧問們的影響不大，但仍需要密切關注。

先鋒努力發展諮詢服務（PAS）另一個有意思的點是，它可能會將先鋒帶往許多原本不輕易涉足的領域，像是私募股權、對沖基金、直接指數化，甚至是加密貨幣等。為了與高級顧問競爭，先鋒需要對客戶的另類投資需求提供方案，未來如何發展可能會很有趣。

柏格不只在他的書裡稱讚了諮詢服務，在我們上次的採訪中他更進一步預測，認為顧問業最後會被迫完全放棄以資產百分比收費。他說：「這個行業會變得越來越專業，越來越不像做生意。未來會發展出更精確的付費方式，像是按照諮商次數或是時數收費，我無法預測會是什麼形式，但就顧問業而言，在我看來，固定百分比收費，甚至逐漸減少百分比收費，這些都是無法長久的。」

計時收費模式

話題順著走到了計時收費的模式，這是顧問世界中一場小型但發展中的微型革命。在這種模式下，客戶只按時間付顧問費，僅此而已。

顧問計時收費是促進投資人權益的一大步，這也是我認為理財顧問該採行的方式。至少有97%的人會得益於計時收費制。

——雪柔·嘉瑞特（Sheryl Garrett）

顧問們反駁說，他們已經給了客戶選擇，是客戶自己喜歡以百分比付費。以前面提到的顧問羅奇為例，捫心自問，你是願意每年帳戶被自動扣除1%顧問費，還是喜歡每年開一張5千美元的支票？一些人可能會選擇1%，即使相較之下，5千美元只是半價。

身為顧問，啟發客戶難道不是你的責任嗎？身為受託人，應該解釋為什麼客戶不該選擇那表面上看似較小的1%。

——瑞克·費里（Rick Ferri）

根據切魯利環球共同基金研究公司（Cerulli Associates）的研究，以時計費模式的影響程度，還不及智能投資或是先鋒個人投資顧問服務，雖然顧問的收入裡只有不到1%是計時收費，但

它正在嶄露頭角。時間會證明這是否能創造轉折點，無論如何，未來幾年在顧問界，都還是會有這樣的壓力存在。

　　我已經呼籲了很長一段時間，資產管理費率1%不但太高，還是種愚蠢的收費方式。投資人要從財務顧問那邊得到的是財務建議，那跟資產管理有什麼關係？你該付的是服務費。誰需要建議，就收誰顧問費。總之我認為按資產百分比計費的模式注定會失敗，這根本沒道理。我得到的回應是：「好吧……我的客戶有417位，但沒人抱怨過這個，大家都沒有問題。」可是柏格的故事就是個好例子，指數投資多年來一直表現得平凡無奇，突然間就成了大熱門，變革就是這麼產生的，逐漸醞釀接著就水到渠成。有人反對付100基點的資產管理費，投顧們就一點一點的減價，但有天整個系統會從上到下破裂，就像巨大的沙雕在眼前分崩離析。

　　　　　　　　　　　　　　　　——傑森・茲威格（Jason Zweig）

人才流失

　　如此大規模的成本大遷徙，會對整個金融產業造成什麼樣的結果呢？這很可能會讓這個產業縮小，並迫使美國的人才和智庫資源重分配，金融業不再有那麼多的薪水來吸引頂尖菁英。但這種情況正是柏格的夢想成真，就如他在《文化衝突》中所寫的：

　　金融體系煽動並助長了一個扭曲的現象，那就是國內有

太多頂尖優秀的青年人才沒有成為科學家、醫生、教師或公職人員，而是被投資業那誘人的薪水所吸引。這些巨額獎金將關鍵人力，從其他相形之下更為重要、對社會更有用的行業裡吸引走。

他繼續在《夠了》裡面寫到：

> 近年對沖基金經理賺取的巨額收入，以及對投資銀行那驚人的薪水與獎金的崇拜，激起國內許多商學院畢業生的想像力，讓華爾街成為他們職業生涯的首選。持有特許財金分析師的人數已達到空前，共有82,000人（截至2020年為156,000人）。或許我應該對這樣的消息感到振奮，怎麼說這也是我畢生努力的方向。然而我擔心湧入金融業的人裡面，有許多人的動機是想從社會裡攫取什麼，而不是他們可以為社會做出什麼貢獻。不論如何，可以確定的是，他們公司收取的服務費用，會超過他們所創造的價值。

我可以肯定很多人都會對於這個說法表示贊同，因為這些年來新聞不斷報導的，都是像「排名前25的對沖基金經理收入超越全美所有幼稚園老師薪水總和」，這類吸睛的標題。

除了具備一定的能力外，一般情況下大家普遍賺不到大錢。看看優秀的心臟外科醫生能賺多少，再比一比頂尖經理人能賺多少，就會發現太荒謬了。沒錯，他們具備一定的能

力，但還有哪邊還可以用這麼有限的能力，賺那麼多錢呢？
我覺得大部分試著打敗市場的聰明人，應該從事醫學、心理
學或其他可以真正發揮智慧的領域，這才能讓更多的人受
益。

——安東尼‧伊索拉（Anthony Isola）

雖然柏格的確為這股破壞性創造感到自豪，但他對於此舉造
成一些人的痛苦，並非完全沒有同情心。他說：「我並不以此為
樂，沒有人是孤島，能完全以自我為中心的。」

8

一些疑慮

「對於有益投資人的重大金融創新，還需要去辯論它是否該
存續，我感到很驚訝。」

　　成為業內的領導者之後，雖然有能力干預現有體制和收益，
但也容易成為別人攻擊的目標。

　　因此先鋒和它的指數基金和ETF的崛起，被人指責是市場
上各種問題的禍端，有些甚至是還沒發生的事。每隔幾個月，就
會有人以十分挑釁的標題發表文章，內容是「有些人擔心」被動
或ETF會引發經濟泡沫、扭曲市場，甚至危害地球。

　　這些文章中的「有些人」通常是主動式基金管理人，但他們
說這話根本是司馬昭之心，就像賣可樂的擔心大家改喝水，警告
如果不停止喝水的話就會有禍事臨頭，到時候，標題大概不脫
「一些令人擔憂的飲水習慣正在危害健康」。

　　他們是在擔心自己的工作。散布ETF和指數基金恐懼
的人，要嘛是主動式基金經理人，要嘛是支持共同基金維持

> 主動式管理的人，動口責備別人比解決問題來得容易。
>
> ——陶德·羅森布魯斯（Todd Rosenbluth）

　　雖然這些文章內容有時也會帶有正確資訊和善意提醒，但其中70%只是反映出那些人的心慌、裝腔作勢和焦慮。被動投資的成長主要來自小型投資人，而且華爾街內部也沒有人因此獲利，所以媒體故意污名化有些奇怪。有時這感覺像是在打壓、想嚇跑一般散戶投資人。

　　雖然柏格自己也有些擔心，但大體上他覺得那些對被動投資的反彈，根本是無憑無據的攻擊。這是他的寶貝、他的使命，他在《堅持不懈》裡抱怨道：

> 　　指數基金成功了，但或許也正因為它的成功，近年來飽受多方攻擊。是的，這看起來很荒謬，使投資人能夠獲得股票和債券市場合理報酬的創新之舉，現在不僅受到主動式基金經理人的嫉妒和批評，甚至還遭到學術界的攻擊。

> 　　這根本是「恐懼、不解、懷疑」的集合。這些憂慮之詞感覺上像是在辯解他們的工作有正當性，不需要提供替代方案或更好的方式。如果提出這些疑慮的人同時也能提供有意義的解決方案，而不是「多付我一些錢」，我會更樂於接受這些說法。
>
> ——丹·伊根（Dan Egan）

一如既往

　　對指數化的憂慮從一開始就存在。柏格推出第一檔指數型基金後，金融研究公司路佛集團（Leuthold Group）也發了一張著名的海報，分送給他們華爾街的客戶，呼籲要消滅指數型基金，因為這「不符合美國精神！」

　　補充一下，這家公司的員工後來說這張海報只是開玩笑的，但我不確定是否該相信這種說法，因為自此以後這類似攻擊源源不絕。但無論如何，柏格實際上樂於面對早期這些攻擊，這似乎讓他越挫越勇。

> 「盡量以最低收費推行指數化很可恨」，這想法反而讓他感到無比自豪。他的辦公室四面都貼著巨大的海報，上面寫著諸如指數投資是共產主義入侵這類的言語。他愛這些標語，絕對愛透了。
>
> ——吉姆・溫特（Jim Wiandt）

　　不過當然，踏不出舒適圈這種現象，早在柏格或指數型基金誕生前就存在了。

> 　　每當新事物出現時，人們總會感到擔心，因為他們不知道原本的生活會受到怎樣的影響。縱觀整個歷史，當人類對未來感到不確定時，往往會以負面角度看待。歷史如此不斷重演，但市場仍然存在，而且也運作了大約四百年。市場經

歷了兩次世界大戰、許多暗殺事件和瘟疫，不乏本該毀掉市
場但實際上卻沒有毀掉的事情。所以，要找到真的能讓市場
停止運作的事情很難，你該放鬆心情。

——傑米・卡瑟伍德（Jamie Catherwood）

樂觀吸引不了目光

事實上，絕大多數投資人其實是用輕鬆的態度面對此事，但
問題是，站在媒體的角度，輕鬆的文章不會有人看。從我第一線
的經驗得知，撰寫或推送消極悲觀的文章或是表達憂慮，讀者量
會是寫樂觀正面文章的五倍。

從出版的角度來看，當標題引發恐懼或警惕時，銷量通
常更好。沒有新聞會特別去報導小孩子每天安安全全上下學
的情形。

——陶德・羅森布魯斯（Todd Rosenbluth）

當一些威脅性的訊息結合媒體炒作時，就會出現一些非常危
言聳聽的標題。過去幾年有些令我印象深刻，拿來和ETF與被
動式投資相提並論的東西，像是：

» 大規模毀滅性武器
» 下一個地震斷層帶
» 馬克思主義

　　》抗生素濫用

　　》塞勒姆審女巫

　　》下一個擔保債權憑證（CDO）[*]

　　》歌曲《加州旅館》

　　儘管這些攻擊充滿偏見而且歇斯底里，但重要的是不要陷入盲目逃避，一味的對批評充耳不聞。儘管大多數憂慮看來不會發生，但沒人希望出錯。

　　此外，解構這些疑慮，也是找出如何讓指數基金和ETF在市場上推廣開來的好方法。讓我們盤點一下我認為普羅大眾對被動投資的八項疑慮：

　　1. 引發股市泡沫

　　2. 扭曲市場

　　3. 未經驗證

　　4. 造成流動性錯配

　　5. 弱勢的持有人

　　6. 指數過多

　　7. 所有權集中

　　8. 客戶服務差

---

*　譯註：擔保債權憑證（CDO）是把債券、信貸、車貸等銀行放款所得的債權，打包在一起證券化衍生而出的商品。

需要注意的一點是：這些並非都是針對整體被動投資的疑慮，有些是針對ETF、有些則是針對先鋒公司，但它們主要都是對柏格效應做出的反應。

引發股市泡沫

從2008年底到2020年，美國股市漲幅來到了驚人的433%。相對應指數的平均本益比，大約是歷史平均水準的兩倍，人們自然而然的認為這是經濟泡沫，想找人究責（儘管說實話，這樣的漲幅，對我和我的退休投資來說相當正面）。

雖然聯準會的貨幣寬鬆政策、收益成長、股票回購、散戶日交易量增加，加上傳統非理性榮景，可能是推升股價的催化劑，

被動式股票基金規模與美國股票市場總值比較

美國股市規模　　■股票指數基金＋ETF資產所有權占比　　（單位：一兆美元）

美國聯邦儲備委員會

但也有人把事情歸咎於被動式基金，他們指出在此期間有3兆美元流入被動式股票基金。這說法乍聽之下合理，但也要同時考量當時情況，例如在同一時期股市成長了43兆美元，達到53兆美元，而且在這53兆美元股票裡，指數基金和ETF只占17%，其餘有83%的股票由散戶、主動式共同基金、機構投資人、外國投資人、對沖基金和企業所持有。

　　數字讓人們感到意外也容易混淆。股票型共同基金資產中被動投資（占50%）容易被誤解為股市占比（只有7%），事實上它比人們想像的要少得多，儘管與30年前只占股市1%相比，仍然是增加的。

美國股市主力

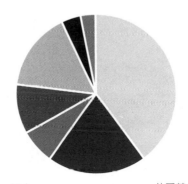

- 個人
- ETF
- 外國投資人
- 其他
- 共同基金
- 養老金／退休賬戶
- 企業

美國聯邦儲備委員會

　　那麼這種成長又是從何而來呢？3兆美元流入肯定多少對股價有影響吧？確實，這些資金都流入了基金，而這些基金又不得不買進股票。然而同時，主動式股票基金所流出的資金幾乎是一樣多的，這可以從過去十年來最著名的圖表中嗅出端倪，這張圖表顯示了資金從主動流向被動的量。

　　因此，這對股價幾乎沒什麼影響。有人可能會爭辯說，指數基金對大型權值股會有一點額外的加持作用，因為指數型就是根據市值不加選擇地購買，不像主動式基金經理人那樣考量基本

美國主動式共同基金、ETF和指數共同基金累計金流
（單位：10億美元）

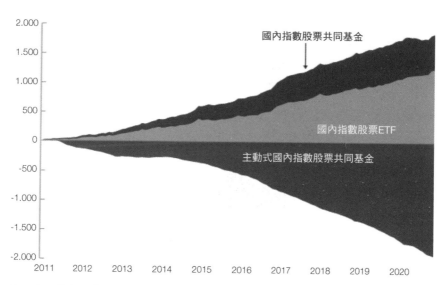

註：共同基金數據包括淨新增現金流和再投資股息；ETF淨股票份額數據包括再投資股息。
美國投資公司協會

面，經過判斷才選擇買入。但即使是那些經理人，也是傾向於買入大型、熱門的公司，所以這樣的主動操盤其實也很難有多大作用。

有個很好的思考方式是，人們正在從老路子（主動式共同基金）轉向新里程（指數基金、ETF），因為歸根結底，這些主動式共同基金或多或少持有同樣的股票。例如屬於主動管理的富達麥哲倫基金，前十大持股與標普500指數的成分股非常類似。資金只是從隱晦的指數化流向明面上的實際指數化，從高成本轉為低成本。

富達麥哲倫基金前十大成分股
（截至2020年9月）

名稱	股票代碼	淨百分比
1. 蘋果公司	AAPL US	6.88
2. 微軟公司	MSFT US	6.66
3. 亞馬遜公司	AMZN US	4.59
4. 臉書META A股	MVRS US	3.09
5. 字母控股A股	GOOGL US	2.62
6. 字母控股C股	GOOG US	2.55
7. 英偉達公司	NVDA US	2.35
8. Visa A股	V US	1.83
9. 聯合健康集團	UNH US	1.79
10. 家得寶公司	HD US	1.78

彭博社

這就像第五章舉的例子，CD被MP3和下載音樂取代了。人們還是會聽音樂，只是以不同的、可以說是更好、更便宜的格式聆聽。這就是為什麼將股市泡沫歸咎於指數基金或ETF，就像是認為五分錢樂團（Nickelback）該為MP3的崛起負責一樣說不通。

柏格在2018年接受全國廣播公司採訪時，反駁了先鋒集團會讓市場崩潰這樣的老調，這只不過是因為公司越來越大，而且收購了許多大型科技股，就遭受質疑。他說：「如果你看一下熱門股，美國的主動式基金經理人持有的那些股票，與被動式指數基金經理人買入的一無二致，差別不大。」

這只是股票重新分配，這些股票仍然會有人買，他們仍然存在於市場上。這些股票被某個指數基金買入後長期持有不做買賣，對股價有什麼影響呢？基本上沒有影響。因為只要有交易就有價格。每天只要有少量股票交易進行即可。

——瑞克・費里（Rick Ferri）

平心而論，如果我們把機構投資者像是退休基金、捐助基金、保險公司、主權財富基金和富豪家族辦公室的被動式投資也納入計算，那麼被動投資的比例可能會躍升至25%或30%。沒有確切金額的原因，是他們習慣不買公開基金，用單獨管理的帳戶（SMAs）投資，而且數據不公開。這些投資人更重視隱私、喜歡保持低調，一些財力雄厚的投資人能用更低的格價買入指數型的投資，甚至比指數共同基金或ETF更便宜。也就是說，這

些人大多偏好替代性投資，而非公開的股權。

如果你好奇的話，債券市場的被動投資比率甚至更小，只有4.3%，但預計未來幾年會增長。至於黃金，ETF僅占全球供應量的1.5%。

扭曲市場

另一個與泡沫化疑慮相應而生的，是擔心指數基金和ETF會扭曲市場，因為其運作方式是純粹根據股票規模來購入，並不考慮基本面。這個想法是基於認為股票定價會失衡，狗（指數基金）搖尾巴（股票）。

這些疑慮可以追溯到1975年12月，也就是先鋒申請推出第一支指數基金那時。當時大通投資管理公司（Chase Investors Management Corporation）研究總監霍蘭德（Mary Onie Holland）寫給《華爾街日報》編輯的信中提到：

> 指數基金在市場上的投資規模雖然不斷增加，但他們的成長會導致市場效率低下。股票價格將會受到指數基金投資的影響，而不是反映其真實的投資價值，效率市場假說會被打破。

被動投資被歸為市場扭曲的罪魁禍首，但他並不孤單。聯準會也經常被貼上扭曲市場的標籤，期權市場以及操盤手也是如此。會擔心的人本來就常指責其他金融產品扭曲市場，早在我們

出生之前就是如此。

> 早在 1935 年，人們就對信託公司持有大量股票以及可
> 能引起的問題，還有對價格的影響表示疑慮。他們（那些有
> 疑慮的人）呼籲證券交易所管理委員會立即調查，顯然我們
> 今天還是遇到一樣的問題。
>
> ——傑米・卡瑟伍德（Jamie Catherwood）

就算我們抹去被動式基金、聯準會和證券經銷商的存在，對
某些人來說，市場似乎還是扭曲的。有些人對市場抱有個人期
待，當事情不如預期時，他們就會覺得市場是被扭曲的。然而事
實是，扭曲可以說是市場的自然狀態，從第一天起直到被動式基
金出現之前，市場就經歷過繁榮、泡沫和蕭條。

> 這就是市場，說到底就只是供需關係。以非常長期的角
> 度觀察，基本面很重要，但以短期來看，市場氛圍決定一
> 切。
>
> ——衛斯理・格雷（Wesley Gray）

> 大部分提出這些憂慮的人，都是主動式管理發行商或是
> 投資人，而市場效率低下產生的價格扭曲錯誤，正是他們獲
> 利的法門，所以我就不懂了，這些應該是既得利益者的人竟
> 然說「大家看看，這東西有危險。」
>
> ——李・克蘭納富斯（Lee Kranefuss）

　　另一個「尾巴擺狗」不存在的證據是，我們經常看到單一個股在公布財報或其重大新聞後，依照訊息好壞股票快速漲跌，而這也正符合投資人的預期。即使是指數型基金大量持有、買入的股票也是如此。

　　2018年的通用電氣就是個很好的例子。因為利潤不佳使債務不斷增加，十個月股價就暴跌了50%，然而同時間持有它的ETF和指數基金卻還是在大量買入。很明顯，就算可能會有點影響，但尾巴是無法搖動狗的。如果指數型基金沒有買入，那通用電氣的股價可能會跌更多嗎？大概吧。指數型基金確實有一定的重要性，但並沒有掌控股票或市場，它們主要只是跟隨著主動式

通用電氣股價在ETF持續買入下仍然暴跌

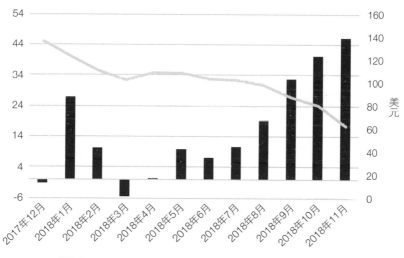

■ ETF買入通用電氣股票累積金額（單位：10億美元）　　　通用電氣股價

基金的步伐前進。

　　除了通用電氣這個例子以外，另一個能佐證主動交易才是股票定價指標的例子，是觀察被踢出標普500指數的股票，近期是梅西百貨（Macy's）和卡布里控股（Capri Holdings）。標普500指數型基金和ETF不是被動的嗎，那怎麼會有剔除這種情況呢？這是由於主動基金投資者不滿意這些公司的情況，他們賣出手中股票導致公司市值跌破納入指數的標準，被其他市值更大的公司取代。

被標普500指數剔除的股票

	刪除日期	加入日期	指數成分股時總收益率	指數持股比例估計
赫爾默里克與佩恩鑽探設備公司	2020/5/22	2020/2/26	-33.30%	27%
卡布里控股	2020/5/12	2013/11/1	-82.20%	24%
梅西百貨	2020/4/6	1995/11/30	-36.60%	24%
西馬萊克斯能源公司	2020/3/3	2014/6/20	-77.10%	14%

彭博社

　　每年我們都會看到同屬標普500指數成分股，有的漲50%有的跌到虧錢，漲跌互見是因為有個別買家在推動價格，特斯拉就是個很好的例子。在2020年被納入標普500指數之前，它的股價漲了1,000%。

　　　　　　　　　　　　　——陶德・羅森布魯斯（Todd Rosenbluth）

> 指數並不決定股票漲跌，推動股價的是公司表現和基本面，我並不認為是指數在主導世界。
>
> ——大衛・畢哲文（David Blitzer）

舉個例子，指數基金和ETF就像是後座上的乘客，開車的是主動式投資人，正如先前所說的，他們只是在搭便車。以蘋果和微軟為例，他們能在標普500指數中名列前茅，不是因為被動式基金很多人買，而是因為它們的市值最大。他們的市值增加的原因是股價上漲，他們的股價上漲的原因是主動式交易者愛買這些股票。但最終當他們不再吸引主動式投資人時，股票就會被賣出，然後就不再是標普排名前兩位的公司了。在主動式投資之下，指數是動態的、不斷變化的有機體。

總有丹格購物村這樣的例子

整體來說，扭曲市場的論點不太站得住腳，因為市場規模龐大，有各種變數相互影響。但是過去十年間，在一些小型市場裡，的確看過ETF和指數基金購股比例異常爆增影響市場的情況，就像小池塘裡長出大魚一樣。這種情況發生時，顯然推升股價的機會就會增加。儘管這不是ETF或指數型基金的特有現象，主動基金和對沖基金也不時會發生這種現象。

丹格購物村就是這種小池塘養出大魚的例子，2019年這家連鎖購物村在相對沒那麼出名的情況下，成為有史以來第一支主要由被動型基金控股的股票。該公司有近60%的股份被指數基

金和ETF持有，相對於大多數股票都只有約17%的股份由被動
式基金持股的情形相比，差異非常大。

這是怎麼發生的？簡而言之，這支股票達（智慧型投資策
略）被動式基金的指標：高收益。丹格股息豐厚而且連續25年
增加，使其成為許多熱門的高股息指數基金與ETF的標的。在
低利率時代，高股息ETF大受歡迎，同時在網路零售興起之
際，購物村店位租用前景黯淡，主動式基金考量基本面後拋售股
票。因此，股權從主動基金轉移到被動基金的比例異常的高。

但是這種異常情況後來自然而然的解決了。當丹格的市值跌

2019年9月被動投資持有股權前幾名的公司

	股票名稱	ETF持股%	被動式投資持股%	全球行業分類標準（GICS）
SKT	丹格購物村股份有限公司	43.65	58.79	房地產
WPG	華盛頓總理集團公司	27.18	43.15	房地產
UBA	優士達不動產	23.81	39.99	房地產
MDP	梅里迪斯集團	28.71	39.73	通訊
STAR	愛之星公司	23.69	29.6	房地產
WRE	華盛頓房地產投資公司	23.42	39.17	房地產
KRG	凱特地產信託公司	23.35	39.17	房地產
HT	赫莎酒店信託公司	23.35	38.89	房地產
DRH	鑽石岩酒店公司	22.33	28.82	房地產
SCWX	安全工程股份有限公司	31.06	37.47	資訊科技

彭博社

破最大股東：道富標普高股利ETF（SDY）的買入門檻時，SDY只得一次拋售手上22%的丹格股份。有些對沖基金搶著要在ETF賣出前先拋售，但股價下跌變化超乎預期，導致拋售失敗。整個事件有點混亂，但也不是什麼大不了的事，生活還在繼續，股票也繼續交易，如今被動式基金持有的股票佔比低於40%。

　　未來會有更多像丹格股票這種小池塘的局面，不過像蘋果或微軟這樣的股票，可能在很長一段時間內都不會發生這樣的事情，根本遇不到，但仍然值得密切關注。

被動投資能有多大？

　　現在人們自然而然會問，分析師們也喜歡在金融泡沫時思考辯論的問題是：被動型基金的規模到底可以有多大？

　　如果所有人都加入指數投資會怎麼樣？這時就常看到有人會引用柏格在接受《雅虎財經》（*Yahoo! Finance*）訪問時的談話：

> 　　如果所有人都加入指數投資，那唯一的結果就是混亂、災難，交易也不復存在了。沒有辦法將收入轉化為資本，或將資本轉化為收入，市場將會失靈。

　　引用這段話的人常斷章取義，並沒有把話引完，同一段訪問中他也說到，發生這種情況的可能性為零，而且他預估指數化投資在成長到75%之前，不會對價格產生太大的扭曲。別忘了我們有17%來自基金，約有25%來自非公開基金。所以還有很長的一段路要走。

> 就算市場上有95%是指數基金我也不擔心，總會有人確保市場效率。
>
> ——柏頓・墨基爾（Burton Malkiel）

> 我對此沒有任何疑慮。市場效率會受到影響嗎？我不這麼認為。如果指數基金占到80%，同時間若有主動經理人找到了便宜的股票，他們就會買進；反之如果他們覺得貴了就會賣掉。所以我不認為指數化的增長會挑戰市場效率。
>
> ——葛斯・索特（Gus Sauter）

被動投資本身是個迷思

另一個要記得的點是，就算被動投資成長得越來越大，但完全被動的投資幾乎是不存在的。指數化是大範疇，投資公司在選擇和排列股票方面有很多變化。所謂被動投資是指投資所有股票，比例是按照各自的市場規模比例。但實際上除了總體市場基金，其餘很難真正做到這一點，而總體市場基金只占被動投資規模的10%。其餘的如果不是追蹤部分市場股票，就是採用特定標準和加權來模擬。

丹格購物村這種情況，就是因為指數基金和ETF用高配息加權，這是基金預先設定的自動交易規則，根本不算被動投資，而且也不是人為管理，由此就能看出有多少灰色地帶存在。

> 指數化並不是統一的，大家的做法並不相同。
>
> ——大衛・畢哲文（David Blitzer）

提到指數或被動投資時,許多人最先會想到的是標普500指數,但從技術上來說這也不算是被動。除了鎖定美國大型股之外,標普500指數是由委員會控制的,委員們對於該買賣什麼股票有決定權。雖然它有自己的一套標準,但卻存在人為延遲股票被納入成分股的可能,而且也的確發生過,比如2020年就曾發生拒絕將特斯拉納入指數的情形,儘管這檔股票當時已符合標準。

在我看來標普500並不算指數化,而是經過主動管理的被動投資方式。換句話說,這是在對大型權值股做主動投資,同時也是押注於小股票會下跌。所謂指數化是指不經挑選投資整個市場,無論是整個股票市場、整個債券市場還是整個全球市場。

——葛斯・索特(Gus Sauter)

未經驗證

這種疑慮往往是針對ETF而來,但它也可算是種種憂慮之中最荒謬、最容易反駁的,雖然我能理解為什麼會有這種想法出現。ETF最近變得很流行,對於許多新的市場參與者或是跑這條線的記者們來說,這看起來像是新興的東西,但其實這已經存在了大概三十年。即使是不喜歡ETF的柏格也認為ETF的永續性和交易能力不是問題,該擔心的是交易過於頻繁。

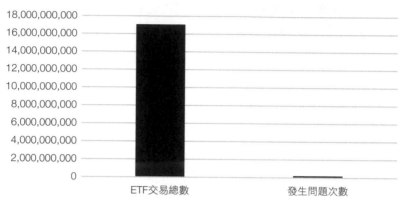

自1993年來ETF總交易數 vs. 發生問題的交易數

彭博社，紐約證券交易所

　　從歷史的角度來看，ETF已經度過一次次的考驗。總而言之，ETF自1993年推出以來，股票交易量總計已達335兆美元，平均每筆交易額約為2萬美元，總共約有1,700億筆交易，幾乎沒發生什麼問題，這亮眼的數據令人印象深刻。

　　ETF不僅通過了壓力測試，而且可說是在壓力之下表現出色。過去市場大崩盤期間，像是網路泡沫破裂、911事件後一周、2008年全球金融危機、2010閃電崩盤、2013年聯準會引發通縮風暴、英國脫歐，以及2020年3月新冠疫情爆發後的拋售潮等等，ETF的交易量都在增加。在那些嚴峻的考驗之中，ETF往往是最具流動性的工具，即使是最老練的交易員也會用它。哪天要是ETF因為壓力導致交易量下降，那時我就真的得擔心了，但實際上交易量總是上升的。

標普500指數基金（SPY）於股市崩盤期間日交易量

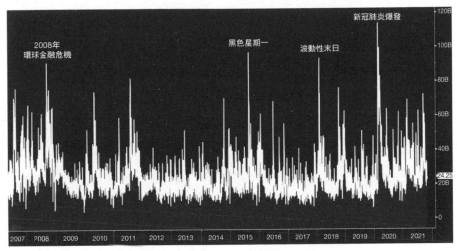

彭博社

任何對ETF存續的疑慮現在都應該被解除了。儘管如此，有關ETF引發泡沫或導致市場崩盤的標題仍然吸睛，所以身為顧問的我們才要時時說明。話也已經說爛了，我不知道還需要拿出什麼東西來，才能讓人們對ETF有信心。

——奈特・傑拉奇（Nate Geraci）

ETF的確有過一些小問題、小波動，但都是些相對小型的獨立事件，而且通常能徹底解決不再發生，單看ETF過去的紀錄就足以說明一切。

造成流動性短缺

關於「未經驗證」的疑慮，有一種是專門針對債券ETF而來的，主要是擔心造成流動性短缺而引發問題。再用前面提到的「加州旅館」來打個比喻：

當景氣好、流動性佳時你可以隨時入住，但當市場大跌沒有流動性時，卻變得一直無法退房。以下是個合乎邏輯假設和疑慮的觀點：債券ETF的交易量往往比它們持有的債券多得多（這對大多數的ETF尤其是垃圾債券ETF而言完全正確，那裡面有許多債券並不會每日進行交易），缺乏流動性可能導致ETF在發生搶賣時凍結。

對沖基金尤其喜歡批評，實際上彭博社手上有份批評ETF和被動投資的名單，裡面都是知名的對沖基金，而且名單不斷增加。對沖基金與ETF有著獨特的關係，他們經常抨擊ETF，但同時又是ETF最大的客戶之一，雙方亦敵亦友。

雖然我有時會質疑那些人大聲批判的動機，因為其中不少都是ETF的競爭對手，但理論上這種疑慮還是不無道理的，當債券本身沒什麼交易量時，ETF要如何交易？但這就是重點了。ETF本身的設計就是為了能夠在市場上交易，即使標的資產沒有實際交易也可以，而這也是歷經多次驗證的結果。其中一個極端的例子是，當埃及在2011年革命期間關閉股票市場時，VanEck埃及指數ETF（EGPT）仍持續在市場上交易了一個月左右，換句話說，當主要市場關閉ETF時，仍可在二級市場交易。

ETF的交易靈活性和流動性，使其在極端的情況下能調節壓

HYG溢價／折價視情況而異

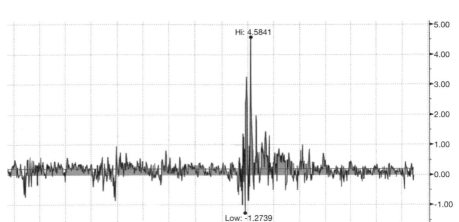

彭博社

力，在債券ETF上已發生多次類似的情況。然而遇到極端波動時，債券ETF價格可能會偏離基金淨值，其市價可能與淨值不同。這種情況最常發生在垃圾債券ETF，例如安碩iBoxx高收益公司債指數ETF（HYG）。這種情況可能會給外界不好的印象，引發ETF是否出現問題的質疑。

ETF市價與淨值間存在差距，原因是ETF本身的交易是即時的，也因此會即時反映當下的市場情緒。而資產淨值則是用債券計算出來的，這些債券幾乎沒什麼交易，價格就還是危機爆發前的價格，也就是說ETF的價格也不是完全純粹的，這是市場商定的價格，包括造市商所需的費用。我認為在大盤狂跌的日子裡，造市商可能因為時機差不確定性大，將成本嵌入售價，提高0.25%到0.5%的價格。即使是債券ETF之父克蘭納富斯（Lee

Kranefuss）也承認它們並不完美，但的確有助於解決問題。他說：「小心不要過度追求完美而錯失機會，還有，普遍認為ETF流動性不比一般股票，這觀念並不完全正確。固定收益ETF應該視為投資者提高投資彈性的重要工具。」

　　但諷刺的是，債券基金才真的有許多人認為ETF會造成的，資金無法流動的風險。債券共同基金沒有在股市交易，因此如果它們出現大量資金外流就會被迫在被凍結的市場折價賣出債券，淨值天天下跌反映出拋售情況，會進一步促使更多的資金外流，直到投資人停止贖回。2020年3月曾出現過這樣的情況，聯準會介入支持市場並提供流動性才得到緩解。

弱勢持有者

　　另一個疑慮是，指數基金和ETF投資人是「弱勢持有者」，當市場下行時他們就會恐慌性撤資，市場也會跟著下跌。但每次我們遇到拋售潮時，情況總是恰恰相反。被動式基金投資人比任何人都更有紀律。例如2008年被動式基金規模增加了約2,000億美元，2018年則增加了4,500億美元，這兩年都是熊市。

　　說這種話的人，忽視了被動式基金投資者往往是自發性投資者的事實。他們是自主選擇基金，也因此他們更傾向忠於所選，也更有可能秉持長期投資以最大化收益的目標。另一方面，主動式共同基金中的投資人，多是受到仲介強力推銷而購買，因此忠誠度較低，對投資行為的了解可能也不那麼高。

　　還有，主動式共同基金的投資人往往年齡較大。他們主要是

戰後嬰兒潮世代，距離退休更近所以遇事也可能會賣得更快，因為他們需要用錢。接下來的幾次拋售或許能再次證明，投資主動式共同基金的才是弱勢投資人。也許在三十年後，隨著 X 世代和千禧世代投資人準備退休，開始賣出指數型基金和 ETF 變現時，情況會有所改變，但在可預見的未來，被動型投資者會是強勢持有者，而不是弱勢。

指數化泛濫

有些人擔心指數和 ETF 太過泛濫，柏格應該會完全同意這個看法，不過我會盡力提出反面觀點。

人們時不時就會說：「天哪，現在 ETF 數量比股票還多了！」先說，這話並不完全準確。美國有大約有 2,500 檔 ETF，但股票上市公司大約有 3,600 家。此外，大約有 1,000 檔 ETF 持有的並不是美國股票，而是國際股票、債券或商品。但令人費解的是，共同基金超過 7,000 檔，要是包括所有股票類別，那就是 18,000 檔了，但似乎沒有人對此有意見。

另一個引人熱議的統計數據，是指數的數量。在指數行業協會（Index Industry Association）發布的 2018 年報告指出，現在約有 370 萬個指數，比前一年增加了大約 50 萬個。這引爆了部分人士的憂慮，有些人大喊「被動投資已達頂峰」、「這不會有好結果」，還有「這有擔保債權憑證（CDO）的影子」。

一方面我理解370萬是個讓人震驚、感到荒謬的數字，尤其對那些生計可能受影響的人更是倍感威脅。但是有限的股票數量可以創造無限的指數或ETF。組合構想是無窮無盡的。正如坎布里亞（Cambria）投資管理公司的費柏（Mebane Faber）回應外界質疑時說的那樣：「單字總比字母多。」這是真的，光26個字母就能組合出大約171,146個單字。聲勢浩大！還有，9700萬首獨特的歌曲，也都是來自僅僅12個音符。

然而在這些單字和歌曲中，只有大約0.1%能引起共鳴，其餘則是鮮有人知。指數也是如此，只有極少數會被轉化為ETF這類投資產品，其中又只有更少部分能吸引到大量資金。因此，大部分擔憂其實都只是在擔心不會發生的事。

> 有很多投資策略是合理的，例如股息或科技股。但不管這些策略是否奏效，最終都會有個結果，這就是投資。所以我認為各種指數大量增加並沒有什麼問題。
>
> ——大衛‧畢哲文（David Blitzer）

所有權集中化

現在我們要討論更深一層的憂慮，那是即使柏格也會感到複雜的層面。首先是所有權集中在幾家大型資產管理公司之間，柏格擔心少數人掌握大多數股票，會控制美國企業表決權。他去世前六週，他在《華爾街日報》上發表了一篇專欄文章，引發了業界一場大爭辯。以下是這篇專欄的開頭：

第一檔指數共同基金的誕生，無疑是現代金融史上最成功的創新，尤其是對投資人而言。但我們現在需要捫心自問：如果它一路這麼成功下去，會不會造成什麼問題？

讓我們來看看數字，這讓人看來心驚。隨便拿美國哪家公司，按股權百分比把股東排序，名單裡都少不了先鋒和貝萊德。先鋒集團是標普500指數中半數公司的最大股東，在78%的公司裡則是最大或第二大股東。標普500指數裡有90%公司，前三大股東不是先鋒就是貝萊德。毫無疑問的，他們看來正在接管市場。

整體來說，他們手上擁有各家公司8%左右的流通股票。我提這個，是因為上面提到的數字加上市場耳語，你會誤以為他們

標普500指數公司前三大股東為先鋒或貝萊德的比例

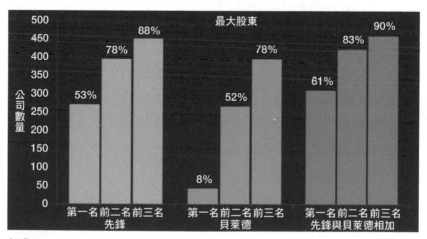

掌握的更多。

　　我其實不在意，我的意思是8%不是多數。還有92%不在他們手上，那我們為什麼要針對這個8%呢？大約要掌握40%的股票才能對市場有實質影響。

　　　　　　　　　　　　　　　　　——瑞克・費里（Rick Ferri）

　　如果你把先鋒、貝萊德和道富這三個被動三巨頭加在一起，就會得到我之前提到過的17%的數字。但如果你把所有主動式共同基金股票加起來，你也會得到相同的數字。唯一的區別是，主動式共同基金資產分散在好幾家公司，而被動型基金資產則集中在三巨頭，他們手上的指數型基金和ETF資產占總規模80%以上。

蘋果公司最大股東（2020年6月30日）

股票持有人	流通股數占比	持有股票市值
先鋒集團	7.65	1,880億
貝萊德公司	6.13	1,500億
波克夏海瑟威公司	5.49	1,340億
道富集團	3.77	920億
富達管理與研究公司	2.12	520億

彭博社

　　這既說明了被動資產的集中度，也帶出了被動投資的興起。原則上柏格希望被動投資世界裡能有更多競爭。回顧90年代，

他曾表示期待先鋒市占率下降的那一天，因為這表示他已成功迫使業內競爭對手降低費用，成為更好的管理者。他在2017年參加彭博電視台的ETF IQ節目時，又重申了一次：

> 實話說我希望看到更多競爭。道富正在努力，但從數字上可以看出來，他們似乎沒有很成功。所以原來在指數投資領域裡，先鋒、貝萊德和道富三家獨霸的局面，現在幾乎變成了雙頭壟斷。我說「下場吧，環境沒問題。」我希望大家能相互競爭，但競爭本身不是件容易的事。我們需要競爭，每個人都需要競爭，競爭讓人更敏銳，競爭消除自滿，競爭能讓人更歷練、給人強烈的鬥志。我們需要這種精神。即使富達的規模是我們的三到四倍，我從沒擔心過。我曾對自己說，就讓最好的團隊勝出吧，事實也確實如此，我們必須耐心沉著。

富達和嘉信理財的被動式基金的確都有資金流入。此外許多大銀行，像是高盛、摩根大通和紐約梅隆銀行，都推出了低收費的仿指數型ETF產品，可以讓自己的客戶投資，而不用買先鋒或貝萊德的ETF，這可能有助於逐漸削弱三大巨頭對市場的控制。

話雖如此，在我撰寫這篇文章時，這些資金流還不夠強勁，還不足以削弱先鋒和貝萊德的市占率，他們的成長目前看來仍是勢不可擋。我們必須假設這兩家公司會繼續增長。問題是，他們可以合法擁有多少股票呢？

10%法則

　　實際上資產管理人購買企業股票的上限並無規範，法律只規定單一共同基金持有一家公司股份上限為10%。目前全球最大的共同基金是先鋒總體股市指數基金，它持有的蘋果股票和其他大多數股票一樣，都在3%左右。換句話說，即使是如此規模的基金，也達不到10%上限，一半都不到。但即使哪天達到了，理論上先鋒也可以再開第二檔總體股市指數基金。

　　柏格認為這是1940年《投資公司法》（Investment Company Act）最大的缺陷，該法案管理共同基金，而當時只有幾家基金公司，這些公司也只有一兩檔基金。但現在市場上的基金成千上百，柏格認為也該是時候有新法規了，但他並沒有建議將10%的持股比例限制用於所有公司的總和。

　　在政策改變之前，未來十年內先鋒集團的股權很可能從8%翻倍至16%，甚至可能達到20%，但應該很難再超過這個數字，因為超過的話就表示先鋒市占率要達到50%以上。但想想這也不是沒有可能。

　　我們在2020年邀請過美國證券交易委員會（SEC）委員皮爾斯（Hester Peirce）接受《兆元》（*Trillions*）播客訪問，詢問她是否會擔心這個，她回應說：

　　　　有很多人對於被動投資成長感到憂心，我的看法則是一旦被動投資成長，那麼主動投資經理人肯定會有大把賺錢的空間。如果每個人都做被動投資，那麼少數不被動的人就更

有發揮的空間。所以我認為被動投資的興起，不必然是主動投資的末日或是會造成市場失靈……此外，我認為有必要區分先鋒或貝萊德在資產管理和基金管理上角色的不同，因為基金所持有的股票、債券等資產，實際上是由基金本身所擁有，而非資產管理公司。基金是分開管理的，每檔基金都有自己的目標，無法等量齊觀，必須更細緻的看待。然而有些基金確實有相當大的持股，這是個日益增長的現象。

她的看法和許多人一樣，認為市場會自然而然解決問題，因為主動式投資會隨著指數化投資的增長，更能得到發揮的空間，兩者會自然而然達到平衡。此外，規模過於龐大的公司，績效可能會比先鋒集團差很多。

股權共有

這又帶來了一個相關疑慮，那就是股權共同所有。這是個聽起來頗具共產主義味道的術語，指得是市場中多家公司的股權都被相同投資者或資產管理公司所持有的情況。指數基金的崛起促進了股權共有，因為它是追蹤整個市場：擁有所有銀行、所有科技公司和所有航空公司。所以，如果你經營銀行，那麼你和競爭銀行會有同一批股東，比如先鋒集團和貝萊德是你也是對手的股東。

有人擔心這些共同所有的股東，有動機聯合壟斷某個行業、抬高價格，因為這能極大化利潤。但如果發生這種情況，會損害

到消費者利益，指數化可能因此對消費者不利。

　　儘管就純學術的角度來看這種想法聽來合理，但卻很難在生活中實現，或是消費者行為上找出證據，而且也從沒跡象顯示先鋒和貝萊德願意勾結，一起壟斷抬高某個行業的價格。如果你了解指數基金的發行商，你就會知道這種想法並不存在於他們的腦中，他們沒有這樣的思維模式。

　　　　這個論點存在一些漏洞，就是認為有一小群人在決策並控制航空公司的行為，以謀取指數型基金的利益。首先我非常有信心，指數領域的三大巨頭都很了解並且接受他們的受託責任，這點我絕對相信他們。我可以百分之百代表先鋒發言，完全不擔心他們會在治理或其他方面表現上不負責任。

　　　　　　　　　　　　　　　　——葛斯・索特（Gus Sauter）

　　長年在先鋒集團董事會任職的墨基爾表示，他從未見過有關限制或破壞市場競爭等促進「反競爭行為」（anticompetitive behavior）的表決。他提出了一個很好的論點，說明基金公司沒有這麼做的動機，他說：「同一家投資公司手上會握有市場上主要公司許多股票，也許聯手讓航空業抬高價格，有利於航空業股價，但這也表示手中其他依賴飛行商旅做生意的公司，成本也因此被抬高。」

　　在某種程度上，擁有整個市場的股票是種自我監督的機制，因為操控了一個業別，可能就會讓另一個業別受損，波斯納（Eric Posner）所發表的研究就點明了，這都是環環相扣的可預

見事情。

波斯納解釋：「重點不是在擔心先鋒的負責人會打電話給聯合航空的負責人說『我希望你提高價格』，然後對方回『別擔心，已經連合美國航空一起抬價了』，重點是聯合航空執行長官和公司最大的股東（先鋒），同時也是美國航空的股東。如果你對老闆說：『你猜怎麼著，我們剛削價競爭，從美國航空那邊搶到了龐大的市占率』，老闆會高興嗎？當然不會，因為他同時也是美國航空的股東。」

雖然柏格確實擔心資產集中在少數被動投資巨頭之手，但他對於股權共有的疑慮則表示不以為然。他告訴我：「有一群學者共同提議，不應該讓基金持有同一產業的兩家以上公司股票，其中一位學者還跟我很熟，大約一年半前，我和其中兩位學者共進早餐，試著說服他們放棄這個瘋狂的建議，但我失敗了。」

柏格擔心這可能會驚動政府立法。他說：「當你在《紐約時報》看到像『有些人擔心』這樣的文章時，接下來議題就會慢慢發酵，人們就會開始關注。國會議員看到以後心裡會想：『我可以拿這個做文章競選連任嗎？』」

雖然擔心可以讓人保持警惕和清醒，但也可能帶來意想不到的後果，傷害到這個有利於小投資人的好事。簡而言之，這就是對「有些人擔心」這類文章的憂慮。

表決權

對所有權集中疑慮的關鍵其實是對權力的憂心。擁有這麼多

公司的股票，就表示能有這麼大的表決權。股東可以對營運目
標、合併、薪資等重要事項，以及許多行政事務投票表示意見。
有些矛盾的地方是，柏格認為被動式基金在這方面會比主動式基
金的作為要好得多。他在接受晨星的克莉斯汀・賓斯採訪時表
示：

> 　　我認為傳統指數型基金是公司治理的最後一線希
> 望……因為他們是唯一真正的長期投資人。公司治理著眼
> 於影響公司的長期因素，而不是一群擠進董事會、急功近利
> 的交易員，一下子就想改變整個公司，覺得一切都會好轉，
> 這根本不可能發生。事實上，適得其反的可能性更大……
> 華爾街的老規矩是，如果你不喜歡公司管理階層，就賣掉他
> 們的股票。指數基金帶來的新規則是，如果你不喜歡管理階
> 層，就修理好他們，因為你沒辦法賣股票。

　　他甚至提議，持有股票三年以上的股東才能有表決權，以免
讓那些「過客」藉機發揮影響力。
　　毫無意外的，大多數主動式基金都不同意柏格的看法。有些
人甚至認為指數基金才是問題，根本不該讓他們有表決權。其中
最有力的是駿利亨德森投資（Janus HendersonInvestors）執行長
威爾（Richard Weil）在《華爾街日報》發表的「被動投資人別
投票」的專欄文章，他呼籲美國證券交易委員會應該限制指數型
基金的表決權：

　　像貝萊德這樣的被動基金管理公司，缺乏足夠的動機去研究提案和投票。指數基金是按不同公司在對應指數的市值比例買入股份，所以個別公司表現好壞，對他們來說無關緊要，他們關心的是整體指數的表現。被動投資人並不會逐一研究每家企業，也不會特意把資本分配給有競爭優勢和前景看好的公司；尋找股票價差、被低估的股票或未來熱門股當然也不是他們的投資方式。與其細心引導企業成長，其實被動投資人更容易會搭便車。

　　事實上威爾的說法與本章節所討論的那些「疑慮」相呼應。但是，如果你和研究代理投票為生的永續發展（ESG）分析師談過，就會發現他們往往更站在被動投資的角度，而不是主動管理。

　　我對透過ESG代理人投票的被動式投資公司更具信心，因為它們有規模經濟。他們有一套經過深思熟慮的策略，處理他們持股的那數千家公司。他們還具有和這些公司打交道的專業知識，並懂得相互讓步取得共識。此外對於被動投資發行商而言，通常會以資本管理成效來樹立名聲，而不是在選股上做文章，因此會更著力於資本管理，我認為這也促使他們更善用自己的表決權。

　　——羅伯・杜波夫（Rob Du Boff）

　　我們有受託管理的責任。投資人把資產委託給我們管

理，不論是主動式還是指數型。我們要善盡受託責任做長期投資，所以要投票支持我們認為符合長期利益的策略。而且我認為指數投資的好處之一，是我們通常會持有股票達25年，因為持有股票時間長，我們希望長期管理，也因此會影響公司去做五年、十年、二十年等長期策略，去創造價值。

——薩利姆・拉姆吉（Salim Ramji）

雖然這個所有權的辯論在業內是個熱門話題，但當你和圈外的投資人聊起時，大多數人其實沒什麼意見也並不關心。

　　我不會擔心貝萊德或先鋒是否真的會開始操縱他們投資的公司，從來沒有客戶問我他們是怎樣運用他們的表決權的。

——肯・納托爾（Ken Nuttall）

　　「有誰在抱怨嗎？投資人並沒有抱怨。這只是在一個不是問題的問題上，有很多雜音。」

——瑞克・費里（Rick Ferri）

　　它們龐大的規模在業界可以是股主力，引領著公司治理、薪酬、董事會組成、業務走向或ESG等，這些散戶投資人難以左右，卻又與他們利益直接相關的決策。並不是說所有投資人意見都相同，但他們有潛力將影響力轉化為有效的行動，因此這可能帶來令人難以置信的正面影響。

——伊莉莎白・卡許納（Elisabeth Kashner）

成為眾矢之的

外界對於這個話題的討論和關注，都促使著先鋒和貝萊德更積極的公開他們投票的方式。隨著各種外部勢力和媒體壓力越來越大，當遭受到指責又是業內最大的公司時，不免會成為眾矢之的。

例如2021年《金融時報》一篇題為「先鋒集團是全球最大煤炭投資人」的報導，譴責先鋒和貝萊德忽視氣候變遷是污染幫兇。他們甚至拿象徵先鋒集團的船舶標誌作文章，畫上一堆煙囪猛力批評。

有很多理由能說明這些攻擊沒道理。首先，先鋒毫無意外是各行各業最大股東，因為它是最大的基金公司，而且大部分是指數型基金。其次，先鋒必須持有這些公司股票。第三，先鋒投資人有些可能本來就想買石油公司的股票。這點再次提醒著大家，先鋒集團並不真的擁有這些企業，它只是那背後三千萬形形色色的投資人的投資管道。最後一點，先鋒和貝萊德都提供了減持石化燃料股的ESG永續ETF，這也給了投資人不同的選擇。

讓人有些不解的地方是，因為投資人多是長期持有，所以這些公司靠管理基金能賺的錢其實很有限，反觀那些買私人飛機、坐擁多棟房產，家財萬貫的所謂環保人士，怎麼就沒什麼人質疑他們。

> 大家就愛找大公司的碴，但我認為這也只能去承擔、去理解有些人就是如此，這行業的運作就是如此。重點是要有清楚的認知，向前看、負責任的做事。我非常有信心，大型指數基金的經營者是負責任的。
>
> ——葛斯·索特（Gus Sauter）

> 如果你想成為業內龍頭，就得承受這些。
>
> ——薩利姆·拉姆吉（Salim Ramji）

從另一個角度來看，媒體大肆報導也為他們製造了難得的行銷機會，讓他們有機會辯白。彭博產業研究全球股票企業永續經營績效（ESG）研究分析師杜波夫（Rob Du Boff）說：「投票時他們肯定還是會考量到自我定位和行銷，這不是在做慈善事業。」已經有機構在研究這些大型被動型投資公司的投票行為，部分投資人可藉此了解該檔指數基金和ETF營運管理是否盡責，並可能進一步影響他們的投資決策。

> 我相信一家公司代理投票的方向應該與投資人的投資本意相契合。貝萊德主要是透過執行長芬克（Larry Fink）對外溝通來解決這個問題，但大家總把力氣放在轉發他私人飛機照片，這是錯誤的方向。重點應該擺在要貝萊德透明化，要在官網首頁公開列出五個主要原則，同時公布過去兩年中投票的每一個案子的清單，讓投資人了解投票行為是否符合與這些原則一致。這些資料是很容易找到的。

——戴夫・納迪格（Dave Nadig）

讓投資人決定？

　　有人建議先鋒和貝萊德，有個一石二鳥的辦法，可以同時解決永續投資和股權共有的問題，那就是將投票權交還給投資人，讓他們的投票反映自己的意願，而不是由投資公司代為決定。貝萊德目前已經開放一些機構投資者能自行投票，為什麼不讓小投資人也有這個權利呢？

　　這不僅可以讓投資人做主，減輕人們對被動式基金規模增長的主要疑慮，而且還可以在和媒體與偏激派對先鋒和貝萊德等公司施加壓力時，形成一道強有力的防護牆。畢竟不是所有投資人都住在紐約那個媒體和倡議者聚集之地。如果這些公司能從投資人那裡獲得支持，他們就可以堅稱自己有代表性，投下的是「投資人的票」。

　　我相信隨著這些企業規模越大，公司治理和表決權的問題會越受到關注。但我認為透過科技可以解決這個問題，最終投資人可以真的投票或至少提供意見，讓他們的股份反映出他們的意思。

——奈特・傑拉奇（Nate Geraci）

高層薪資

　　在解決投資人表決權的問題之前，有一個方法可以讓這些被

動投資巨頭贏得大眾好感，那就是解決執行長薪水過高的問題。
這有點離題了，但本書是寫柏格的，而他對這個問題非常在意，
執行長們坐領豐厚高薪令他憤慨，而他認為先鋒對於解決這個問
題能出點力。

> 以美元計算，現在僱用的人數比起 1960 年或 1970 年增
> 長不大。但你看看另一頭那曲線，你知道我在說哪條線。那
> 些了不起的執行長自以為值得這麼多薪水，我就是有點搞不
> 懂，執行長到底值得多少薪酬，有些竟然可以領到一般員工
> 的 18,000 到 20,000 倍。我認為現在該是基金，尤其是指數基
> 金發聲的時候了，因為基金是唯一長期的、永久的股東。

「了不起」這口氣充分展現了柏格的風格，但他的話之所以
能擲地有聲，是因為他無畏挑戰。他能近身觀察執行長們，他認
為相對於為公司創造價值的員工而言，這些高層太高估自己的價
值了。他在《文化衝突》一書中引用了海倫凱勒的話：「推動這
個世界前行的，不只是英雄們的豐功偉業，還有每個勤懇踏實的
小螺絲釘凝聚而成的推力。」柏格對執行長薪酬的無情抨擊，似
乎引起了先鋒內部的共鳴。先鋒 2020 年管理報告指出：「建立與
業績對應的健全薪酬政策與作法，是推動企業永續發展的基礎動
力。公司應明確披露其給薪作法，及其如何連結績效和公司策
略。」

如果沒有具體行動，此番言論就會淪為口號。但先鋒看來已
透過行動反對高層肥貓。其中一例是谷歌母公司字母控股，先

鋒集團曾多次投票反對「發給執行長更多股票」，因為他們認為「這樣的薪酬與績效不符」，因此不僅反對該提案，也反對了薪酬委員會主席的提名。

光是機構投資和表決權分析就能寫成一本書，但整體上柏格特別關心的是企業高層肥貓的問題，而現在先鋒和貝萊德有機會能控制這一點。不過將來他們是否能兌現承諾，成為公司治理包括自我管理的最後希望，仍然有待觀察。

客戶服務品質差

針對被動投資有個更合理的質疑，就是這些公司的客服是否能夠滿足數百萬投資人。費用這麼低，哪有錢為投資人提供服務呢？

> 有人問過我：「有什麼能擊垮先鋒集團嗎？」而我能想到唯一的一件，也是我從投資人們那裡聽到的唯一抱怨，就是他們的客戶服務。他們的客服是否真能滿足客戶所需？
>
> ——班・卡爾森（Ben Carlson）

三千萬投資人為數眾多，占了美國成年人的10%以上，而先鋒每年卻只收50億美元費用。這數字聽起來或許很多，但與大多數主動基金同行相比，這只能塞牙縫。舉例而言，富達年費收入就在200億美元左右，但它管理的資產只有先鋒的一半。當然，收費低正是投資人偏愛先鋒的原因，但這也的確點出了問題

所在：如何服務客戶，並讓公司跟得上科技發展。

先鋒集團裡有成堆的老舊電腦。我和先鋒一些剛退休的資訊人員聊過，他們是用鐵絲把那些老舊設備捆好堆著。他們沒有富達、嘉信或羅賓漢那些公司有升級設備的預算，或者說可能有預算但也不會花在這裡。先鋒還有很多技術問題。遇到大量交易日時，它的網站經常故障，我收到了很多有關帳戶淨價錯誤的抱怨，這真的很嚴重。

——愛琳·亞芙蘭（Erin Arvedlund）

我寫這個問題已經寫了很多年了，先鋒集團的服務簡直糟透了。富達的服務實在好太多了。看吧，不可能又要馬兒好又要馬兒不吃草。收這麼低的費用，可不是省下點文具錢就能彌補的。他們已經把大量客服工作低價外包了，沒人真的為此負責。你沒辦法期待用這麼有限的預算包山包海，總會出現瓶頸的。

——丹·維納（Dan Wiener）

我為了寫書採訪了一些人，他們的體驗都很差，但卻仍是先鋒的粉絲。快速瀏覽一下Yelp上的評論就能發現，在總分5顆星裡，先鋒集團只拿到了1.5顆星，跟費城哥倫布大道上的沃爾瑪一樣爛，其中一項評論還說那服務根本是地獄等級。以下是一位投資人對先鋒客服的評論：

　　我和先鋒合作超過37年、成為旗艦級客戶超過23年。11月25日，就在感恩節的前一天，我在電話那頭等了三十多分鐘。我再打一次客服電話，又等了三十多分鐘，結果我花了兩個工作天才完成線上交易，因為電匯得要客服人員才能完成。節假日前後能不能多點客服人員呢？

以下另一則評論：

　　費用很低，但代價是客服很差。像我今天打電話問如何把另外三萬美元轉進我在他們家的投資帳戶，等了20分鐘最後只好掛掉。但打給他們的競爭對手，人家卻能秒接我的電話。嗯……分散投資的確很重要。

　　即使柏格頭網站上，也有抱怨聲浪。想想這些人可是鐵粉，所以這真不是個好現象。以下是我在論壇上找到的評論：

　　相對於其他公司，先鋒的「客戶服務」，如果這還能叫做服務的話，實在是差人一截。客服只有星期一到五的上班時間服務，但我先生是外科醫師，上班時間他都在忙沒辦法接電話。他們有許多文件得打電話要、用電子信箱收，自己印出寄回。他們一直沒處理我們的申請，沒有開通我用先生帳戶進行部分交易的權限，弄到最後也只能再次寄申請書。還有，後門羅斯個人退休帳戶（Backdoor Roth IRA）投資的款項，根本不需要扣留三至七天，這真的太讓人生氣，先

鋒太爛了。

這或許和柏格在書籍和演講中所說的服務形成對比，他反覆對員工強調這些基金投資人都是「勤勤懇懇的人」，他在1991年的演說中告訴員工們：

> 對於客服我要補充的是，我們應該提供個人化的服務。必須不遺餘力的了解他們的需求和顧慮。在這個二十世紀末的環境裡，規則和作業程序往往取代了判斷，答錄聲排擠了人聲，及時的回應變成了冗長無盡的等候音樂。確實，我們需要現代化的效率，但如果讓人性離我們而去，那麼客戶不久也會流失。那時就是先鋒結束的時候。

時間快轉到今日，雖然先鋒表示正在增加客服部門預算，但這是個長期性的問題，是先鋒以及其他被動巨頭必須努力解決的問題，因為客戶群的成長遠高於他們收入成長的速度。不過這還都得感謝投資大遷徙。

> 客戶服務和技術是先鋒集團的致命弱點。
>
> ——愛琳・亞芙蘭（Erin Arvedlund）

9

柏格 vs. 先鋒

這裡讓我惹上了很多麻煩。

我與柏格第一次會面是在2016年12月，恰好是他在《金融時報》上發表社論後的第二天，他那篇文章在批評ETF及其交易量。我甚至還沒來得及訪問之前，他已經開口談起同一版面發表的另一篇文章，裡面寫的是柏格如何對ETF示警，以及這篇文章在公司內部造成的影響。顯然這事情惹他心煩，他想發洩一下：

> 你讀過我的社論還有同版面的另一篇相關文章了嗎？這讓我惹上了很多麻煩……先鋒基金的高層們對此大多保持沉默。講白點，他們不願跟我說話，卻去跟媒體放話……那篇文章說我在攻擊ETF什麼鬼的。我對那些批評我的人說：「能不能幫個忙，好好讀一讀我的專欄文章，然後找出哪句說的不對？」我想不到哪一句話會讓哪個人不滿的。突然間，我的社論卻成了「攻擊」！甚至麥克納布（先鋒時任

執行長）也寫信給我，說這是他見過對ETF最重的攻擊。
我很驚訝，我只是說事實、談數據而已，我說ETF很好，
只要不去買賣進出。好吧，市場上大部分的ETF都很好，
只要不去交易，對於其他那些垃圾產品，我沒什麼話好說
的。

　　儘管是媒體用那篇同步刊登的文章來炒作，但柏格也的確選
擇了公開的方式，用社論來批評ETF，而這卻是先鋒發展最快的
業務之一。所以柏格在先鋒的辦公室裡，身為公司的創辦人和代
表，公開批評了公司裡的成功部門。有誰會這麼做呢？柏格就
會。自1996年執行長卸任那天起，到1999年辭去董事會職務，
成立柏格金融市場研究中心以來，他的一貫風格就是如此。

　　柏格與先鋒的口水戰，以及他們之間出現的分歧值得深究，
如此才能更了解他，以及先鋒在這個後柏格時代可能走向何方。

　　柏格對公司的質疑大多起於公司擴大規模的野心，比如推
動ETF的企圖心。他那「夠了」的心態與此相互抵觸，而且他
也能預期過度注重資產成長可能產生的問題。「回顧我的職業生
涯，」他說，「我曾做過一些愚蠢至極的決策，那100%都是一
邊想著行銷一邊決定的。」

　　我想他不見得認同先鋒所有的變革，他曾表示過擔心公
司成長得太龐大了。

　　　　　　　　　　　　　　　　──小約翰・柏格（John C. Bogle Jr.）

高層間的裂痕

柏格與先鋒之間層出不窮的摩擦，也有部分可能是因為他被董事會逼退，覺得受傷和自尊心受損，同時間，他與繼任者布倫南的關係也在惡化。布倫南在1996到2009年間積極擴展公司業務，大幅增加資產規模。據稱柏格對布倫南的成功感到不忿，或許還有些嫉妒的味道，而且也對他推動ETF的決定心存芥蒂。

先鋒當時的董事會成員的年齡上限為70歲，柏格在1999年達到了這個年齡。他原以為自己是創辦人，公司會為他破例，但董事們希望他退休。有傳言說他在董事會上越來越難搞，帶著各種研究數據主導會議，大家都快瘋了。

柏格在《文化衝突》一書中講述了他自己的版本：

> 1999年初董事會似乎就下定決心，要在我在70歲生日後就退出，這項規定我從來沒有想過會適用於公司的創辦人。我對董事們表達了我的驚訝和不滿，然後等著他們的決定。接著8月就有記者打電話給我，告訴我他得到消息，董事會決定堅守這個規定，無一例外。

這位記者來自《華爾街日報》，這家報紙刊登過「先鋒集團高層間可能出現裂痕」的報導。這個消息像野火一樣傳播開來，許多追隨柏格而來的先鋒投資人表達失望甚至憤怒。後來董事會還是讓步了，同意他繼續擔任董事，但因為這件事情帶來的風波，柏格最終還是選擇辭職。

他們把他趕走了，布倫南隨後攬下了公司資產成長的功勞。原本柏格推出的兩個投資組合孤兒成為了散戶們的寵兒，而他本人卻已不再是公司的領導者，後來他只要抓到機會就抨擊他們。柏格對資產成長至此感到不安，他創造出來的「科學怪人」離開了他。他擔心接下來公司會腐敗，再也不把客戶當人看了。

　　　　　　　　　　　——愛琳·亞芙蘭（Erin Arvedlund）

柏格公開表露對先鋒公司的不滿，究竟是因為他反對公司後來的走向，或是這只是柏格天性不願妥協、直言不諱使然，這問題可能再也釐不清了。

先鋒的最大成功，至少從吸引資金這個角度來看，是在柏格離開之後取得的。而且老實說，我覺得他一直對布倫南管理他所建立的公司不忿。他的執念很深，都快氣瘋了，老是在咆哮。他心裡很介意，根本不願提到布倫南這個名字。我是說，先鋒公司就是他的一生，可以理解他為什麼如此不滿。我認為從他被迫退出，直到他去世的那一刻，這種緊繃的氣氛或許未曾停歇，而其中很大一部分的原因，是不滿先鋒要他離開的方式。

　　　　　　　　　　　——傑森·茲威格（Jason Zweig）

先鋒歷任執行長任期間公司規模變化

（單位：十億美元）

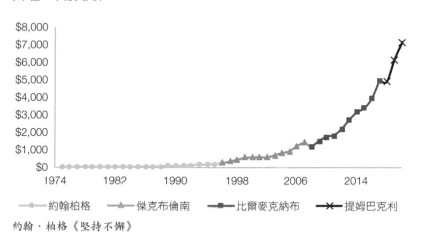

約翰‧柏格《堅持不懈》

老頭就是不願閉嘴

正如威靈頓的「分裂時期」讓柏格與他自己精心挑選的合作
夥伴產生矛盾一樣，他很快就成為了先鋒與他精心挑選的接班人
最大的批評者，還持續了二十五年。有段時間這家公司像是功能
失調的家庭，創辦人還在公司總部園區裡，卻透過媒體放話抨擊
現任管理階層，批評公司部分產品和戰略，其中大部分還是他草
創的，包括智慧型投資、國際基金和ETF，這些產品不但是先鋒
員工們的日常，而且也成功吸引了龐大的資金，我曾說過先鋒表
現的太出色，即使創辦人不斷批評，也無法阻止資金的流入，但
他就是不放棄表達意見。

> 柏格對幾乎對什麼事都很有主見，我很難想像他會對什麼事情沒有想法。
>
> ——葛斯・索特（Gus Sauter）

柏格承認固執己見是他的行事風格，卻也是障礙，但他仍認為問題出在先鋒不是他。正如他在2013年晨星會議公開表達的那樣：「先鋒的問題是有個老頭一直說個不停，有人對我說『我知道你不認同先鋒。』才不是，我才不會那樣，是先鋒和我意見不合。」

> 在後來的幾年裡，關於他的報導裡正面的部分，是他與公司保持著適當的距離，這讓他能是先鋒最大的支持者，又能大力鍼砭公司。共同基金行業「產品」的增加會讓他不滿，所以當我有關於先鋒不願人知的消息時，第一個就會打給他；而他也愛交流八卦。
>
> ——愛琳・亞芙蘭（Erin Arvedlund）

> 我知道大家愛約翰・柏格，不會有人想玷污這位傳奇，但傑克的確在被逼退後改變了對先鋒的態度。這倒不是說他原本的態度是裝的，現在的才是大實話，他只是很傷心被趕出門。他們甚至把墨基爾留在董事會，儘管那人也一樣超過了他們要柏格離開的年齡。他對此感到不忿，他們整了他，而他也背棄了他們。
>
> ——丹・維納（Dan Wiener）

柏格在寫他的最後一本書《堅持到底》時，有次他想查閱他擔任先鋒共同基金主席期間的會議紀錄，但公司拒絕了他的要求。也許先鋒認為給他這些紀錄只會讓公司更頭疼，但這看來也是他們漸行漸遠的跡象。柏格在2018年最後一次接受費里的柏格頭播客採訪，被問到與先鋒的關係時，他是這樣描述的：

> 坦白說，我和先鋒關係不深，因為我已經退出了。我覺得這樣說很公道，因為我已經不參與管理了，我得不到任何訊息，也無法察看他們的紀錄。不過沒關係，反正我也不再是那裡的負責人了。我讓給其他人來管，他們也正在管。如果他們需要我的建議，他們知道哪裡能找到我，不過我想他們認為自己更懂，因為他們每天都在做業務。但是你看，一旦離開了執行長的位置，就算是創辦人也得讓開，新人馬上要來接管，老人是該讓。我其實不那麼想讓開，因為……不論如何，在許多人眼裡，還有對股東和媒體而言，我仍是先鋒的代言人。

柏格對先鋒有幾點憂慮，具體細究其中一些問題，有助於充分了解後柏格時代以及他去世後公司的演變。

先鋒的規模

柏格顯然對先鋒規模不斷膨脹感到不安，這點在第一章已經深入探討過。他在2016年與我會面時就曾抱怨過規模變得太大

了，但當時先鋒的資產還不到現在的一半。「我對先鋒的期待並不是要達到3兆美元規模，」他說，「這是個讓人震驚的數字，特別是對於寫過《夠了》這本書的人來說。我們真的需要這麼多嗎？永遠不夠，總是還要更多、再更多，欲望總是無邊無際的。」

柏格一邊擔心先鋒規模太大，一邊仍繼續批評資產管理業不夠善盡受託人責任、不夠便宜。某種程度上，先鋒規模不斷成長表示大家同意他的看法所以才投資先鋒，也因此這些批評確實也有些矛盾。他對公司規模過大的具體擔憂之一，是這可能導致公司行政腐敗，多年來他在許多公司都看到過這種情況。正如他在1989年某次演講中告訴團隊的：

> 在我為數不多的幾個負面時刻裡，我對先鋒最大的恐懼是它變成龐大、沒有人情味、麻木而官僚的機構，沒有人關心任何事、任何人。我們整個管理團隊都有責任，為了理想奮戰到生命的最後一刻，抵擋那股可能淹沒我們的流程，那些文書作業、政策、規定和程序的大浪。

他在1993年某次演講中還提到，他曾在《CEO》（*Chief Executive*）雜誌讀過一篇文章，裡面談到公司發展得越大越成熟，離企業家精神就越遠。這樣的公司，會開始向上關心滿足各級管理人員的需求，並向內關注公司本身，而不是向下賦予員工更多責任與向外為客戶提供更好服務。

在柏格的最後一本書《堅持不懈》裡，他談到了布倫南的才

幹、他們之間密切的關係，還有壁球比賽。然而，當談到他當執行長的事，柏格態度就略顯客氣了，但對於公司大肆擴張的憂心和不贊同，還是難以掩飾：

> 由布倫南當執行長讓先鋒的行銷更突出，也推動了公司績效數據化管理。他還做出了推動先鋒ETF這個最終決定，並成立新部門去營運。雖然我對於讓先鋒打入國際市場這個想法較為保留，但他啟動了進軍世界市場的計畫。

ETF興起

ETF可以說是柏格和先鋒之間僵持不下的癥結所在。正如我在第六章解釋的那樣，柏格不愛ETF。所以面對推出首檔ETF的要求時他拒絕了，結果他離開董事會沒幾年先鋒就推出了，這讓柏格感到不快。

> 他被先鋒排除在外，自從ETF推出他就持反對意見。當先鋒ETF首次問世時，先鋒和柏格陣營竟然用新聞稿相互叫陣，這很可笑，很滑稽。
>
> ——吉姆・溫特（Jim Wiandt）

如今ETF已是先鋒成長主力，吸收到的資金比原有的資產占比更大。如果沒有推出ETF，先鋒就無法接觸到那麼多投資人，也無法將低成本推廣開來，這是柏格也承認的事實。但可以

肯定的是，ETF確實吸納了指數型共同基金投資。事實上柏格去世後，先鋒同意投資人可以把手上的共同基金轉換成ETF，因為ETF更便宜，很難想像柏格要是知道了會不生氣。

不過值得注意的是，先鋒最暢銷、客戶投資最多的ETF，是最簡單、最符合柏格理念的那種。

慧甚公司（FactSet）副總裁兼ETF研究與分析主任卡許納說：「看看先鋒對旗下投資組合及產品和生活策略（Life Strategy Fund）系列基金的操作。看看ETF資金大多流向何方，就會發現約翰·柏格的傳奇無處不在。」

她繼續說道：「這個自動投資系統會用四個基金。」這指的是先鋒的智能投資顧問預先配置的投資組合，「但這些投資組合中沒有先鋒的投資風格基金、特定行業基金、投資策略基金、主動因子基金或主動式共同基金，這不是全新走向，而是構築在柏格的傳奇之上。因此，從宏觀的角度來看，這完全是柏格的風格，儘管在基金產品發展上，先鋒確實做了一些在他看來算是旁門左道的事。」

投票紀錄披露

另一個柏格與先鋒意見相左的情況發生在2002年，當時他在《紐約時報》上發表文章支持新監管規定，新規定要求共同基金揭露投票紀錄。先鋒是許多公司的大股東，當時又正值安隆（Enron）公司醜聞風波，所以柏格對這個新規定讚譽有加，因為「投資者有權知道」基金公司如何運用投資人的股權，但大多數

基金公司並不想公開自己的紀錄。柏格把這樣的遲疑稱為「沉默的基金」。

在柏格發表文章僅僅兩個月後，時任先鋒執行長布倫南和時任富達執行長的詹森三世，在華爾街日報上聯合發表專欄文章反對新規定。布倫南和詹森不認同新規定只針對共同基金，卻沒有約束退休基金和保險公司等其他機構投資者，他們認為這會讓共同基金成為激進團體的「焦點」。

事情至此，柏格精心挑選的繼任者竟與先鋒最大、最強的競爭對手富達合作，這可不是件稀鬆平常的事。正反兩方都有合理的觀點，投票紀錄透明是好事，但換個角度來看，新規定的確該適用於所有機構投資者，否則就是讓共同基金成為激進團體的靶心，而這些團體對指數投資的概念常是一知半解。

自此之後那幾年，柏格常會批評先鋒的投票行為，引用研究數據證明先鋒以及一些大型基金家族在投票時顯得被動，對於所投資的公司給予建議不夠明確。他在《文化衝突》裡，直接點名先鋒：

讓我感到驚訝，同時又無法掩飾失望的是，先鋒和貝萊德這兩家指數型基金公司在股東大會投票時非常被動……把先鋒單獨挑出來點名為最不善盡職責的公司，在26家公司裡排名第26位，這讓人高興不起來。

這個動作實在虛偽，因為當他還在經營先鋒時，在投票這件事情上也是很被動的。現在他卻批評先鋒沿襲著他當家時本就在做的事，這太荒謬了。他這麼做讓自己的形象變得

> 很差，他之所以能夠逃脫批判，是因為有名氣。
>
> ——傑森‧茲威格（Jason Zweig）

當然，這是大約二十年前的事了。時間快轉到今天，先鋒已經很明顯不再是那麼被動的股東了，現在該肯定他們透明而且詳盡的公開參與投票過程。

量化投資

柏格為散戶創立了量化投資（又稱做智慧型投資），但是到了晚年態度卻轉為厭惡。這類基金一般會系統性分析股票相關因子，那些根據過往表現證明可能跑贏大盤的股票特徵，例如動能好壞、價值是否低估、規模（選擇小型公司）和基本面等等。柏格在1986年推出先鋒量化投資組合基金時，是這個趨勢的領航者，這是第一檔面向散戶的量化基金。從那時起，先鋒開始拓展因子產品，還推出了一系列的基金。

先鋒為此設立了名為量化股票小組（Quantitative Equity Group, QEG）的專責部門，管理著500億美元的資產，儘管這對先鋒來說規模不大，卻是個相對合理的數字。這個由34人組成的團隊負責監督41項投資指標，包括股票因子和流動性替代方案（對沖基金式策略），終究還是有些客戶喜歡這種投資方式。

然而柏格常會對這些策略嗤之以鼻。在我們某次採訪中我試著問他，即使他不認為因子策略有效，是否還是會因為先鋒把低成本引入這個投資領域感到自豪？他回答說：「好吧，就原則來

說，無論市場上有多少垃圾，先鋒都應該推出最便宜的垃圾，不過這對我而言，並不是個好的市場定位。」

國際投資

國際基金也是柏格覺得沒必要涉獵的領域，儘管先鋒是這個領域的領導者（擁有1.1兆美元資產），而且是柏格本人在80年代初主導朝向這領域發展，但他不認為有必要投資國外股票，他常說自己的投資裡沒有國外的股票。以下是他在《約翰柏格投資常識》的解釋：

> 我認為美國股票就能滿足大多數投資人的需求，這個看法到現在仍然受到許多人的挑戰，幾乎大家都在質疑。反方意見不外乎：「從多元化投資中屏除非美國股票，這種做法是否就像從標普500指數裡剔除科技股一樣輕率？」我不同意這種觀點。我們美國人賺的是美元、花的是美元、存的是美元，投資時也用美元，為什麼要去冒匯率風險換外幣投資呢？難道美國的機構不比其他國家強大嗎？難道美國企業半數收入和利潤不是已經來自美國以外的國家嗎？難道美國GDP成長的速度，不是與其他已開發國家比肩，甚至更快嗎？

現在，一方面他的看法被證明其實是蠻正確的。那些把大部分資金投入美國，只有少量或根本不碰國際基金的投資人，報酬

率可能較佳。然而回顧過去只是事後諸葛，當時是連先鋒這樣的著名投資公司都認為投資組合裡應該包含國際投資，達到投資分散和多元化的目的。這也是那些即使是最熱情的柏格支持者，也會與他不同調的問題。

> 這幾十年來，我與傑克最大的分歧就是國際投資。
>
> ——泰德·安隆森（Ted Aronson）

> 其他國家也有出色的人才和優秀的公司。如果巴西有家好公司，我希望能投資它。如果愛爾蘭有家好公司，我也希望投資，我不信國際投資會超越美國，也不認為美國會永遠是最好的投資選擇；我只是很坦然的接受「我不知道」。我的意思是羅馬帝國最後也倒塌了，人如何能預知美國會永遠強盛呢？
>
> ——丹·伊根（Dan Egan）

後柏格時期的先鋒

柏格過世之後，先鋒有些變革值得討論。例如柏格去世以後，先鋒修改了法律文件中關於共同所有權結構的用語，刪除了「以成本計價」的術語，也不再使用柏格最喜歡的「互助互惠」（mutual mutual）來形容公司。同時也廢棄了自己提供「無利潤」產品，對比於同行的「營利性」方式的說法。

　　柏格去世後，公司變更了官方文件用語，不再以非營利組織自居。

——愛琳・亞芙蘭（Erin Arvedlund）

　　公司表示這只是為了簡化揭露訊息，儘管美國證券交易委員會和美國國稅局都沒有這樣要求。一位曾在先鋒工作的律師在《費城問詢問報》的相關專題報導中指出，「以成本計價」會冒著違反聯邦稅法的風險，是里托茲（Barry Ritholtz）建議刪除以避免侵權訴訟。

　　這只是單純因為公司規模越來越大，希望確保用字更嚴謹，還是為了脫離柏格時代？雖然時機點確實讓人起疑，但這也的確很難看成是追求更多利潤的陰謀。事實上，自從發生這些變革以來，先鋒一如往常持續調降基金費用，同時發起宣傳如何「成為所有者」的廣告活動。雖然柏格不愛宣傳，但無論人們怎麼看，「互助互惠」這個訊息已躍然於大眾視野，此外先鋒已帶動整個行業幾近零費用的風潮，大船已經起航了。

戰艦標誌

　　提到船，先鋒另一個擺脫柏格色彩的例子，是把戰艦圖案從公司標誌中去掉，沒深度卻又有象徵性的動作，這會讓柏格刺眼吧。前衛號戰艦（HMS Vanguard）是一艘英國海軍艦艇，在納爾遜將軍的帶領下擊敗了拿破崙，柏格是從一本寫英國海軍戰爭的書中得到了這個靈感。正如他在《堅持不懈》中寫的：

　　看著尼羅河戰役的傳奇事蹟時,我印象深刻。納爾遜將軍的艦隊在那裡幾乎擊沉了所有法國戰艦,英國只損失了一艘護衛艦,這是海軍歷史上最著名的勝仗之一。拿破崙征服世界的夢想破滅了……我沒有片刻猶豫,也不需要請教任何人,當下就決定把公司取名為「先鋒」。

　　這艘船對柏格來說意義深遠,那代表了他十八世紀的靈魂,他甚至說先鋒繼承了「源自200年前英國海戰的精神」。這艘船已經深植於公司的基因裡,體現在公司的環境和言談之中。幾乎每一次公司內部演講,他都或多或少會提到這艘船。他談到了「逆風、順風」,把員工稱為「船員」。此外,先鋒園區內的大部分的建築,都以納爾遜艦隊中的船隻來命名,例如勇士號(Goliath)、宏偉艦(Majestic)、迅雷號(Swiftsure)和柏格辦公室所在的勝利號(Victory),他的辦公室裡甚至還掛著戰艦畫作。

　　那麼為什麼他才去世一年,公司就決定把這標誌從網站和官方文件撤下呢?顯然先鋒找了公關公司協助形象現代化,最後決定刪除自1981年以來未曾更改過的前衛號戰艦形象。

　　現代化?在我看來,這是在抹去他的痕跡。

　　　　　　　　　　　　　　——愛琳·亞芙蘭(Erin Arvedlund)

　　戰艦是傑克的愛好,也是推動公司文化的動力。戰船、船員,雖然這只是件小事,但先鋒拿掉圖像淡化這些元素,是在淡出柏格的傳奇。

　　　　　　　　　　　　　　——丹·維納(Dan Wiener)

　　雖然很難不將此視為淡化柏格色彩的手段，但說到底這也只是改個標誌，基本上無傷大雅。說句實在的，戰艦其實也已經不是通俗文化的一部分了。

　　我不對此做過多解讀。我會以先鋒的產品和公司政策來評論，而不是他們的商標。我不認為此舉是在「惡搞約翰柏格」，這只是有人只是覺得「標誌太過時了，我們需要吸引年輕投資人。」我對此並不太在意。

——吉姆・溫特（Jim Wiandt）

　　我想柏格不會支持去除戰艦圖像。不過話說回來，柏格的導師摩根並不喜歡先鋒這個名字。他說這聽起來像是雜技團。不論是什麼新鮮事，最後終究都會成為歷史，時代在變化。柏格甚至也說過要擺脫傳統尋求進步。以下內容摘自他 1994 年對員工的演說：

　　因循傳統有消極的一面，用習慣代替行動，讓人變得僵化、麻木。簡單來說，無論過去多麼重要，因循舊習都會讓未來蒙上陰影。詩人艾略特（T.S. Eliot）說的很好，他說：「只有傳統是不夠的，必須不斷接受批評，與時俱進。」

私募股權

　　先鋒和私募股權沒什麼共通點。前者是以極低成本向廣大散

戶投資人提供公開交易證券，後者則為機構投資者提供較難變現的私募投資，收費也較高。這就是為什麼人們對先鋒在柏格去世一年後，宣布與私募股權公司漢柏巍（HarbourVest）合作感到驚訝和好奇的原因。

> 我差點都能看到柏格因為先鋒摻和私募股權基金，氣得從墳墓裡爬出來。
>
> ——羅賓‧鮑威爾（Robin Powell）

　　先鋒對於這項合作的辯護，給的理由相當合乎邏輯。首先，美國上市公司數量從上世紀90年代約8,000家減半了，目前剩不到4,000家。這是因為許多公司選擇不上市，或是想等好時機再

在美國上市股票數量統計

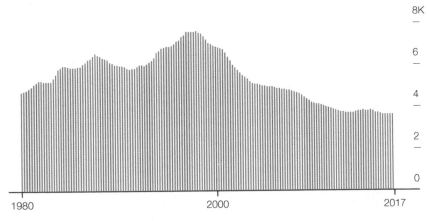

傑伊‧里特（Jay R. Ritter）／佛羅里達大學沃靈頓商學院、芝加哥大學證券研究中心

上市，首次公開募股（IPO）規模越來越大就是證明。這增加了人們對私募股權的興趣，甚至包括散戶，他們也希望參與美國企業價值創造過程，而這也是柏格對公開上市股票這方面所倡導的理念。

其次，先鋒希望拓展機構客戶諮詢服務，並發展投資長（CIO）外包模式，因此需要提供私募股權產品才能有競爭力。第三，也許私募股權領域需要一些先鋒式的創新。雖然我們不太可能在明面上看到先鋒私募股權基金，但先鋒可以透過間接的方式提供私募股權投資，或許同步施加一些成本壓力。這個領域的費用真的很高，80年代的主動式共同基金收費，相比之下只是小兒科。

我和朋友們開玩笑說，下輩子投胎我想加入私募股權業。我不想當一個不收費，還要承受先鋒壓力的量化投資經理人。

——泰德・安隆森（Ted Aronson）

大方向

儘管柏格與新公司高層摩擦不斷，還批評先鋒某些產品系列，但公司的員工們似乎依然愛戴他。總歸一句，他們知道他和大家站在一起。此外，談到大事和核心原則時，公司依舊秉承柏格的低成本和指數投資理念。

> 　　在先鋒內部他從未失去眾人的尊重。他只是在宣揚自己的理念，其中一部分是基於現實，我們確實希望人們買入後持有、減少交易，但有些則屬於他對自己所創立的公司的執念。
>
> ——吉姆‧溫特（Jim Wiandt）

> 　　先鋒內部在大方向上有共識，儘管在一些事情上可能有分歧。我會認為未來在投資顧問這個領域要如何發展，可能是會個主要的爭議點。
>
> ——克莉斯汀‧賓斯（Christine Benz）

柏格是個好老闆

　　就算柏格公開批評公司，但他在公司內部仍然受到尊重，原因之一是他當家時對員工來說是位好老闆，這是人們沒注意到的部分。如果沒有能力攬材、留才，組織並團結人才，他的創新作法可能也推不動。他的領導才能結合了分析思考、長遠眼光和溝通技巧，這樣的能力是很罕見的，但當這一切特點都結合在一個人身上時，就足以改變世界。

　　對柏格來說，他同時還面對著一項獨特的挑戰，就是要試著平衡對內發薪水的壓力、對外降低收費的使命，以及先鋒獨特的結構。公司發展早期他就能感覺到員工們的不安，認為低收費這個口號不利於自己的薪水。柏格在1991年對員工的演講中回應了這個想法：

先鋒有些員工，實際上大約是四分之一的人，因為擔心薪水可能低於其他金融服務機構的薪水而心神不寧。在讀過員工意見表寫的內容之後，讓我感到意外的是，有些人認為要是決心維持先鋒低收費供應商地位，員工的薪水會減少。但事實並非如此，甚至恰好相反，正因為我們有低成本的優勢，大家才領得到薪水。也正是這個優勢讓我們有獨特的夥伴關係，是我們龐大資產持續增長的主力。

這種夥伴關係稱為先鋒合作夥伴計畫，目的就是在解決這種薪酬問題。柏格承諾薪水會「比一般要更好」，而他似乎也已經做到了。根據先鋒集團投資顧問德馬索 2019 年在 ETF IQ 節目中的談話內容，這個計畫的報酬實際上是市場成長速度的兩倍：

> 很多人不知道先鋒早在 1984 年就開始這個分潤計畫，這是約翰柏格為了獎勵員工所設立的，主要是因為他們的基金收費比業界平均值低。我們可以比較一下，當先鋒合夥人與當投資人利潤有何不同，就能發現自 1984 年以來，合夥人計畫的分潤實際上增加了 72 倍，而投資標普 500 指數成長只有 33 倍。
>
> 先鋒不透露員工們的薪水，但他們也必須吸引人才來運營世界上最大的指數基金，這是個艱鉅的責任，得要有高額的報酬。
>
> ——賈里德・迪利安（Jared Dillian）

　　許多受到柏格感召的人，特別是他的助手們，都變成了先鋒終身員工或高層（包括執行長），幫助公司發展至今日的規模。其中大多數人，可以說幾乎是所有人，都真心相信著他的願景。

　　進入先鋒集團的人通常都有著理想主義的情懷。我以為我會回到法學院成為一名公設辯護人，沒打算一輩子在先鋒集團渡過。可是一旦你來到這裡，就會聽到他諄諄教誨，傑克定期發表對員工說話。最終我待了三十三年，而後再難以跳脫框架，開始以一種特定的角度看世界，以批判性的角度思考數據並與客戶協調合作。待在那裡的時間越長，就越難以不同的方式看待世界。

——吉姆·諾里斯（Jim Norris）

　　為了以實際行動展現對客戶和員工的承諾，柏格特意削減了一般資產管理公司會給高層的福利，例如大幅取消頭等艙機票、停車位和高級餐廳等。

　　柏格這麼作讓我想起了軍人，他採行了軍隊的原則，比如以身作則、軍官們最後吃。我認為這就是他成功的原因。因為在金融界，許多人的領導風格是恰恰相反的。雖然現在這種領導風格已經變得比較普遍，但在當時它還是特立獨行的。當年是勝者為王、踩著人頭往上爬，貪婪為美的時代。

——衛斯理·格雷（Wesley Gray）

同向而行

我親眼見證了公司基層對柏格有多尊重。第一次面試後，他邀請我和他一起去公司園區自助餐廳吃午飯。我們從他辦公室走到自助餐廳那一路上，每當員工經過身邊時，就能感受到他們對柏格的尊重和關懷：「你好，柏格先生」、「午安，柏格先生」、「柏格先生，你好嗎？」這些人看起來很自然，一般年輕員工碰見公司創辦人可能會緊張，但他們見到他時似乎非常自在，而且表現出由衷的愉快。到了餐廳以後，他像其他員工一樣在中央選了張桌子（這可說是個奇觀，因為有他在，用餐的平均年齡可能當場就提高到了三十多歲）。

布倫南可以說多年來一直承受著柏格的壓力，但即使是他，似乎也真心喜歡並欣賞柏格建立的公司和文化。他在2016年對聖母大學（University of Notre Dame）的學生演講時，說過這樣的話：

> 我很幸運能在一個只注重品格和道德的地方渡過我的職業生涯，我被寵壞了。這些就是錄取標準，也是晉升標準，還是能在組織裡成為領導者的標準。在四十年職業生涯結束時，能如此自信的說出這樣的話，在我這個年紀的沒有幾個。

自從柏格離開以後，先鋒集團歷任執行長都獲得了正面評價。要保持初心同時又要發展公司並不容易，但先鋒的管理階層

做到了。

　　顯然，不同的人會用不同的方式經營公司。而且我認為先鋒走到今天，柏格和布倫南都功不可沒。柏格有創立公司的願景，而布倫南負責執行，他讓願景成為現實。如果沒有布倫南，先鋒肯定不會有今天的成就。麥克納布（第三任執行長）接任後也做得很出色，而巴克利（第四任執行長）就我所知也做得很好。所以沒錯，他們選擇的路子稍有不同，但方向是一樣的。

　　　　　　　　　　　　　　　　──葛斯‧索特（Gus Sauter）

　　最終，我認為柏格對公司的看法，無論是在他經營公司時還是離開後，都可以用《夠了》的這句話來概括：「我希望先鋒不只是存在，而是它值得永遠存在。」

10

無為的藝術

「頻繁進出是投資的大敵，這早就證實不下千次了。」

記得九〇年代初期曾讀過關於U2樂團的文章，其中主唱波諾（Bono）說，寫歌就像逛街一樣容易，但寫一首好歌、一首熱門的歌就難了。被動投資也是如此。買指數基金或ETF就是按個按鈕這麼簡單的事，但要持有十年就完全是另一回事，更不用說是一輩子了，這就是為何柏格將投資行為也納入投資宣導的一環。投資者可以投資費用極便宜的產品，但如果無法控制自己，不在錯誤的時間交易，那麼這些省下來的成本都會化為烏有。

這個概念的正確術語是行為財務學（Behavioral Finance），儘管我更喜歡「無為的藝術」（這又是另一個我曾經考慮替這本書取的名字）。沿著這個思路，我還喜歡「追求耐心」（chasing patience）這個詞，這個詞是發想自投資人追求績效的現象，我最初是從里托茲財富管理公司的貝特尼克（Michael Batnick）那裡聽到的。但不論是無為或是追求耐心，這兩種想法都指向一個

事實，即不作為也是種行為，而且諷刺的是，不做比做還要難的多。但不論怎麼稱呼，都是柏格啟蒙了這樣的投資者時代。

海豹部隊

正如前面所提到的，投資先鋒的人比起一般投資人更懂得無為的藝術，而且他們表現出有如海豹部隊等級的紀律，事實證明不論風雨，資金總會持續投入。

> 先鋒有最有紀律的客戶。柏格盡力吸引進合適的人和客戶，他不想要那些新來的投資人，這就是我們在經營時努力的方向。如果招來了錯誤的客戶，而他們變成了麻煩，那就是在浪費大家的時間。
>
> ——班‧卡爾森（Ben Carlson）

雖然會投資先鋒和被動基金的人，本來就可能比一般人更了解投資行為，但柏格的大力宣傳當然也有幫助。柏格在我們的訪談中歸納出了簡單的投資規則：

> 正如智者無數次的驗證，指數投資的關鍵就是利滾利，享受複利的魔力卻沒有成本的壓力，但這需要長期持有。這就是為什麼投資人都該把它視為終身投資。

> 他改變了投資行為，他在「不要交易」和「幹嘛要交

易？」這個主題上很有說服力，加上他有簡單直白的數字說明，沒有人能比他解釋的更好。

——泰德・安隆森（Ted Aronson）

話先說在前頭，當我說「無為」時，並不必然表示雙手一攤什麼都不做，儘管99%的時間是如此。實際上這是指堅持計畫並按照自己設定的條件投資，而不是被害怕錯過或是恐慌的情緒左右。

值得擁有的東西

然而除了他的訊息之外，柏格對行為財務學更遠大的影響，還是在於為投資者提供了值得持有的產品：指數基金。單單是把低成本指數基金引入市場，就有助於改善投資行為。對許多投資指數基金的人來說，當市場下跌時，不會認為是選錯了基金應該賣掉，因為他們明白只花三個基點的費用，就能持有整個市場的產品，這實在很難得，所以他們按兵不動。這點可以從金流看出來，最自律的投資人就是被動式產品投資人。他們很難得、甚至從不退縮。

我認為柏格確實影響了投資行為。他的影響不只是帶動基金費用下降，更重要的是他創造了這種完美的投資產品。指數基金的優點在於，可以勸年輕的投資人買指數基金，不用再做其他操作，而他們仍會感覺得到了很好的建議，這是

柏格的影響中不那麼受到重視和討論的現象。若能買指數基
金投資組合，過程中只要做少量再平衡就足夠，不需要變
更。

——克莉斯汀・賓斯（Christine Benz）

　　然而，要改善投資者行為並不容易，因為存在著相互對立的
力量，這也是為什麼柏格會說「無為很簡單，但不容易做到」，
這本質上是在對抗人性。人們天生傾向於採取行動，產品受歡迎
時我們天生傾向於購買，不受歡迎時則會想賣出，這是本能。當
券商平台都在鼓勵交易，整個媒體界都傾向放大拋售、煽動恐
懼，以超短期的方式來做市場報導，搏點閱率和關注時，要無為
更困難。我深知這一點，我自己也是媒體人。

浮誇的報導

　　有個典型的例子是當股票連續幾天走低時，電視財經頻道就
會推出「股市動盪」特別節目。這個節目標題用的字體和顏色，
看起來就是恐怖片氛圍。它會引起投資人恐慌和本能的拋售反
應。但事實證明過去十幾年來，拋售是最笨的舉動，因為市場總
是迅速反彈。所以有些人甚至會半開玩笑的把它當成是反指標，
買入更多股票。

　　媒體還將用暴怒的灰熊照片，加上「2007年以來最糟糕的
一週」這樣浮誇的表達方式。他們還會以點數來報導道瓊斯指數
的下跌，而不用百分比，因為這聽起來更聳動，「道指下跌500

賣出的理由

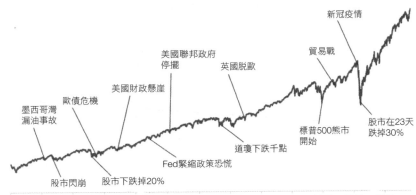

標普500指數

墨西哥灣
漏油事故

歐債危機

美國財政懸崖

美國聯邦政府
停擺

英國脫歐

貿易戰

新冠疫情

股市閃崩

股市下跌掉20%

Fed緊縮政策恐慌

道瓊下跌千點

標普500熊市
開始

股市在23天
跌掉30%

2009 2010 2011 2012 2013 2014 2015 2016 2017 2018 2019 2020 2021

麥克・貝特尼克（Michael Batnick）

點」比起「道指下跌1.4%」更吸睛，還會搭配股市短期暴跌那
紅通通的圖表。但如果他們改以中長期為視角，就能提供更多必
要訊息，也能看出短期下跌其實微不足道。

　　柏格不意外的，並不喜歡這個現象。他在《文化衝突》裡是
這麼說的：

　　　　讓人難以理解的是，金融報導對股市短期波動如此著
　　迷，每次短期的升跌都拿來當做新聞事件，即使這不過是短
　　期股票買賣現象而已。

　　另一方面，媒體也會故意刺激民眾後悔錯過了好股票，諸如
20年前花1萬美元買了某家公司百分之一的股票，今日會價值會

漲得多高這類的。那又能怎麼辦?造一台時光機嗎?或是開始擦
亮眼、買入市場上每一家公開募股?這樣的文章總讓人覺得該做
點什麼,無論如何都給人一種怕錯過飆股的想法,刺激投資人做
出錯誤的決定。

　　媒體通常只報導大漲或崩跌的產品,忽略那些穩定的投資。
我把這現象稱為95/5現象,即95%媒體集中報導的主角,通常
只占多數人5%的持股,剩下不報的卻是多數人的投資主力。你
很難找到大量先鋒整體股市指數基金報導,即使它是美國最受歡
迎的主力投資之一。但同時那些迷因股票、主題投資和加密貨幣
等主題,卻常能占據頭條好幾天。

95/5現象

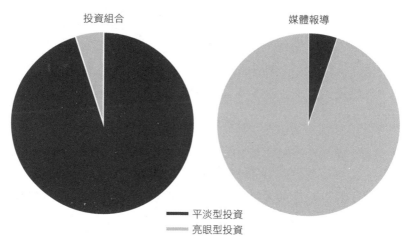

艾瑞克·巴楚納斯(Eric Balchunas)

難道只是空談？

我們當然可以批評媒體，但他們還能怎麼做呢？如果他們都在報導長期投資和財富創建，很快就會變得無趣，點閱率和觀眾減少，接著就是丟掉廣告收入。還有，平心而論，有些人就是喜歡殺進殺出。雖然長遠來看這不算是個好策略，但投資人有權這樣做。這種帶有娛樂性的節目很受歡迎，但不是全國廣播公司商業頻道（CNBC）的風格，儘管想想也挺有趣。

> 要是我主持 CNBC 的克瑞莫（Jim Cramer）那檔節目，我每次開場都會說：「買全球多元低成本指數型基金，每年調整一次，明天見。」然後節目還剩五十九分四十八秒可以用。
>
> ——貝瑞・里托茲（Barry Ritholtz）

布朗（Joshua Brown）和麥克（Jeff Macke）在《金融權威的衝突》（*Clash of the Financial Pundits*）一書中探討了這個主題，主要內容是數十位金融媒體人員（包括印刷和廣播）的訪談，探討了市場報導面臨的困難和考驗，以及他們在運作中扮演的角色。但談到他們的個人投資時，許多人承認只買入並持有指數基金。其中一例是布拉吉（Henry Blodget），他因90年代的網路興盛時期在美林證券當股票分析師而聲名大噪，在因詐欺案被禁止執業之前，他的工作是協助共同基金經理人挑選股票、跑贏指數。他說雖然心知肚明這行不通，但也不可能上電視上大聲說出來：

　　散戶想透過選股賺錢這想法很瘋，共同基金或對沖基金經理人想試著打敗大盤也很狂妄。對99%的人來說，這只會摧毀他們的理財成果。真正該做的是把錢投入低成本的指數基金，每隔幾年重新調整一次，僅此而已。然而問題是，對券商、投資顧問或媒體名嘴而言，不能只教大家去買指數基金，不需要管雅虎、谷歌或蘋果的下一步是什麼，買指數基金就好了。要是如此，那財經節目只能停播了。

　　柏格會說財經節目停播也是件好事，他在《約翰柏格投資常識》裡借用了約翰藍儂（John Lennon）的話，寫出投資行為的理想國：「想像某天沒有人買賣，股市休眠，整天寂靜的日子。」

零手續費！

　　柏格的股市休眠與媒體和券商立場不同，他們想的是刺激投資人買賣。他們會用遊戲化界面、免佣金等方式來促進交易。

　　在第六章，我們提到了柏格曾形容ETF「就像給縱火犯遞上火柴一樣」。如果這是事實，那麼零手續費這種做法，就像給縱火犯一把火焰噴射槍。但這就是主要散戶交易平台的現狀，像是富達、嘉信、盈透、億創等券商，當然還有網路券商羅賓漢，幾乎大多都提供零手續費交易。

　　這種趨勢主要是交易普及的結果，買賣變得越來越簡單便宜。交易成本下降交易量就上升了。就像先鋒過去45年的平均

透過券商嘉信買賣股票的手續費變化

年代	每次透過嘉信理財交易的成本
1970s	$70
1990s	$30
2000s	$13
2020s	$0

彭博新聞

美國不同類型投資人交易量分析

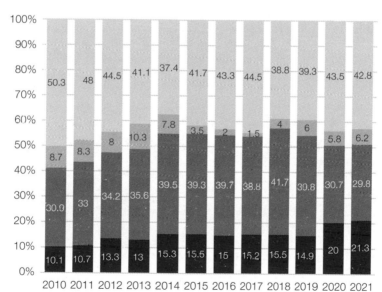

■ 散戶　■ 機構投資者買方　■ 銀行　■ 非銀行造市商／高頻交易

彭博社，賴瑞‧泰伯（Larry Tabb）

費用比率一樣，以嘉信理財交易為例，他們的收費也從70美元一路調降到今天的0元。

現今散戶的股票交易量占比約為20%，比起十年前的10%增加了一倍，這已經是比對沖基金和共同基金更大的交易力量。雖然這種趨勢已經存在了一段時間，但在2020年更趨明顯，因為許多人在Covid-19疫情期間在家，電視上沒有體育賽事，而且政府的刺激消費支票也在口袋裡閒不住，還有聯準會努力提升市場流動性，這場交易大爆發真可謂是完美風暴。

這些都發生在柏格去世一年後，他不在或許不是壞事，否則他的批評肯定會是史詩級的。

零手續費這種事情，他要是知道了肯定會爆炸。

——泰德・安隆森（Ted Aronson）

他會認為這是個慘劇，對他來說，這就像是17世紀那些在講台上宣揚火與硫磺的傳教士一樣，這對他來說是個禁忌。

——傑森・茲威格（Jason Zweig）

「投機盛宴」

我們知道柏格對交易的看法一向豐富多彩，這從他過去的評論不難看出。他用「輸家的遊戲」、「社會上無用的活動」和「投機盛宴」等尖銳的措辭來形容交易。如果他要列投資十誡，

我敢肯定「不可交易」會位居前三,甚至是第一名。

　　1999年正值網路泡沫高峰期,當時柏格在《紐約時報》發表的專欄文章裡指出,主動型共同基金績效僅達到股市年度績效75%,但散戶自行交易結果表現更差,扣除成本後僅約65%。相比之下,買入並持有指數基金則可以達到99%。換句話說,柏格認為主動管理型共同基金很糟,但自行操盤結果會更慘。

　　除了市場操作的時機難以捉摸外,還有交易成本問題。即使零手續費,但每筆交易都還是要負擔股票買入和賣出間的差額(bid-ask spread),基本上就是造市券商願賣與願買價格間的價差。這差額會視情況不同,但通常很少,比如一兩美分,不過流動性較低、特殊的證券或衍生性金融商品差額可能較大。柏格說:「這是場零和遊戲,有買家就會有賣家,但不能不考慮要付給莊家的成本,這是省不了的錢,交易讓華爾街賺錢,但不能讓買賣雙方都賺錢。這就是經濟學上所謂的尋租行為(rent-seeking)。」

　　柏格對於交易量如此增長感到驚訝,從他1950年代大學畢業那時,整個股票市場的年度交易額(以美元計算的股票交易量除以所有股票市值的總和)約為15%。1990年代後期上升到100%,然後2011年達到了250%,到了2020年這比例已經達到317%。簡單解釋,這表示光是股票和ETF的交易額就達到了120兆美元,相較之下股票市場的總市值只有38兆美元而已。

　　柏格過去常說,這些交易活動與華爾街最初希望連結資本與企業的功能相去甚遠。他在《文化衝突》中引入數據說明:

過去五年，平均每年股票首次公開募股總額約450億美元，股票增資平均約為2,050億美元，加起來總股票發行達到2,500億美元。但是在同一期間，每年股票交易量平均為33兆美元，相當於企業股票總額130倍。換句話說，股票進出交易占整體金融交易量99.2%；只有0.8%屬於企業獲得投資。

站在反面角度看，雖然數據顯示交易進出確實不利投資績效，但這並不違法，而且還可能有些樂趣，就像進賭場可能輸錢，但還是有人會想去體驗一下，還有造市商通常在提供公平價格方面做得很好，遇到市場拋售時，他們也非常重要，可以在資金不足時提供流動性，他們就像整個機器中的潤滑油一樣不可或缺。

先鋒的角色

儘管柏格反對交易，但諷刺的是，先鋒早在2018年7月就宣布旗下1,800檔ETF免佣金，比大多數券商早了一年多。這步比當時所有主要平台都走得遠，也被認為具有代表性的轉折點。全國廣播公司商業頻道甚至稱之為「散戶投資史上最大膽的實驗」。

幾乎所有看到這個消息的人，都對先鋒和免佣金擺一起有點摸不著頭腦，因為柏格曾公開表示擔心過度交易，公司

這麼做似乎是背道而馳。另一方面，降低成本是先鋒的使命，想想似乎又與它使用共同所有權結構來降低基金費用的方向相吻合。有些人認為，這是先鋒迫使其他平台免除所有 ETF 佣金的方式，還能讓先鋒的 ETF 處於更公平的競爭地位，增加銷售量。

雖然這種改變並非發生在一夜之間，但最終其他平台包含嘉信、盈透、億創和富達後來也紛紛跟進，而且服務項目還更廣，許多平台甚至增加了免佣金股票和期權等項目。每家券商都在發新聞稿、打廣告，讓自己看起來比其他平台有更多免費交易服務。這就是我們如何到達今日這種免佣金烏托邦的情況，或者該說是反烏托邦。

免費是種迷魂湯

從低手續費到免手續費的變化看似不大，但對心理的影響卻是巨大的，因為人們對免費的東西往往會失去理智，表現出不合理的行為。

從心理學來看，人們會過度消費免費的東西。從一、兩分錢變成免費，就足以讓人的想法發生戲劇性的變化，而且是變傻。為了免費，人們會願意排隊等候，花上比平日更長的時間。會願意開更遠的車浪費汽油錢。柏格一直主張降低成本，但免費就像黑洞、是一條地平線，物理法則不再適

用，這對消費者是種無言的傷害。與推特、臉書或任何免費
的東西一樣，他們並不是想傷害你，但其實他們也不在乎。
線上平台不關心投資人交易結果是否正面，它只希望大家交
易。所以我認為低成本比免費更好，我相信柏格也會贊同這
一觀點。

——丹・伊根（Dan Egan）

在像股票這樣複雜的市場，考慮到它的運作方式，所謂
的免費也只是透過其他商業模式在投資人身上榨取利潤，大
家都是如此口耳相傳，但這話說的卻是無比真實。這是場零
和遊戲，參與就是為了賺錢，因此投資人總會以某種形式付
出代價。我不認為要多聰明，才能理解天下沒有白吃的午餐。

——布萊德・勝山（Brad Katsuyama）

經銷商必須賺錢，可能的方式有幾種。其中一種是將訂單流
（散戶買入或賣出的訂單）轉手賣給造市商賺價差，網路券商羅
賓漢模式即為一例，這麼做的著眼點在於零售的買入和賣出的價
差往往比較大。另一種方法是將顧客帳戶中的閒置資金轉移到低
風險、低收益的基金中賺錢，然後將這個差額入袋當作公司的利
潤。這個差額叫做淨利息收入，嘉信理財大約有半數收入皆來自
於此，而他們因為開創了低成本交易時代而備受讚譽。

這種行為被塑造為超低成本、以投資者為先，實際上卻
有很多潛在問題，例如買賣訂單流等，而且在幕後可能還有

其他不為人知的事情。大量的交易應運而生，這當然是愚蠢的，它正在侵害終端投資者的收益，柏格一定不會高興。

——吉姆·溫特（Jim Wiandt）

除了這些賺錢方法之外，一些公司還利用免佣金先吸引顧客進門，然後再試著推銷價格更高的服務或主動式共同基金。不過平心而論，這個作法在我們的零售經濟中普遍存在，像雜貨店也會運用這模式，而顧客通常能理解並懂得相應的消費。

羅賓漢軍隊

除了免費交易之外，還有交易的遊戲化，這可能讓「保持無為」更加困難。如今許多年輕散戶都是玩電動、看YouTube、使用表情包長大的，而這些都影響著他們的投資行為。媒體將這些追求刺激的年輕散戶稱為「羅賓漢軍團」，儘管在許多其他交易平台上也能看到年輕人的身影。但正如舒潔這個詞廣泛用於通用品牌面紙一樣，羅賓漢已成為年輕、冒險、YOLO（盡情生活）投資人的代名詞。

這些投資人追求快速獲利，傾向選擇單一個股、期權和槓桿（ETP），而不是普通無趣的ETF或共同基金。雖然他們的莽撞和天真讓人擔憂，但他們有的是時間，除了自娛以外，其實這也是在接受市場對他們的教育。

問題仍然是人們是否漸漸上癮。事實上，眾所周知這些為年輕投資人設計的交易平台充滿著刺激投資的花招，例如在交易時

螢幕上掉落的五彩紙片、出現表情符號通知、不斷更新資訊與股票相關的文章，還有抽獎送股票等。

> 想想，要放下推特或其他社群平台有多困難。這些程式是由同一群人開發的，他們的目標是在刺激大家消費。
>
> ——奈特‧傑拉奇（Nate Geraci）

> 免費交易、交易應用程式、介面遊戲化，這一切的一切都表示有更多人活躍在投資市場中。這些應用程式是為新興的投資人而設的，目標是千禧世代。我認為是這些誘因帶出新型的投資人，營造環境刺激他們更頻繁的交易。
>
> ——布萊德‧勝山（Brad Katsuyama）

免佣金的誘人程度，已經到了有人呼籲要改變免交易費的趨勢。

> 費用不是投資者的敵人，收佣金是好事、高佣金是好事。我轉向完全服務券商（Full-Service Broker）*的原因之一，是因為我想透過每股5美分的佣金阻止自己交易，因為每筆交易得付上數百美元的佣金，如此一來會促使我買入後持有，盡量不交易。
>
> ——賈里德‧迪利安（Jared Dillian）

---

* 譯註：完全服務券商提供完整專人服務，包含投資建議與研究報告，以及退休規劃和節稅等。

如果規劃長期投資時間比如40年，卻是用年輕投資人的觀點看市場、進出操作，那很瘋。

——麥可・路易士（Michael Lewis）

歷史重演

免手續費和遊戲化可能算是新鮮事，但在牛市失去理智過度交易這樣的情況並不新鮮，不論哪個世代都可能因此學到慘痛的一課。從1999年1月富比士刊出的內容就能看出端倪，這篇文章放到今天仍然適用：

> 每天都有五百萬線上投資人用行動證明，在選股方面實力就是王道。在他們的世界裡，常人所謂的理性定價這些，比如收益或帳面價值甚至是收入都毫無意義。他們不看長遠只求當下，殺進殺出。哎，社群裡的人好像都是這樣的。

事實上熱衷交易這現象早期就有了。O'Shaughnessy顧問公司客戶資產分析管理師卡瑟伍德（Jamie Catherwood）說：「羅賓漢這類交易程式就像20年代的虛擬交易，幾乎就是在賭、押寶股價的走勢，這根本不是在投資，參與的也幾乎全都是年輕人，還有那些無法達到券商購買門檻的人。」

今天的年輕短線投資人最終可能也會像前輩們一樣，慢慢轉為保守型，買入後持有，這就是發生在我和許多90年、X世代朋友身上的故事。我們不僅因為市場修正慢慢冷靜下來，而且隨

著年齡增長，生活也會變得越來越忙碌。有了事業、房子和家庭，對長期理財的需求很容易超過短期買賣帶來的刺激感。就像電影《戰爭遊戲》（*War Games*）中的超級電腦一樣，許多年輕的投資者會了解到「致勝的不二法門就是根本就別玩。」

> 本來要讓年輕人對投資感興趣可能有點困難，所以像羅賓漢這樣的平台的興起在某種角度上是正面的，這可以吸引新的投資人。這些年輕投資人可能會期待2020年的市場表現和績效能持續，相較之下指數基金對他們來說是否有足夠的吸引力？如何引導他們向那方向去？這就是挑戰。
>
> ——奈特・傑拉奇（Nate Geraci）

> 我們的確會經歷這種散戶投資冷熱循環週期，現在的我們就處於其中一個泡沫裡。這些人裡面有一定比例會虧損，但他們有強烈的興趣，會去了解市場的真實本質，最終能體會柏格的投資方式。
>
> ——戴夫・納迪格（Dave Nadig）

大做多

新一代注重投資行為的投顧，他們會主動學習無為的投資藝術，也往往是指數基金投資者，忠實的隨著柏格和學術研究。他們與年輕、買進出的散戶形成鮮明對比。我將這些人的心態稱為「大做多」，因為他們就像電影《大賣空》（*The Big Short*）裡的

對沖基金經理人，預想到了體制內可能發生但別人沒注意到的事情。不同的是，他們相信的不是即將來臨的厄運或泡沫，而是幾十年後彩虹盡頭的一罐金子。

　　就像1987年的電影《華爾街》讓每個人都想成為不惜代價追求財富的金融大師一樣，《大賣空》讓預警市場泡沫、高點和潛在問題變得時尚而細緻。利用悲觀言論能讓自己的名字出現在媒體上，在標題中加入「泡沫」或「崩盤」等字眼更可以確保點閱率。

　　從聲譽的角度來說，大聲疾呼不冒任何風險，並不會因此損失什麼，人們反而會覺得他們聰明。不知何故，當談到市場時，悲觀聽起來比樂觀更聰明，甚至有更負責任的感覺。不會有人回過頭來指責他們錯了，不會！

　　也不會有人去細究聽了這些唱衰的言論，會錯失多少投資機會。這是免費的廣告，不費吹灰之力，也沒有任何缺點。但事實上，這可能會誘使投資人在不適當的時機交易。

　　雖然買入並持有指數基金或ETF，看起來不像是什麼高招，但這卻被證明是累積財富的理想策略。這些「大做多」投資人已經懂得辨別、忽略負面情緒，甚至而一笑置之，像刺蝟一樣保護自己。他們知道重點是什麼，投資起來細細灌溉，像個園丁而不是賭徒。

　　我們走過了網路泡沫破滅，然後是2008年金融危機，在短短十年內經歷了兩次崩跌50%的熊市，預測高點也因此變成行業。但我的確感受到，財富管理圈已經樹立起長期

持有的風氣。即使是那些大型證券公司，也轉向長期資產配置策略，而不只是向客戶推銷股票或主動型共同基金。

——班・卡爾森（Ben Carlson）

懷疑論者並不總是錯的，甚至柏格也稱讚了2008年預測崩盤的「大賣空」人士，並認為他們是該得到肯定。他認為問題出在監管金融市場的人。在《文化衝突》中，他花了幾十頁的篇幅來批判整個監管體系，包括美國國會、證券交易委員會、聯邦準備理事會、評級機構、會計師、媒體、證券分析師和共同基金董事會，他認為這些人不但談不上稱職，而且根本完全失敗。

行為缺口

如果一直讓懷疑和消極心態作祟，可能會使人怠於思考走向極端，甚至押寶市場崩潰，這樣根本無法好好管理財富。無為的藝術之一，就是接受市場可能有波動，然後用平常心看待，就像看待爆胎或感冒一樣。關鍵在於，要做好心理和投資組合上的準備，才能在市場調整時保持冷靜和穩定，識破那些虛假的投資績效，抓住真正的機會。

顧問最大的功能在於協助人處理投資行為障礙。顧問和其他人一樣都是人，而他們最大的功能就是成為那雙幫助投資人保持冷靜和穩定的手，處理好投資行為就完成了90%的事。投資人可以把成本和稅收壓到最低，同時加強資產分

配，但如果無法堅定地執行計畫，那做這些也沒有意義。投顧業未來的發展方向，是更加注重投資紀律管理與指導。

——奈特‧傑拉奇（Nate Geraci）

有時投顧會用行為缺口這個概念來解釋指導投資行為的重要，行為缺口指的是基金績效與投資人錯誤決策導致收益減少的差額。許多ETF投資都存在行為缺口，這也是柏格經常用來批評的部分，任何有過投資經驗的人都能理解這個現象。

有些研究甚至發現能透過券商數據和基金資產，分析行為缺口的成因。其中最常被引用的研究，是加州大學戴維斯分校的奧迪恩（Terrance Odean）和柏克萊分校的巴伯（Brad Barber）於2011年發表的一篇論文，內容首次揭示了交易進出對收益的負面影響。

貝特曼投顧的行為金融和投資副總裁伊根（Dan Egan）說：「巴伯和奧迪恩的影響很重要，他們不只是關心資金流向，而且還引用了成千上萬的散戶與仲介數據，指出哪些部分是集中投機行為，而哪些部分則是佣金和交易，這篇論文催生了後續許多研究。」

這個行業需要同時應對市場和客戶的期望。

——肯‧納托爾（Ken Nuttall）

市場消息有如水龍頭24小時不停歇，社群媒體更會讓它擴散開來，這讓指導投資行為變得困難，因為客戶和投資

人也都在看這些消息。身為投顧的挑戰在於要從源源不絕的消息洪流裡，汲取有用的資訊、了解市場動向，但又不能過度反應，而是為客戶提供適切的說明。

——奈特‧傑拉奇（Nate Geraci）

貝特曼智能投資管理公司走在這種無為投資的前端，他們不斷研究如何幫助投資人不犯錯的方法。在行動上他們是反羅賓漢投資平台的，因為他們在阻止過度交易，發現投資人因當日股市波動衝動賣出時，平台會跳出訊息提醒，並用顏色標示警語說明進行此筆買賣要繳的稅款，這是有效勸阻交易的辦法。

顏色可以刺激也能阻止買賣。我們會用彩色文字提示：「你是在努力實現目標還是已經走偏？」橙色表示可調整的儲蓄金額、目標日期等，這些都是可控的因素，綠色是用來標示未來的情況。顏色能用來分類投資人可控的因素，但無法控制市場。

——丹‧伊根（Dan Egan）

不再有傻錢

這些努力的成果正在展現，我們可以從先鋒吸引到的資金數據，以及貝特曼這類投顧公司所提供的投資組合中，所包含的貝萊德和嘉信低收費ETF看出端倪。如果把績優長抱型的ETF和那種流動性較高的ETF分開來看，數據更是一目了然。大家常把

短期投資與長期投資 ETF 之金額變化

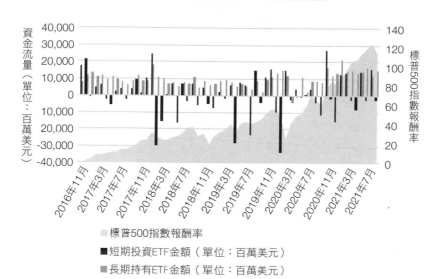

彭博社

散戶投資的錢叫「傻錢」，但這時再看那些買入後持有的散戶，看起來其實蠻聰明的。買賣流動性高的ETF要看市場走勢，但買續優長抱型的ETF不用什麼特殊考量，就是持續投資，風雨無阻。

只要將這些資金流向與標普500指數圖表重疊，就可以清楚看到，在市場下跌時保持冷靜持續投資有多聰明。

過去的投資經理人從交易中抽佣金，會讓客戶過度交易，但今時已經不同往日了。在我們某次採訪中，柏格談到了老派經理人有礙長期投資。他說：「如果人家介紹你共同基金經理人，其實就是推銷員什麼的，一旦市場不景氣，那人就會想要影響你……所以仲介會阻礙長期持有。」

儘管協助投資人管理投資行為到底該收多少費用存在爭議，但很明顯做長期持有規劃的顧問，已經將柏格的訊息牢記在心，他們的客戶也會因此受益。

他們用三大原則來應對投資問題：成本結構、資產大小、投資行為。能處理好這三件事，就能成為一位成功的投資人。達到這個目標有許多方法，但最接近的肯定是約翰‧柏格的方法。

——貝瑞‧里托茲（Barry Ritholtz）

結語

柏格的傳奇

「歷史會如何評價先鋒,不是看我們管理了多大的資產,而是看我們如何參與市場,我們是以正確的方式參與:我們的方式。」

　　歷史將會無比善待柏格,儘管他也有缺點,而且有些時候也算是順勢而為,但他被視為真正的小散戶代言人,也是這個大行業的重要改革者。雖然有少數傳奇投資者的故事同樣會流傳後世,但隨著時間的洗練,柏格很可能會躍然於榜首,因為他的成功不在於神準投資,而是在於改善投資環境。

　　許多因素都有助於柏格傳奇的發展。首先是仍在鼎盛時期的先鋒集團,很可能會不斷延續下去。指數基金、ETF 和被動投資的整體增長,以及投資這些產品的人,都在強化他的傳奇,因為多數人都將柏格與這些投資聯想在一起。柏格頭集團比大多數人想像的規模更大、影響更廣,這也有助於進一步推動他的理念。

　　除了前面章節強調的那些明顯因素外,還有一些其他的、也許不太引人注目但值得關注的,包括柏格的書、名言和獎學金,

以及業內那些用自己的方式傳承柏格精神的人們。

柏格的書

柏格是一位多產且出色的作家。他知無不言，個人獨特的風格也融入書中。我曾與他本人交流過也讀過他的書，我可以說這兩者是非常相似的體驗。

他是位了不起的作家。我認為他的書能寫的如此出色，關鍵是其中融入了他堅定的信仰。他的書都有所本、有數據基礎，不過他倒也不是個完人。他精通許多名著，而且是位出色的溝通者，這些特質都使他的著作能在金融文學史上占有重要地位。

——克莉斯汀・賓斯（Christine Benz）

他的演講稿都是親手擬的，我記得他是個愛讀書的人，他喜歡填字遊戲，是個文字達人。他的小孩問他大學該選什麼系時，他總是說英語系，沒提到經濟。我們問他原因時，他會說清晰、有力而簡潔的溝通，是人類最重要的技能，是一切學問的基礎，他自己當然也做到了這一點。

——小約翰・柏格（John C. Bogle Jr.）

雖然柏格一直在寫作，但他並不見得打算成為一名作家。不過他最後花在寫書上的時間，比他經營先鋒的時間還長。從

1974年到1996年，他掌管公司長達22年。他在1993年寫了第一本書，最後一本書在2018年出版，這25年間他寫了很多書。

　　不過如果沒有艾咪‧霍蘭德（Amy Holland）這位年輕的女編輯，這一切很可能都不會發生。

第一本書

　　九十年代初，霍蘭德25歲，是家小出版社的編輯。她的工作是尋找金融業裡有創見、有廣大市場的思想領袖。那時她剛出版了《投資之路》（*Charles Schwab*），一本關於嘉信集團創辦人的書，正在找新目標，而柏格是個理所當然的選擇，雖然他不會輕易答應。

　　經過不斷的郵件與電話邀約，柏格終於同意與霍蘭德會面。

　　霍蘭德回憶道：「他不但體格高大、個性和行事風格也不同一般。我那時緊張的不得了，他還問我怎麼會有人想讀這個，這是他以個人的方式表達謙虛。我向他解釋說，這正是人們需要知道的，他們需要知道先鋒基金將如何幫助他們長期投資獲利。這本書是他引導投資人了解費用影響整體績效的方式，但後來我不得不再多拜會了他幾次。」

　　問題出在柏格當時仍在經營先鋒，根本沒有太多時間寫書。正如他在《柏格談共同基金》開頭寫的那樣：

　　　　我告訴艾咪「謝謝，但出書的事也許以後再說吧。」當時正在發展先鋒，壓力重重，我們才剛開始在業界嶄露頭

角。「我真的很願意，而且也知道自己辦得到。」我告訴她，「但現在我抽不出時間寫書。」然後，一年後艾咪又帶著同樣的邀請回來了，隔年又是一樣。

1992年春天，艾咪終於有進展了，柏格的行程稍微鬆了點，而且他的心臟病再度復發，這讓他開始思考自己的人生還有多長，此時霍蘭德打算替他找個寫手。

「我準備幫他找個代筆，」她說，「到他這個位置的人，大部分並不太關心用字和細節，在乎的是能讓自己的想法傳世。可是這對柏格來說，那是不夠的。約翰柏格是個非常精確、苛求的人，文字對他來說真的很重要。」

編輯柏格的作品

儘管如此，柏格還是讓助手諾里斯來協助。諾里斯曾說過自己已經太習慣柏格，甚至差點忘記了自己的風格（諾里斯後來負責先鋒的國際業務）。

首先，為了讓書本內容更易於理解，霍蘭德和諾里斯必須過濾掉柏格那18世紀普林斯頓紳士風的語氣。霍蘭德還記得柏格曾用過類似「含著金湯匙出生」（to the manor born）之類的話，她還得去查一查確認含義（英文原文出自《哈姆雷特》，意思是出生在富有權貴之家）；另外，柏格想要在書頁邊上鍍金（這是老式柏格經典風？），還要求紅色封面，但出版業一般都不建議用紅色封面。最終，書的封面確實是紅色的，但鍍金邊則被勸退了。

　　1993 年《柏格談共同基金》問世時，不論是評價是銷量都相當成功。柏格和霍蘭德都很滿意，這段記憶讓他們印象深刻。對柏格來說，他的寫作生涯自此開始，後續他出了許多書，都在討論相同的主題。

　　柏格甚至在普林斯頓大學與墨基爾討論共同所有權的小型會議上，拿此事開了個玩笑。墨基爾說他寫一本書寫了十二次，他的《漫步華爾街》（*A Random Walk Down Wall Street*）就重新出了十二版，柏格聞言回答：「我可不保證不會那樣做。」

　　柏格的大部分書都談到威靈頓的故事、對主動式共同基金的批評、以及對美國企業和機構擁有者（共同基金、退休金等）管理不善的看法，每本書都有獨特的章節和風格。他也一直寫到最後，甚至去世前三個月才剛出版最後一本書，享年 89 歲。而那本《堅持不懈》也不意外的成為他最出色的作品。雖然他所有的書都經過精心研究，而且有充分數據支持，然而隨著書一本本的出版，他也越來越以自己的風格寫作，表達自己獨特的觀點和看法。

柏格著作排名

　　在寫這本書之前，我只讀過幾本柏格的作品。但為了準備資料，我把剩下的都讀完了。這感覺像是在準備柏格三級考試，只是他的書比教科書更有趣，因為他是位優秀的作家，書裡也引用了許多參考文獻，還有大量數據和事實。我很少讀到哪個章節時沒有點頭附和，心裡想著：「這很有道理。」他的話在今日看來

正確，很可能放到五十年後依然能屹立不搖。

雖然我試著在書裡摘錄了一些他書籍裡的內容，但我建議還是直接去讀他的作品。為了讓大家更好入門，我根據書本內容和我的喜愛程度，排出了前八名：

1. 《約翰柏格投資常識》（*The Little Book of Common Sense Investing*）；2007 年：**這是他最暢銷的書，實至名歸**。這是所有書裡編排最緊湊、最實用的。一切都彙集在這本書中。這是他的代表作，就像披頭四的《寂寞芳心俱樂部》一樣，是經典之作。這本書的基調是談如何投資，但以經典的柏格式風格呈現。

2. 《堅持不懈》（*Stay the Course*）；2018 年：**這是柏格寫的最後一本書，讀著就能感受到那股氛圍**。這本書大部分是回憶錄，以時間順序訴說先鋒的故事，從威靈頓、第一檔指數基金、債券基金的推出，到 ETF「入侵」和多因子 ETF，他娓娓道來這段故事。如果《約翰柏格投資常識》概括了柏格的哲學，那麼這本書就是概括了先鋒的故事，這算是相輔相成、互補的兩本書。

3. 《夠了：約翰柏格談金錢的最佳策略》（*Enough: True Measures of Money, Business, and Life*）；2008 年：**這本書可能是柏格最深刻也最有他個人風格的一本**。在引言裡，柏格分享了許多他的出身和成長背景。當我在寫本書第四章「解讀柏格」時，大量參考了這本書。當我想了解柏格為什麼選擇走一條同輩的人較少走的路，他為什麼會

那麼做時，答案始終會指向「夠了」這個關鍵詞。他對自己擁有的已經很滿足了，至少在物質上是如此。他所處的環境已經很好了。這個概念很強大，在華爾街乃至整個企業界仍是難得一見。

4. 《柏格談共同基金》（*Bogle on Mutual Funds: New Perspectives for the Intelligent Investor*）；1993 年：**這是柏格的第一本書**。這本書實用性最高，但個人風格最不突出，因為他當時還在忙於經營先鋒，不得不靠助手幫忙。如果有大學教授在為投資和共同基金備課，這會是本很好的教科書。這本書涵蓋了許多主題，從如何思考債券收益率，到通貨膨脹和股息等等，也討論了如何挑選基金，這本書在當時是走在時代尖端的。當然它對指數基金有偏好，但仍是以教科書的方式呈現。對我來說「智慧的十二支柱」那部分是亮點，裡面蘊含了一些珍貴的經驗之談。

5. 《文化衝突：投資與投機》（*The Clash of the Cultures: Investment vs. Speculation*）；2012 年：這本書算是柏格寫過最令人印象深刻的書。他大部分的書主題都很類似，但這本書不僅談了共同基金，還探討了 2008 年的金融危機，而且還批評了金融系統監管相關人員失職，然後他還關心退休危機和高層肥貓。他指出的許多問題都來自投機和貪婪文化，所以這本書才取名為文化衝突：投資與投機。我最欣賞他的地方是，他不只是批評，還能提出解決之道，讓事情變得更好。

6.《品格為先：先鋒集團的誕生與建設》(*Character Counts: The Creation and Building of the Vanguard Group*)；2002年：這主要是柏格對員工的演講稿和重要信件彙編，還有他對經營先鋒集團的想法。這些演講內容從1980年開始一直到2001年。一方面這些演講內容時常前後呼應，顯得有些重複，但另一方面，聽聽他在不同時期的用字，也算是很有趣的一件事。即使處於80到90年代瞬息萬變的金融世界，他仍有著他獨特的關注點和遠見，始終如一。

7.《邁向資本主義的精髓：金融體系如何破壞社會理想、損害市場信任、掠奪投資者數兆美元，以及如何應對》(*The Battle for the Soul of Capitalism: How the Financial System Undermined Social Ideals, Damaged Trust In the Markets, Robbed Investors of Trillions–and What to Do About It*)；2005年：這本書展現了柏格最憤世嫉俗的一面，他花了很多篇幅去抨擊美國企業界。這是對網路泡沫破滅和安隆詐欺的深思，卻又十分暴躁的反應。這本書幾乎可說是《文化衝突》的前傳，後者主要是在說2008年金融危機的反省。在這兩本書中，他把企業、媒體、共同基金公司這些「令人厭惡的醜聞」連番揭示在世人眼前。

8.《別指望了！關於投資幻想、資本主義、共同基金、指數化、創業、理想主義和英雄的反思》(*Don't Count on It! Reflections on Investment Illusions, Capitalism,*

"Mutual" Funds, Indexing ,Entrepreneurship, Idealism, and Heroe）；2010年：這本書主要是柏格在不同場合發表的論文和演說合集。整體主題是在談業界和投資界為追求數字而迷失方向，例如：業界沉迷於季營收、主動基金沉迷於制定戰略維持過往績效，甚至是如何改變通膨和失業率的計算方式，讓數字看起來漂亮一些。這是我在研究中讀的最後一本柏格的書，對我而言，它似乎與其他書籍內容重複了，更別提這本書有580頁這麼長！。

柏格十大名言

柏格除了寫書之外，他還有一些能夠長遠流傳的投資格言。本書寫到這裡都還沒有特別寫出這些話，是因為裡面有些是我獨家的，我想保持新鮮感。這裡是他最著名的十句話：

1.「不用大海撈針，直接買下整片海得了！」
2.「股市會大大干擾投資業務。」
3.「績效會隨著時間增加，成本也會隨著時間增加。」
4.「複利成長的奇蹟，會被複利成本的巨浪淹沒。」
5.「計算成本之前，打敗市場是場零和遊戲。但扣除成本後，就成了場必輸的遊戲。」
6.「基金績效來來去去，只有成本永遠下去。」
7.「投資成功的必勝法則是買下指數基金、擁有整個股票市場，然後什麼也不做、堅持到底。」

8.「什麼也別做，站一邊就好。」

9.「關於投資最冷酷最諷刺是，投資人付出代價不僅沒有買到想要的東西，還得到了不用的東西。」

10.「當問題有多種解決方案時，選最簡單的那種。」

柏格獎學金

柏格的傳奇也會透過他設立的獎學金延續下去。傑克1968年在普林斯頓大學布萊爾學院設立了柏格兄弟獎學金，這是為了紀念他1994年去世的雙胞胎兄弟大衛和威廉。過去柏格三兄弟都是靠獎學金讀完布萊爾學院的，所以這個獎學金是為「有天份而且需要資助完成布萊爾學位的人」設立的。申請者必須證明有經濟需要、學術能力、品格和決心，自成立以來，已有161位學生拿到柏格獎學金。

2016年在小約翰‧柏格和妻子琳恩的慷慨捐助下，他還在普林斯頓啟動了約翰‧柏格51公共服務研究計畫（John C. Bogle'51 Fellows in Civic Service program）。他一生中最大的樂趣之一，就是看到這些年輕的學子蓬勃發展。

「他喜歡回到普林斯頓，去和學生們交流，」小柏格說，「那個環境滋潤著他，回學校見見這些孩子，了解他們在做什麼，談談他的生活或事業，這真的會讓他充滿活力。只要這些孩子和他在一起，他就可以談上幾個小時。」

我與兩位拿過柏格獎學生的學者談過，他們毫無意外的都很感恩有這個受教育的機會。而且他們看來也真的很喜歡柏格。

　　「柏格先生非常慷慨，他自己也曾是獎學金學生，所以他也會希望其他學生也能獲得與他相同的機會，」曾獲得柏格獎金、現為財務顧問的貝莉（Victoria Bailey）說道。她因為受到柏格的啟發進入金融業，更重要的是，就讀普林斯頓改變了她的人生。「我來自單親家庭，媽媽打三份工維持家計，柏格先生是我的恩人，他幫我支付了普林斯頓的學費。如果不是他我不可能有勇氣去申請，因為我根本負擔不起普林斯頓大學的學費。他改變了我的人生，我永遠感激他。」

　　另一位柏格獎學金生安東尼・阿瑪托（Anthony D'Amato）是位成功的搖滾歌手。他發行過四張專輯，並曾與創作歌手奧博斯特（Conor Oberst）及所屬明眸樂團 (Bright Eyes) 等音樂家合作。順帶一提，奧博斯特的歌曲《人生第一天》（*First Day of My Life*）竟然還是我的婚禮歌曲，世界真小。

　　阿瑪托說：「與大多數進入金融、科技或創業領域的柏格獎學金學生不同，我是名音樂家。但他總是會問我音樂的問題。他是有興趣的，儘管這不在他所學範圍，但他會問歌詞還有創作相關問題，對我來說他是個充滿好奇心，充分展現學無止境的人。」

　　當這些獎學金生在世界各地取得成就時，柏格仍不忘時時關心他們。他會盡量透過寫信和聚會，與他們保持聯繫。我訪問過的人都說，柏格像個充滿好奇又自豪的爺爺，他想了解他們的近況。比如說當柏格知道阿瑪托發行了《海邊的沉船》（*The Shipwreck from the Shore*）專輯時，他要了一張去聽。幾週後，阿瑪托收到柏格寫的電子郵件：

嗨，安東尼，

感謝你送的CD（還是DVD？）。你可能很難想像唸普林斯頓大學和布萊爾學院的老古董，雖無音樂天賦卻熱愛各種音樂，從交響樂到鄉村搖滾，而且喜歡這專輯裡的每首歌，已經反覆聽了無數遍。

這張專輯的節奏令人興奮又輕鬆悅耳，歌詞富有詩意。我承認，我對於相形年輕的人如你，唱著失落的愛情、悲傷和死亡的主題，感到好奇。活到八十五歲這年紀了，聽著特別感人，雖然我一生只有一個真愛，而我們也結縭五十八年了。

我心裡明白，正如人家說的，收到我這年齡層的人的讚聲，不太是個大受歡迎的好兆頭。但是，這就是我的感覺！請繼續努力，祝你一路成功下去，這是你應得的。

永遠祝福

約翰・柏格，1947年布萊爾學院畢（B'47）、1951年普林斯頓大學畢（P'51）（有些普林斯頓的同輩叫我「酋長」，我的孫子們也這樣叫我）。

順帶一提，上週日我聽了一場由尼澤塞岡 (Yannick Nézet-Séguin) 指揮的《馬勒第二交響曲》（安魂曲）的音樂會。那麼莊嚴、引人入勝、生動又令人難忘（真正的指揮大師）。

貝莉說她和柏格經常通信。她回憶道：「他總是很快就回信

了，而他的回覆總是令我驚嘆。儘管他的身分特殊但卻很平易近人，總能以我的角度相互交流生出精彩的對話，讓我覺得自己是獨一無二的。他真是太不可思議了，他致力於提供這些獎學金，也產生了一波波的漣漪。我未來的目標也是提供獎學金。一旦我有能力，我希望能夠為學生提供全額獎學金，給予他們我曾擁有的機會，這能改變他們的一生。」

柏格還希望透過獎學金將他的影響力傳承下去。正如他在《夠了》裡面寫的那樣：「儘管這些獎學金看起來微不足道，但在一家巨大的企業中，這樣的人性關懷能讓我努力創造的價值觀傳承下去。」

柏格獎學金學生表示，柏格可以說是有史以來最偉大的慈善家，他透過先鋒幫投資人下數以兆計的資產，同時他還是個利他主義者，不僅出錢而且也付出了時間。

傳承的火炬

我在寫這本書時思考了一個問題：誰會成為下一個柏格？還是說他是絕無僅有的存在？我訪問過的人幾乎都一致認為他是唯一的，即使也有人如此行善，但真的很難接近柏格這樣的高度。

絕非凡俗，沒人能像他一樣。他打破了常規，獨一無二。

——賈里德・迪利安（Jared Dillian）

　　儘管如此，還是有些人值得點名讚揚，他們正在做著柏格式的事情：為投資人努力、推動去仲介化，打破現狀。這其中許多人還是受到了他的啟發。

　　以下是我認為值得讚許（不包括在先鋒工作）的十位：

安東尼和迪娜

　　安東尼・伊索拉（Anthony Isola）和迪娜・伊索拉（Dina Isola）是在里托茲財富管理公司（Ritholtz Wealth Management）工作的夫妻檔，他們幫助教師們避免把每年幾億美金的投資，浪費在收費高且有爭議的年金產品上。他們希望用簡單、低成本，只收0.08%費用的ETF，來取代這些每年收2%至5%的費用的年金產品，而且本來就不怎麼樣的績效還被通貨膨脹吃掉。他們還提供收費僅0.4%的全面財務規劃，目標是讓教師們只付五分之一的費用獲得更多服務，而最後退休金能增加一倍甚至三倍。

　　安東尼說：「先鋒有最好的基金可供教師們選擇，我能解釋給他們聽，外部股東不會因為基金費用降低獲得額外收益，而老師們身為投資基金的股東，會因為基金的費用降低獲益。而這種『共同參與』的理念對教師們非常重要。這和他們現在能從年金產品拿到的，完全是兩回事。從某家保險公司的蹩腳年金，轉換到先鋒指數基金，這是個大躍進，這不只是改善一點點，根本就像從貧民窟搬到了豪宅。」

小泰倫羅斯

雖然柏格對投資者的影響不可否認，但只有一半的美國人有投資。柏格效應尚未影響到另一半美國人，所以需要擴散出去。錯過市場升值這個投資機會，會讓國家的貧富差距拉大。

誰在買股票？（截至2021年）

家戶淨資產	持有股市所有權%
最富有的1%	54
資產排名90%-99%	35
資產排名50%-90%	10
資產最少的50%	1

聯準會

柏格深知貧富差距嚴重，為此擔憂了很久。他在《文化衝突》裡寫著：

> 最終這樣的制度很可能會造成社會對立，使大眾對當今收入頂端的少數人與一般家庭間的巨大落差，引起強烈的反感。

小泰倫羅斯（Tyrone V. Ross Jr）創立了加密投資平臺 OnRamp Invest，目標是協助投顧們投資加密貨幣（另一股去仲介化的力量）。但羅斯最有興趣的，是透過他的非營利組織「發展」（Evolve），幫助提升人們的金融知識，讓國內其餘的人也

能懂得理財投資。

羅斯說：「我每天都懷著要將理財知識流傳於世的目標醒來，我認為企業和國家已經忽視這個議題太久了。有半數國民不投資，這表示國內有一半的人缺乏理財能力。懂金錢規則的人就有話語權，在資本主義社會裡，懂得金錢的運作就能茁壯成長，不懂就會吃苦。

所以我的目標是讓理財知識變得隨手可及。無論膚色為何、住城市或偏鄉，都應該有機會提升理財素養……孩子們在大約三歲起就能了解金錢概念。研究顯示人到七歲時，對金錢的想法、感受和理解的已經大致成形。然而我們卻還在高中開設那愚蠢的選股課程，這沒有道理。」

柏格完全贊同羅斯在教育方面的努力。在《邁向資本主義的精髓》裡寫道：「當我們應該教年輕學生了解長期投資和複利的魔力時，學校舉辦的選股比賽教他們的卻是短期投機。」

羅斯的解決方案是雙管齊下：首先，必須在孩子還小的時候教育他們。他製作了《學習理財》（*Learn to Money*）系列共十部短片教導金融基礎知識，例如貨幣、信貸、債務和支票帳戶。他正考慮將短片引進學校。其次，他提議並遊說政府為所有美國出生的孩子成立一個基金，這個基金將持有多元化的投資組合（可能是超低成本的指數基金），透過基金增值支持孩子的未來，而他們在高中畢業、通過國家財務素養課程之前無法動用基金。這有助於將另一半沒有投資的美國人帶入市場，並能鼓勵他們接受財務教育。

柏格的想法和羅斯很接近，他在《文化衝突》裡寫著：「由

政府為受薪階級打造定額提撥退休機制，為那些在私人退休制度中無法得到足夠退休金的人，提供公共的退休儲蓄計畫。」

羅斯並沒有直接受到柏格的啟發，但他很清楚柏格的影響力，並樂於發揚他的理念，儘管他的對象不是投資人，而是那些尚未開始投資理財的人。

羅斯說：「我喜歡柏格所做的事情，如果談到我們的行業對金融與普羅大眾的貢獻，他絕對首屈一指無人可及。他所做的真是太不可思議了。我很欣賞他讓投資變得容易，而且公司自己也會參與投資，不依賴外部資源、不受到外面的影響。」

布萊德・勝山

布萊德・勝山（Brad Katsuyama）是證券交易所IEX集團聯合創辦人兼執行長，他成立這家公司的目的，是為投資人提供新的交易模式，讓他們免於受高頻交易者搶先交易和投機行為影響。大型證券交易所擁有高速技術優勢，但都是少數付得起費用的人在使用，勝山認為他們就像裁判一樣能決定比賽結果，而IEX正試著平衡這種不公平的競爭環境。

勝山說：「現在每個交易平台都會付仲介回扣，去年估計就支付了37億美元，而IEX是唯一不付回扣的平台。這些回扣是用來補貼仲介因交易平台買賣速度不夠，無法在市場中獲得更好的交易條件的損失，但我們想做的不是拿錢貼補，而是為投資人提供最好的交易速度，讓他們免於延遲套利和掠奪性投資的影響。」

勝山的故事因為《快閃大對決》（*Flash Boys*）一書廣為流傳，而這個故事處處呼應著柏格的故事。首先，如果不是因為環境激勵著他走不同的道路，勝山很可能會一直留在傳統大公司當高層主管。其次，他本能的想幫助客戶勝過考慮自己。第三，他選擇在回扣制度之外運作，這表示他選擇了一條需要耐心、持續奉獻、不斷教育大眾努力的路，而且途中期望能有些突破。

勝山說：「我每天起床的動力就是了解市場如何運作，了解投資人為何虧損，以及怎樣解決這個問題。整個制度都瘋狂的說一切很好、對每個人都很好、客戶體驗空前。我就不覺得那是真的。人生中某些時刻總會反思著：我來到這個世界，是為了帶來一些進步吧？對我而言，我就有這樣的感覺。」

雪柔・嘉瑞特

雪柔・嘉瑞特（Sheryl Garrett）是嘉瑞特財務規劃顧問公司（Garrett Investment Service）的聯合創辦人，也是嘉瑞特網路公司（Garrett Planning Network）創辦人，這是個全國性的顧問網，提供財務建議，但是計時收費、視服務量收費，就像律師或會計師一樣。雖然這樣收費貌似較高，但一般來說都會比用資產百分比計費的顧問便宜得多，並且也為資金較少的客戶敞開大門，這類客戶不是以資產比例計費的顧問會想爭取的對象。此外，這個服務確保顧問計時、按照付出獲得對應的報酬。這很合理，但就如第七章討論的那樣，這對投資顧問業來說是革命性的。

　　考量到收費低再加上民粹主義，柏格會完全支持嘉瑞特的。事實上，前次採訪大約是在他去世前六個月，我問了他關於投資顧問業的問題，他回答的方向幾乎完全呼應嘉瑞特的規劃，這回應對嘉瑞特來說一定很悅耳，因為她深受柏格的啟發，她說柏格就是她的北極星。

　　嘉瑞特說：「你知道孩子們心中的英雄是如何陪伴他們成長的嗎？當我還年輕的時候，約翰・柏格就是我的英雄，業內的超級英雄。當他去世時，我哭了……我工作時，他就是我心中的那盞明燈，就像我的北極星。當我做他也會贊同的事情時，心情會很愉快，但如果我做了他不贊同的事情，心裡的那股道德感會讓我開心不起來。沒有任何人像他一樣對我有這般影響力。」

瑞克・費里

　　瑞克・費里（Rick Ferri）在本書出現過許多次，他是柏格頭播客的主持人，也是約翰・柏格金融知識中心主席，傳遞著柏格的聖火。除此之外，他還創立並經營費里資產配置顧問公司。費里曾表示，他想成為顧問業務的約翰・柏格，希望挑戰收1%顧問費用，就像柏格挑戰共同基金費用一樣。他推出了自助投資顧問服務，以時計費收取為投資人組建投資計畫的費用。

　　費里表示：「顧問花在客戶身上的服務量與時間，和他們收取的費用不成正比。不是所有人，但很多顧問向客戶收取的費用都太高了。」

　　費里在這點上面很像嘉瑞特，都認為顧問應該按照付出的時

間和努力收取費用，不多也不少。兩人相互欣賞，嘉瑞特甚至說他們是彼此的後援會會長。」

費里還曾因為在社群媒體直接挑戰顧問而聲名大噪。正如柏格會在主動基金經理人面前放砲一樣，費里在推特上也做同樣的事情。他因與顧問界之間的激辯而聞名，他在推特上不斷放砲，像是「顧問費是散戶投資世界裡最後一處酒池肉林。」

傑瑞・席力特

傑瑞・席力特（Jerry Schlichter）曾經狀告富比士前500強的大公司，而且獲得勝訴。很少有人能有這樣的經歷。他證明了許多美國大公司要求員工支付的費用，遠遠超過公司401(k)退休計畫中應付的費用。他的訴訟迫使這些公司重擬退休計畫，為員工提供成本更低的基金。雖然他在幫助員工們，但這些大公司可不會坐以待斃。

席力特說：「我知道這其中的難處，我曾挑戰過化學公司，他們會用繁複的程序和成本來打擊你，我知道他們會反擊。這表示像我們這種位於聖路易斯的小小律師事務所，會需要龐大的信貸來籌措資金，因為這會是場漫長的戰鬥，一場惡戰。當時我和我的兩個合夥人都把房子拿出來抵押貸款，然後在2006年，我們對美國一些企業龍頭包含波音（Boeing）、開拓重工（Caterpillar）、洛克希德馬丁（Lockheed Martin）等跨國大公司提起訴訟，轟動了整個行業。」

席力特最終獲得了15億美元和解金，同時讓許多公司的退

休基金投資標的轉換為更透明的股票和成本更低的指數基金。他還做了一些柏格做不到的事情：他贏得了美國最高法院的支持。最高法院罕見的以九比零的票數，在裁決書中同意席力特的意見，也就是根據《僱員退休收入保障法》（Employee Retirement Income Security Act, ERISA），公司或大學等運用403(b)的僱主，確實負有監督並除去不合理投資的責任。

席力特說：「剛開始這段過程時，我打電話給約翰・柏格，因為我的目標和他的理念有很多相似之處，柏格鼓勵我們，他說我們是在做對的事。我們在訴訟中拿先鋒作為標準，要打贏這些官司，我們必須證明有其他可行的、謹慎且相對便宜的選擇。如果沒有約翰・柏格，我們將很難舉證市場上有適合退休族群的投資選擇。」

羅賓・鮑威爾

羅賓・鮑威爾（Robin Powell）是歐洲一位支持低成本被動投資的獨立倡議者。他的博客「循證投資人」（The Evidence-Based Investor）致力於向散戶和機構投資者傳播與柏格倡議相同的原則。他這麼做的原因正如我們在第一章中討論的那樣，美國以外的大多數金融專業人士和其他仲介機構都傾向隱瞞這些訊息。

為了幫助投資者，鮑威爾撰寫文章、演講甚至製作紀錄片。他的紀錄片《指數基金：主動投資者的12步復元計畫》（*Index Funds: The 12-Step Recovery Program for Active Investors*）講述了

低成本指數基金投資的好處，與高成本主動共同基金的問題，這可是柏格的拿手好戲。

　　鮑威爾和柏格一樣，也曾因為威脅到業內的既得利益而遭到反彈。他曾經因為演說內容過於偏向指數投資被趕出研討會。

　　鮑威爾說：「稍不小心就會引發反感，大約五、六年前，我去英國里茲一家基金管理行銷公司演講。我想他們應該是沒有先了解我的背景，等到我開幕致辭完畢後，事情就像顆炸彈一爆開了。有時人就是能感到氣氛丕變，場面突然間安靜下來，只剩致辭結束時禮貌的掌聲。然後主辦人把我拉到一旁說：羅賓真的很抱歉，但我們必須請你離開。我們真的沒想到你會這樣說。」

丹・普萊斯

　　丹・普萊斯（Dan Price）是低收費信用卡處理公司Gravity Payments執行長，柏格一定會喜歡這個人的。他在各方面都讓柏格厭惡的那種肥貓執行長相形見絀，那些人坐領那高得離譜的薪水，像土匪一樣搶錢，而普萊斯卻把公司最低年薪設在了7萬美元，還把自己原本110萬美元的薪資，降到了公司的最低薪資7萬。他在推特上是這麼說的：

　　　在我的公司，收入最高的人年收是一般員工的3倍，但在2015年時還是36倍。自從提高員工薪資並削減我的薪資以來，我們的業務成長了兩倍。

　　普萊斯公司執行長與員工平均薪資的比例，與其他公司有著鮮明對比，根據經濟政策研究所（Economic Policy Institute）的數據，2020年時一般企業執行長與員工平均薪資比為351:1，甚至比柏格在他的書中提到的那些公司還要懸殊。普萊斯行事風格帶了點耶穌的味道，新冠疫情期間儘管收入大幅下降，但他還是保障了所有員工的工作。這對員工的生活產生了實實在在的影響，也引發了善意的漣漪。

丹・伊根

　　丹・伊根（Dan Egan）是智能投顧公司貝特曼（Betterment）的行為金融與投資副總裁，貝特曼是智能投資平台，擁有約290億美元資產。它不僅以0.25%到0.40%間，可比先鋒的低費率提供財務建議和規劃，還積極開發界面防止投資人衝動或是過度交易。和柏格一樣，伊根擔心投資者會在錯誤的時間交易，破壞複利效應。伊根的目標就是抵制這種誘惑，避免投資人成為自己投資路上最大的敵人。他的平台和羅賓漢這類鼓勵交易的平台完全相反，完全是站在羅賓漢的對立面。

　　伊根說：「我們會策略性地揭露訊息，讓投資人在做出決定之前能先注意到。很多客戶會在市場下跌時進場，只看市場的波動進出。而我們會計算他們交易後要繳多少稅，讓投資與成本間的關連一目了然⋯⋯當我們提供投資人稅務預估結果，大約有80%到90%就不會進行交易。」

　　貝特曼平台可能已經幫投資人省下無數資金，儘管伊根並沒

有因此獲得各界掌聲。他就像是個影子忍者，默默的保護投資
人，他用工作的滿足感來彌補外界掌聲的缺憾。

伊根說：「這是種助人者與受助者都獲益的契合感，我自己
還有身邊的朋友都曾遇過，如果工作獎金與客戶利益是脫勾的，
那樣的工作性質就會像推銷員，賣東西、拿佣金這類的，這讓人
感到不踏實。當自己的朋友和家人詢問是否應該買自己銷售的產
品時，只能回答『嗯，不太確定……』要能坦然的投資並自豪
地推薦手上的產品，還有很長的路要走。我們正在學習柏格推動
指數基金那樣，有計畫的改變投資行為。」

納瑞娜・維瑟

納瑞娜・維瑟（Nerina Visser）是南非的一名獨立ETF策略
分析師，她的職業生涯前半段在投資銀行工作，主要服務機構投
資者。這是一份不錯的工作，讓她走上了穩定的職業道路。但是
當她在2007年的特許財金分析師會議上聽到了老練、經驗豐富
的ETF專家黛博拉・富爾（Deborah Fuhr）的演講時，她的生活
發生了變化。

維瑟說：「那時ETF在南非上市已經有七年，我知道這是什
麼產品以及如何運作，卻還沒能完全摸透。我常說黛博拉的那
個演講是我對ETF行業的『大啟發』，因為那是我第一次真正理
解、看到這種工具能做什麼。」

維瑟當時就決定，要盡量幫助散戶組建低成本的ETF投資
組合。雖然這在美國很普遍，但在許多國家尤其是南非並非如

此，絕大多數投資人還是付佣金買共同基金。他們付的費率平均在1.5%到2%之間，遠遠超過了美國的費率，即使與美國80到90年代的費率相比還是貴。

維瑟說：「隨著年齡增長，人們會意識到生活中需要的不僅僅是金錢，還有目標和意義。對我來說，我的目標是提供一般投資人進入市場的路徑和機會。在過去這段漫長的時間裡，一般投資人是被排除在市場之外的。所以對我來說，重點在於降低成本和提供參與方式，尤其是在像南非這樣貧富差距懸殊的國家。」

就像90年代美國的費里一樣，維瑟在頓悟之後，決定推動柏格效應在世界上散播開來。

評價柏格

當你讀到這段，表示你已經讀完這本書了。恭喜你！請先深呼吸，接受我滿滿的謝意。希望本書能傳遞柏格的故事，並讓人感受到他強大的影響力。很難想像其他人在哪個行業能像他一樣，讓他們所處的領域變得比以前更加美好。而這才是剛剛開始，還很難說他的影響力還會擴及多大。

現今柏格效應的影響力無庸置疑，好消息是它還會持續下去。這就像鐘擺運動，而且動者恆動，他的貢獻將代代相傳。

——葛斯・索特（Gus Sauter）

柏格如何看待自己為金融界帶來的改變？他在《文化衝突》
中談到了這一點：

> 毫無疑問的，我所努力的事情仍待後世評價。但我得承
> 認，我並不在意別人如何評論。我曾經出錯，失敗的次數的
> 確多不勝數。但如果最終歷史評價我失敗了，至少我是在充
> 滿熱情的崇高成就面前鎩羽。我已經證明了我最重要的理
> 念：共同基金結構、極低成本、指數基金、放棄銷售佣金，
> 以及為債券基金建立新的結構是很成功的。我也一直倡導以
> 「經濟、高效、誠實」服務我國投資人，而這正是我六十多
> 年前在普林斯頓大學論文中引用的話。很快歷史將給予我一
> 個評價。

請把本書視為首批評價柏格成就的看法之一。

致謝

　　寫書不是一個人的功勞，我要感謝那些幫助我完成這本書的人：首先是我的妻子莊（Trang），是她鼓勵並督促我完成這本書，即使她明白這會讓自己照顧家庭和孩子的擔子更重。她同時也是我最好的顧問，從內容到書籍製作過程，沒有她，這本書不可能完成。

　　我還要感謝彭博情報首席股權分析師，也是我的經理亞當斯（Gina Martin Adams），以及全球研究總監德懷爾（David Dwyer）和瓊斯（Drew Jones），是他們一起鼓勵我完成這本書的。想到這是個非常耗時的工作，興趣以及家人和公司的支持非常重要。

　　我還要感謝彭博商業周刊的編輯韋伯（Joel Weber），他也是我在《兆元》播客中的合作夥伴。當我在腦海中規劃本書概念時，曾與他討論過幾次，他一下子就懂了，這個早期的鼓勵很重要。我還要感謝我的出版經紀人奇思（Farley Chase），他在提案上給了我寶貴的建議、幫助我遊走出版商之間。

　　至於書本的內容，我最想感謝的是普薩羅法吉斯（Athanasios Psarofagis）、賽法特（James Seyffart）、辛克萊（Graham Sinclair）和我的媽媽。他們是第一批讀這本書的可憐

人，這本書初稿的長度是現在的兩倍（！），這跟答應幫人搬家是一樣累的要求。他們的建議在早期編寫時非常有用。接下來是BenBella Books出版社的陳薇（Vy Tran）在策劃及編輯扮演了重要的推手，她讓我的手稿看起來、讀起來像一本真正的書。

　　我還要感謝先鋒的馬汀諾（Freddy Martino），他與諾蘭（Mike Nolan）一起幫忙找到一部分不易尋得的數據並協確認。我知道我那堆要求可能讓佛來迪覺得煩，但他從來沒有表現出來。最後，我想特別感謝戴維斯（Lauren Davis），沒有她就沒有這本書。她邀請我在2019年10月的柏格紀念活動上演說，為那次活動準備的簡報，不僅成就了我寫本書的想法和大綱，而有這個機會能在許多熟知柏格的同事和同行面前發言，也讓我相信自己能寫一本關於他的書。演說後的兩年，我就沉浸在寫這本書裡了。

亞當斯密 027

柏格效應

指數型基金教父約翰‧柏格和他的先鋒集團如何改變華爾街的遊戲規則。
The Bogle Effect: How John Bogle and Vanguard Turned Wall Street Inside Out and Saved Investors Trillions

作者　艾瑞克‧巴楚納斯（Eric Balchunas）
譯者　范瑋倫

堡壘文化有限公司

總編輯	簡欣彥
副總編輯	簡伯儒
責任編輯	簡欣彥
行銷企劃	游佳霓
封面設計	周家瑤
內頁構成	李秀菊

出版	堡壘文化有限公司
發行	遠足文化事業股份有限公司（讀書共和國出版集團）
地址	231 新北市新店區民權路 108-3 號 8 樓
電話	02-22181417
傳真	02-22188057
Email	service@bookrep.com.tw
郵撥帳號	19504465 遠足文化事業股份有限公司
客服專線	0800-221-029
網址	http://www.bookrep.com.tw
法律顧問	華洋法律事務所　蘇文生律師
印製	呈靖彩藝有限公司
初版 1 刷	2023 年 8 月
定價	新臺幣 560 元
ISBN	978-626-7240-87-8
	978-626-7240-89-2（Pdf）
	978-626-7240-90-8（Epub）

國家圖書館出版品預行編目（CIP）資料

柏格效應：指數型基金教父約翰‧柏格和他的先鋒集團如何改變華爾街的遊戲規則。／艾瑞克‧巴楚納斯（Eric Balchunas）著；范瑋倫譯. -- 初版. -- 新北市：堡壘文化有限公司出版；遠足文化事業股份有限公司發行, 2023.08
　面；　公分. --（亞當斯密；27）
譯自：The Bogle effect : how John Bogle and Vanguard turned Wall Street inside out and saved investors trillions
ISBN 978-626-7240-87-8（平裝）

1.CST: 柏格 (Bogle, John C.)　2.CST: 先鋒集團 (Vanguard Group of Investment Companies.)
3.CST: 投資顧問公司　4.CST: 資產管理　5.CST: 美國

563.5　　　　　　　　　　　　　　　　　　　　　　112010859